TIBURCIO CARÍAS ANDINO

MI OBRA Y MIS DISCURSOS

ERANDIQUE
COLECCIÓN

MI OBRA Y MIS DISCURSOS
Tiburcio Carías Andino

©Colección Erandique
Supervisión Editorial: Óscar Flores López
Diseño de portada: Andrea Rodríguez
Administración: Tesla Rodas—Jessica Cordero
Director Ejecutivo: José Azcona Bocock
Primera Edición
Tegucigalpa, Honduras—Septiembre 2025

UN PATRIARCA QUE NO FUME NI BEBE

El 1º de febrero de 1933, al momento de dirigir su mensaje al Congreso Nacional como presidente de Honduras, el doctor y general Tiburcio Carías Andino les dijo a los diputados:

—No me ha movido más que el deseo vehemente de ser útil a mi patria, lejos de ambiciones personales; y ahora que mis compatriotas me han hecho depositario de su confianza y de sus aspiraciones, será el mayor placer de mi vida dedicarme a servirlos con entusiasmo, con actividad, con honradez, con la inquebrantable fe que he alentado siempre en los destinos gloriosos reservados a Honduras.

Carías, que tres años más tarde se convertiría en dictador, agregó:

"He de empeñarme en el desarrollo de las industrias, en el florecimiento de la agricultura y la ganadería, en la difusión de la cultura, en el forjamiento de caracteres fundidos en los crisoles del honor, del deber y del civismo; en la elevación del concepto que priva en otros países respecto al nuestro, mediante una vida interna ordenada y la seriedad y decoro de nuestras relaciones internacionales; en sostener incólume la majestad de nuestras leyes; en seguir dignamente la tradición de nuestros próceres, que nos heredaron una patria para que la amáramos, defendiéramos y engrandeciéramos".

En 1935, Carías Andino, para ese entonces de 59 años, lanzó la siguiente frase ante los congresistas:

"Naturalmente, no se ha hecho todo lo que es de desearse, porque siempre se ha contado con la resistencia de la oposición sistemática y con la crítica inconsulta que desorienta la opinión pública y obstaculiza la acción del Gobierno, pues no se ha llegado a comprender que la labor que el Gobierno tiene que desarrollar debe ser lenta, y a veces penosa, para que pueda ir corrigiendo las imperfecciones que se presentan".

Carías Andino regresó en 1936 al Congreso Nacional con la garantía de siete años más en el poder, ahora sí convertido en dictador, a pesar de que tratara inútilmente de darle un maquillaje legal a su continuismo.

"Una de las disposiciones de más significación política para el momento es la que se refiere a la prolongación en el Poder Público de la Nación, hasta 1943, de las personas que actualmente desempeñan la Presidencia y Vicepresidencia de la República", diría desde la tribuna.

Para 1938, el discurso de Carías Andino era otro: confrontativo, con fuertes señalamientos y amenazas veladas para sus contrincantes políticos, es decir, los liberales.

"En mi poder están las pruebas de las combinaciones y actividades subversivas de aquellos individuos cuya acción había que neutralizar o anular en bien de la colectividad. Culpable me sentiría si —expuso—, por temor a responsabilidades o por vacilaciones inconvenientes, hubiese dejado que el mal arruinase el organismo social, produciéndose la anarquía en que muchas veces, por ineptitud de quienes han gobernado y por ambición de otros, tuvo la nación la inmensa desgracia de caer".

En total, este libro contiene trece de los discursos que el general cachureco dio en el Congreso Nacional (1933 a 1945); y está complementado con El progreso de Honduras durante los años que ha gobernado el doctor y general don Tiburcio Carías Andino, reformador glorioso y benemérito de la patria, publicado en 1942.

"Este folleto contiene un resumen de las obras de utilidad pública que han sido efectuadas en el lapso de tranquilidad y adelanto magnífico en todos los órdenes civilizados que abarca la Administración Presidencial del doctor y general don Tiburcio Carías Andino, el Reformador de Honduras", se lee en la introducción.

El libro El progreso de Honduras durante los años que ha gobernado el doctor y general don Tiburcio Carías Andino, reformador glorioso y benemérito de la patria, agrega:

"Posiblemente se nos haya quedado alguna o algunas obras sin mencionar, pues tanto se ha hecho que no es posible recordarlo todo; y aun cuando en las colecciones de La Época hemos buscado detenidamente todas las informaciones referentes a las obras realizadas, puede ser que hayamos omitido algo, por lo que pedimos de antemano perdón".

A pesar de su naturaleza apologética, resume la labor que el gobierno caríista realizó en educación, carreteras, agricultura, inversión, construcción de puentes y otras acciones.

Amado por muchos hondureños, odiado por otro tanto, Carías Andino es descrito de la siguiente manera por William Krehm, corresponsal de la prestigiosa revista Time, en un artículo publicado en 1944:

"Su vida semeja la de un patriarca sobrio: nunca fuma ni bebe, e impone este mismo código puritano a las gentes que lo rodean. Cuando puede, despacha los asuntos de Estado mucho antes del mediodía, y pasa el resto de la jornada en su granja Villa Elena, que lleva el nombre de su esposa".

"Con razón está orgulloso de esa finca, lo mismo que de su rancho La Moderna en Guasculile, y de otras propiedades extendidas a lo largo de la carretera septentrional. A esas fincas ha llevado ganado de importación, de pura raza, e introducido modernos métodos de cría. Esta es, en efecto, su única contribución al fomento económico de Honduras".

Este libro sirve para conocer el pensamiento y la visión de quien es, sin duda, el personaje político más controversial en la historia de Honduras… al menos en el siglo XX.

Obra y discurso se convierte en el tercer o cuarto libro que Colección Erandique publica sobre Tiburcio Carías Andino. Los anteriores son: Tres caudillos, tres destinos y Carías Andino, anatomía de una época, de Mario Argueta; y Carías Andino: el último caudillo (un homenaje del Partido Nacional de Honduras).

Habrá, como debe ser, otros libros en los que la figura del llamado "hombrón de Zambrano" no salga bien librado.

Agradezco al personal del Sistema Bibliotecario de la Universidad Nacional Autónoma de Honduras (UNAH) por su ayuda profesional en el proceso de ubicar las distintas fuentes.

ÓSCAR FLORES LÓPEZ/COLECCIÓN ERANDIQUE

DISCURSOS: 1933-1945

DISCURSO DE 1933

Sr. Dr. Mejía Colindres:
Mensaje de 1933

Altamente agradezco vuestro deseo de que mis labores de gobernante, que se inician en este día, tengan el mejor éxito.

Efectivamente, fuisteis muy combatido durante vuestra administración. Pero mañana, cuando la Historia analice vuestros actos de gobernante, sabrá discerniros el lugar que os corresponde como patriota.

Hubiera deseado que la transmisión del poder se efectuara en circunstancias diferentes y que este acto de efectiva democracia hubiera servido, entre todos los hondureños, de vínculo de unión y de concordia. Pero aún es tiempo de que todos trabajemos para que en los surcos del pasado germinen sentimientos de armonía y fraternidad.

Os saludo, doctor Mejía Colindres, y deseo que vuestra vida se deslice tranquila, sin las inquietudes que lleva consigo, ante el porvenir, la responsabilidad del gobernante.

Señores Diputados:
Sean mis primeras palabras el saludo cordial y sincero que dirijo a esta Honorable Representación Nacional.

En este momento, el más trascendental de mi vida, quiero, ante todo, expresar al pueblo hondureño, dignamente representado por vosotros, mi gratitud profunda por la muestra de confianza y de aprecio con que me honró, favoreciéndome con la mayoría de sus votos en los comicios presidenciales del año próximo pasado; y manifestar que durante el período en que deba ejercer la Primera Magistratura de la República, será mi anhelo fervoroso, mi preocupación constante, servir lealmente los intereses nacionales, llegando al máximo de mis esfuerzos, a fin de lograr, hasta donde sea posible, la reconstrucción del país y su engrandecimiento, proporcionando a la colectividad el bienestar a que tiene derecho y correspondiendo así al honor que ella me ha dispensado.

En manifiestos anteriores, dirigidos al electorado durante la última campaña cívica, expuse mi plataforma administrativa para el caso de ser electo Presidente de la República. No tengo más que ratificar aquellos manifiestos en cuanto a mi propósito firme de realizar un gobierno de honradez, de orden, de progreso, de cordialidad internacional y de respeto a las personas y a las instituciones. Si acepté mi postulación como candidato del Partido Nacional durante la justa eleccionaria recién pasada, fue siempre estimulado por el anhelo de contribuir con mi modesto esfuerzo a la organización y prosperidad del país.

No me ha movido más que el deseo vehemente de ser útil a mi patria, lejos de ambiciones personales; y ahora que mis compatriotas me han hecho depositario de su confianza y de sus aspiraciones, será el mayor placer de mi vida dedicarme a servirlos con entusiasmo, con actividad, con honradez, con la inquebrantable fe que he alentado siempre en los destinos gloriosos reservados a Honduras.

Guerras frecuentes, facciones injustificadas, períodos de anarquía administrativa, de desorden en los servicios públicos y otros factores bien conocidos han creado en el país una situación que todo hondureño educado en el amor a la tierra que lo vio nacer lamenta profundamente. Situación de sombríos perfiles que provoca siniestros vaticinios en los espíritus pesimistas, que llenan de incertidumbre a las generaciones actuales y entenebrecen los horizontes del porvenir. Nuestro deber, el deber de todo hondureño, es terminar con esa triste situación, laborando de manera constante y desinteresada en la ardua empresa de la reconstrucción nacional en sus vitales aspectos: económico, moral y cultural.

He de empeñarme en el desarrollo de las industrias, en el florecimiento de la agricultura y la ganadería, en la difusión de la cultura, en el forjamiento de caracteres fundidos en los crisoles del honor, del deber y del civismo; en la elevación del concepto que priva en otros países respecto al nuestro, mediante una vida interna ordenada y la seriedad y decoro de nuestras relaciones internacionales; en sostener incólume la majestad de nuestras leyes; en seguir dignamente la tradición de nuestros próceres, que nos heredaron una patria para que la amáramos, defendiéramos y engrandeciéramos.

Voy a principiar la difícil gestión gubernamental inspirado en los anhelos y propósitos que dejo enunciados anteriormente; con la voluntad dispuesta a todo sacrificio que signifique un aumento de bienestar para el conglomerado social; empeñado, muy sinceramente, en garantizar las vidas, bienes y actividades de todos los habitantes de Honduras, sin distinción de sentimientos ni de colores sectarios.

Tengo que lamentar, únicamente, que la ofuscación y el desconocimiento del deber cívico hayan llevado a algunos compatriotas al deplorable extremo de ensangrentar el suelo nacional, olvidando que ha sonado para nuestra patria la hora de la democracia iniciada en 1928, con base inconmovible en la función del sufragio y en el respeto inquebrantable a la voluntad popular expresada en las urnas.

El imperioso deber de salvar al país, mediante la organización efectiva y duradera de nuestros recursos vitales y de los servicios públicos, exige, con inaplazable urgencia, el esfuerzo constante de todos los hondureños leales a su tierra y de los extranjeros que han hecho de la nuestra una segunda patria; demanda capacidades, inteligencias, energías, luces y acción.

Para hacer factible esta magna obra, es necesaria la cooperación de las diversas clases sociales y su vinculación íntima con el gobernante. Yo confío en la buena voluntad de los demás Poderes del Estado, asistidos por su ciencia y patriotismo, para solucionar satisfactoriamente los problemas de diversa índole que afectan a la Nación, conforme a las aspiraciones colectivas.

Confío también en la cooperación de todos los hombres capaces, honrados y patriotas, quienes —estoy seguro— no negarán su esfuerzo a la República. Confío en la nobleza, en la cordura y en la abnegación del pueblo hondureño, que en toda ocasión difícil ha sabido colocarse a la altura de los mejores pueblos de la Tierra; y, transcurrido mi período administrativo, será mi orgullo más legítimo, mi mayor satisfacción, haber logrado responder dignamente a la confianza con que me honró el pueblo de mi patria, eligiéndome su mandatario.

Para terminar, señores Diputados, presento mi cordial saludo a los representantes de cada una de las porciones de la amada patria; a los de las otras naciones que se encuentran en el seno de esta augusta Asamblea, y envío, por vuestro medio, mi mensaje de aprecio, con los votos que formulo por su salud y prosperidad, al pueblo de Honduras.

Tegucigalpa, 1º de febrero de 1933.

Tiburcio Carías A.

DISCURSO DE 1934

Señores Diputados:

El 1º de febrero próximo hará un año que, por voluntad de una inmensa mayoría del pueblo hondureño, asumí el mando supremo de la Nación, impulsado no por ambiciones personales, sino por el fervoroso anhelo de colocar mi modesto contingente en la obra necesaria de la reconstrucción económica, moral y material de la República.

Durante este lapso, todos mis esfuerzos han tenido por norma aquel alto propósito; y cábeme la satisfacción de manifestaros que no me han faltado la voluntad ni el entusiasmo indispensables para consagrarme a la realización de tan difícil labor, abrigando la esperanza de que me han de asistir también durante el período de mi mando. Y, si al final se me atribuyeran errores en el desempeño del honroso y elevado cargo que me ha sido confiado, nadie tendrá derecho para afirmar, con veracidad, que no traté de servir a la República con todas mis energías, ya que la lealtad para ella ha sido y es un mandamiento de mi credo político.

De todos vosotros es conocida la situación angustiosa del país, creada a raíz de practicadas las elecciones de autoridades supremas en el mes de octubre del año próximo pasado, situación que se prolongó hasta la iniciación del período que corre. El partido vencedor en los comicios recibió el poder de la Nación con un enorme déficit en la economía fiscal, agravado con los daños incalculables que ocasionó la revuelta de noviembre de 1932 a febrero de 1933.

Aún se combatía con las armas cuando se inauguró el régimen actual; y ese estado de intranquilidad, desorganización y pobreza ha tenido forzosamente que prolongarse mucho tiempo después, siendo necesarios grandes esfuerzos y una ardua labor de parte del Gobierno para que la Nación pueda prepararse nuevamente y entrar a la vida normal.

Las circunstancias enunciadas en el párrafo anterior han producido un recargo muy notable en la hacienda nacional, afectando, desde luego, todos los órdenes de la actividad pública y privada. El país se ha visto amenazado por continuos atentados contra el orden público y su porvenir se ha ensombrecido.

Como si ello no fuera suficiente, las desgracias ocasionadas por la furia de los elementos naturales en el invierno recién pasado han contribuido a aumentar la incertidumbre y el desconcierto en el ánimo de los hondureños.

La revuelta de noviembre y sus últimos brotes desequilibraron totalmente nuestras finanzas; obligaron al nuevo Gobierno a hacer erogaciones que en otras circunstancias hubieran sido innecesarias, introduciendo modalidades en el orden administrativo que tienden a conseguir el mejoramiento de nuestra precaria situación.

Con beneplácito ha observado el Poder Ejecutivo que los empleados que sirven a la República en los diferentes ramos administrativos han aceptado, con verdadero patriotismo, la rebaja de sus sueldos introducida en el presupuesto con el objeto de nivelar los ingresos con los egresos, y así atender cumplidamente a las obligaciones del Estado.

Tengo la satisfacción de manifestar, como es sabido por el pueblo hondureño, que el Ejecutivo ha cumplido religiosamente con los compromisos existentes y ha pagado sin demora, en la medida de sus posibilidades, a los servidores del Estado; así como ha atendido de preferencia el ramo de Instrucción Pública y los demás, en la forma equitativa que las circunstancias lo permiten.

La magna obra de la reconstrucción nacional no debe ni puede ser, de ninguna manera, empresa exclusiva del Gobierno. Toca a este desempeñar un cometido muy importante, pero contando siempre con el apoyo de todos los hondureños y la concurrencia de muchos factores que la hagan realizable.

La posición en que estamos colocados como Nación obliga a todos los hondureños a meditar seriamente sobre las actitudes que deben adoptarse y las medidas que conviene dictar para asegurarnos un porvenir libre de angustias. Esta es la hora en que los hondureños, colectiva e individualmente, deben dar muestras de su amor a la patria, tratando de enaltecerla por su conducta sincera que ha de significarse con el amor al trabajo, por la renuncia de beneficios personales en bien de los intereses generales, por la cooperación desinteresada y espontánea en toda obra de mejoramiento nacional, por la decisión inquebrantable de mantener la paz y por el anhelo vehemente de servir a la República, haciendo abstención de las pasiones políticas, que tanto nos han perjudicado y empequeñecido.

El Presidente de la República ha de mantener, hasta el último día de su período, su voluntad firme de laborar con celo, actividad y energía en el cumplimiento de las múltiples obligaciones que su cargo le impone.

Porque tarea ardua es la de mantener y construir vías de comunicación, estimular la enseñanza secundaria y difundir ampliamente la primaria; devolver a la República su crédito internacional; reorganizar definitivamente los servicios del Estado; fomentar la agricultura y las industrias; realizar labores de sanidad y beneficencia; aniquilar la criminalidad y el contrabando; sentar las bases de la probidad administrativa, etc., etc.

Pero el Ejecutivo confía también en que no estará solo en tan magna obra. Confía en el patriotismo del pueblo hondureño, que, si en ocasiones anteriores ha prestado su contingente de sacrificio en las campañas de violencia, ahora debe contribuir a la reconstrucción del país y a su engrandecimiento con voluntad firme y consciente, como constante y única aspiración del ciudadano.

Aún no ha salido la República de su estado de postración; sus rentas, casi exiguas, apenas alcanzan para cubrir los gastos que demandan los diversos servicios administrativos. Departamentos que otrora fueron productivos y ricos no aportan hoy fondos suficientes ni para el pago de sus propios empleados. Por uno u otro motivo, las actividades nacionales han languidecido notablemente, y muchas fuentes de riqueza han desaparecido.

Es deber de patriotas esforzarse por dar vida a esas decaídas actividades; es deber de hondureños sinceros esforzarse por lograr que zonas antes prósperas vuelvan a serlo; es deber de ciudadanos cooperar enérgica y lealmente con el Gobierno, en el sentido de lograr el auge de la economía nacional, de donde ha de derivarse todo progreso y todo bienestar. Y estos deberes, para bien de todos, pueden cumplirse individual o colectivamente, en la medida de cada capacidad y en el radio de cada actividad.

En el manifiesto que dirigí a mis conciudadanos al tomar posesión del alto cargo que desempeño, invocaba la cooperación de los hombres honrados, capaces y patriotas, y hacía un llamamiento a la nobleza y cordura del pueblo hondureño, reclamando su ayuda para la resolución de los problemas nacionales.

Hoy me permito repetirlo por vuestro medio, seguro de que ha de confiarse en la palabra de quien tal vez pueda equivocarse, pero a quien anima el mejor deseo de servir con lealtad y eficacia a su patria.

Los pueblos más avanzados de la tierra, naciones ricas antes, abatidas hoy por la adversidad, o frente a una situación económica difícil, han respondido con decisión, con desinterés y sinceridad al llamamiento de sus conductores. No ha de venir a menos, en esta trascendental hora de prueba, el patriotismo del pueblo hondureño.

El Poder Ejecutivo está seguro de vuestras virtudes cívicas; y como todos vosotros conocéis los problemas y las necesidades del país, no dudo que vuestra labor legislativa, tan delicada y de tanta trascendencia, será beneficiosa para la Nación, resolviendo con noble desinterés todos los problemas que sean presentados a vuestro conocimiento.

El Poder Ejecutivo espera tener en todos vosotros colaboradores leales que, haciendo a un lado distanciamientos partidarios y prejuicios estrechos, han de poner su energía, su inteligencia y sus capacidades, como un necesario contingente, al servicio de la gran obra de la reconstrucción nacional.

Cada uno de los señores Ministros os presentará detalladamente la memoria de las labores realizadas durante el año; pero, aunque sea a grandes rasgos, quiero informaros, señores Diputados, que, a pesar de las continuas alteraciones del orden en que ha permanecido la República a causa de los hondureños que no han sabido responder a mis anhelos de conciliación de la familia nacional y de restauración de nuestra vida de progreso, las elecciones de autoridades locales se verificaron en el mayor orden, sin nada que lamentar, sin hechos delictuosos y en la mayor libertad de escogencia.

Los pueblos, en cada localidad, se han dado para el año que hoy principia las autoridades que han querido elegir.

También tengo que informaros que las relaciones de mi Gobierno con los de las repúblicas vecinas se han mantenido en una recta conducta de respeto, estrechando cada día más aquellas con el más efectivo centroamericanismo y con el más justo propósito de llegar al soñado día de hacer una patria grande, respetada y respetable desde todo punto de vista internacional, político y económico.

Y es para mí motivo de regocijo haceros presente que las relaciones con gobiernos de fuera de Centroamérica también se mantienen en una franca cordialidad y en la más hermosa y efectiva cooperación. Honduras se ha hecho representar en conferencias y congresos internacionales del nuevo y viejo mundo, siguiendo en todo momento los dictados de la civilización y de las conveniencias para mejorar nuestra precaria existencia política, social y económica.

Ya os informé anteriormente que todos nuestros compromisos han sido cumplidos con fiel respeto. Uno de los países de América que ha continuado pagando su deuda externa ha sido Honduras, y, por este motivo, el nombre de nuestra patria aparece en primera fila en concepto de país serio.

Acto de orgullo es para mí este suceso, como debe serlo para toda la Nación, que sabe cuánto vale tener crédito y consideraciones internacionales.

Aprovecho esta ocasión solemne para presentaros mi saludo cordial y los votos que formulo por el bienestar de cada uno de vosotros.

Tegucigalpa, 1º de enero de 1934.

Tiburcio Carías A.

DISCURSO DE 1935

Señores Diputados:

Por segunda vez me toca presentarme ante la Asamblea Nacional de mi patria, en cumplimiento de un precepto constitucional, para dar cuenta de la labor realizada durante el año y de los anhelos sinceros que animan al Poder Ejecutivo en las actividades que tiene que desarrollar en el futuro.

Bien conocida es, de los Honorables Diputados, la difícil situación que ha tenido que enfrentar el país. La situación económica, consecuencia natural de la que todavía conmueve al mundo entero, ha tenido su repercusión en todos los órdenes de la vida nacional, afectando en forma sensible las fuentes de producción.

Sin embargo, con método en todos los sistemas de trabajo y procurando la mayor economía, se ha logrado salvar, en parte, las dificultades, y se puede decir que se nota un resurgimiento en la producción.

En medio de estas circunstancias, me cabe la satisfacción de afirmar que se ha hecho labor constructiva, para lo cual he contado con la cooperación inteligente del pueblo hondureño.

A su tiempo se detallará todo lo que se ha hecho, para que quede constancia de que el Poder Ejecutivo ha tenido verdadera preocupación por ensanchar el progreso del país, por mejorar los servicios públicos, correspondiendo así a los anhelos de bienestar general que tanto desea para sus connacionales y para su patria.

Naturalmente, no se ha hecho todo lo que es de desearse, porque siempre se ha contado con la resistencia de la oposición sistemática y con la crítica inconsulta que desorienta la opinión pública y obstaculiza la acción del Gobierno, pues no se ha llegado a comprender que la labor que el Gobierno tiene que desarrollar debe ser lenta, y a veces penosa, para que pueda ir corrigiendo las imperfecciones que se presentan.

Por considerarlo de importancia, me anticipo a manifestar que este año la República, en la organización de sus partidos políticos, ha sido agitada por una fuerte propaganda con motivo de las elecciones que se practicaron el último domingo del mes de octubre para elegir diputados al Congreso Nacional.

La elección tenía suma trascendencia, ya que, de conformidad con la Constitución, se renovaba la mitad del Congreso, teniendo que elegirse 24 diputados. Con bastante anticipación se dio principio a la propaganda política, tanto en hojas volantes y periódicos como en forma de manifestaciones y comisiones.

En este sentido, considero oportuno testimoniar el cumplimiento de mi firme propósito de dejar al pueblo en amplia libertad de selección, garantizando el libre ejercicio de los derechos que consigna la Constitución Política.

Puedo afirmar que los comicios, abiertos a todas las corrientes de opinión, se efectuaron en forma honesta y honorable. Y si es verdad que la opinión insatisfecha por el resultado hizo publicaciones alegando intromisión de algunas autoridades, la realidad es que no podrá señalarse, comprobablemente, un solo caso en que el Poder Ejecutivo haya obstaculizado la libertad de los ciudadanos en beneficio de partido determinado.

En esta forma se ha hecho honor al respeto que merecen las instituciones y al sentimiento de justicia claramente manifestado por el pueblo hondureño.

Esta labor de odio político, tan pacientemente cultivada por los adversarios del Gobierno, es la que sin duda ha estimulado la consecución de algunos brotes revolucionarios que han aparecido en varios departamentos, manteniendo cierto estado de anarquía que mucho ha entorpecido la labor pacífica de autoridades y de ciudadanos.

A pesar de esto, el Poder Ejecutivo no ha querido hacer ningún alarde de fuerza y se ha limitado a dictar las medidas necesarias que mantengan el orden y la tranquilidad para todos.

El Gobierno tiene la profunda convicción de que nada es tan perjudicial para los países como las revoluciones, mayormente aquellas que no se basan en altos ideales ni son determinadas por sentimientos de justicia o de reivindicación social. Los gobiernos, de cualquier partido que sean, buenos o malos, están sujetos a tiempo determinado; por consiguiente, son preferibles a las revoluciones que paralizan la vida de los pueblos, retardan el progreso, relajan la cultura y rompen los sentimientos más sagrados de la hermandad.

Con estas ideas debe comprenderse que la más pura aspiración del Gobierno ha sido encauzar su labor por caminos de verdadera concordia, abandonando sistemas de violencia que únicamente ahondan divisiones y distancian a la familia nacional.

El 10 de junio se tuvo noticia de que la floreciente ciudad de Ocotepeque, cabecera del departamento del mismo nombre, había sido totalmente destruida por una inundación. Efectivamente, el día 7, temprano en la mañana, el río Marchala se desbordó sobre la ciudad, arrasándola casi en su totalidad, con enormes pérdidas de vidas y de propiedades. Este inesperado suceso conmovió el alma nacional y enlutó la bandera de la patria.

El Poder Ejecutivo, inmediatamente que tuvo conocimiento de la tremenda desgracia, dictó todas aquellas medidas tendientes a proteger la vida de los sobrevivientes y proporcionarles víveres y alimentos de que, en tan crítica situación, carecían. Como medida urgente, se dispuso que las autoridades y el pueblo se trasladaran a la vecina ciudad de Sinuapa, donde se instalaron tiendas de campaña para albergar a los damnificados. El Poder Ejecutivo nombró una comisión para que se situara en Sinuapa y atendiera de cerca a los necesitados, y un Comité de Auxilios "Pro-Ocotepeque" funcionó diligentemente en esta capital.

Justo es consignar que la sociedad hondureña puso de manifiesto sus sentimientos humanitarios y de sincera fraternidad hacia sus hermanos en desgracia. En todos los departamentos se organizaron comités de socorro, los que prestaron eficaz ayuda. Igualmente, todos los empleados públicos espontáneamente contribuyeron con parte de sus sueldos para aliviar a los damnificados.

Alta y sincera satisfacción siento al consignar que los gobiernos de Centroamérica, impulsados por espíritu de amplia fraternidad, se apresuraron no solamente a hacernos presente sus sentimientos de pesar, sino que nos dieron su ayuda en forma eficaz y oportuna.

Igual cosa tengo que decir de los gobiernos de los Estados Unidos de Norteamérica, México y Panamá. Con todos estos gobiernos y pueblos, mi Gobierno y el pueblo hondureño se sienten comprometidos, y en esta oportunidad experimento viva complacencia al consignar mi gratitud y reconocimiento.

Significativo es el hecho de que el Gobierno ha mantenido sus relaciones exteriores dentro del marco de la mayor cordialidad, ciñéndose siempre a sus deberes de respeto y a los sentimientos de mutua cooperación. En especial con los países hermanos de Centroamérica, se ha mantenido la más sincera y perfecta armonía, dando vida a una política de mayor comprensión, a efecto de vincular más nuestros comunes intereses e idénticas aspiraciones en el porvenir.

GOBERNACIÓN, JUSTICIA, SANIDAD Y BENEFICENCIA

Orden público

Cumpliendo con lo mandado en el Decreto Legislativo No. 136, que emitisteis el 19 de marzo de 1934, sancionado por el Poder Ejecutivo el día 20 del mismo mes y año, la República se mantuvo bajo el imperio del Estado de Sitio, autorizado por la augusta Representación en Decreto No. 123, de 14 de febrero del año de 1933.

Aunque revestido el Poder Ejecutivo de la facultad discrecional que le concede la Ley de Estado de Sitio, no se extralimitó en su aplicación, sino que usó de tal facultad cuando circunstancias especiales se lo impusieron, para mantener la paz y la tranquilidad entre sus gobernados, amenazada por elementos políticos inconformes y por aquellos que pretenden introducir en nuestro medio ideas antagónicas al orden social establecido.

El Poder Ejecutivo, para la vigilancia, control y mantenimiento inalterable de la paz, se vio precisado a organizar servicios militares extraordinarios, que, en el desempeño de su cometido, supieron corresponder al fin para que fueron creados.

Elecciones

El último domingo del mes de noviembre de 1933 se practicaron las elecciones de autoridades locales de los diferentes municipios de la República, para fungir en el año siguiente.

Fiel con la ideología que informa la conducta del Poder Ejecutivo, en ese torneo no tuvo más intervención que la que expresamente le da la ley, garantizando el orden y el respeto a las opiniones; y quizá, por su norma de proceder invariable, debe el pueblo hondureño sentirse satisfecho de que aquellas se hayan efectuado sin registrarse anormalidades que generalmente han ocurrido anteriormente en actos cívicos de esta naturaleza.

Si algunas anomalías se presentaron, el recurso ante los tribunales respectivos supo remediarlas.

El Poder Ejecutivo puso de manifiesto en esos actos su espíritu conciliador, de confraternidad, de respeto y de amplias e irrestrictas garantías, con el propósito de llevar al convencimiento del pueblo hondureño que ellos constituyen una función ciudadana que debe practicarse periódicamente y cuyo resultado en las urnas significa el sentir de las mayorías sufragantes.

Gobierno Departamental

Para el mejor logro en el desarrollo de la labor gubernamental, el Poder Ejecutivo seleccionó, en lo posible, el personal que en los 17 sectores de la República desempeñó las Gobernaciones Políticas, procurando única y exclusivamente que cada uno de los nombrados reuniera la mayor idoneidad, honradez y buena voluntad para llevar adelante el desenvolvimiento de las disposiciones dictadas por los Poderes Centrales.

Gobierno Municipal

Los cuerpos municipales, regidos por la ley especial de la materia, han seguido su funcionamiento normal, obrando con la independencia y autonomía que la expresada ley les concede, sujetos única y exclusivamente a la supervigilancia de los gobernadores políticos y consejos departamentales, en lo que legalmente la ley estatuye.

Policía Nacional

Cumpliendo con la obligación de garantizar el orden, la tranquilidad e intereses de sus gobernados, por medio de la secretaría respectiva, el Poder Ejecutivo ha dado preferente atención a la organización, mantenimiento e instrucción de ella, con el propósito de que tal factor de la tranquilidad social corresponda al fin imperativo para el que ha sido creada.

Talleres de Imprenta, Tipolitografía y Encuadernación Nacionales

Estos talleres, que han continuado su funcionamiento sin que el Poder Ejecutivo haya podido, a pesar de sus propósitos, introducir en ellos las mejoras que se hacen indispensables en cuanto a maquinarias modernas que simplifiquen y aligeren los trabajos que allí se ejecutan, han prestado servicio eficiente, atendiendo casi en su totalidad los trabajos oficiales y aun ejecutando los particulares que se les han encomendado, dejando estos últimos un considerable margen de utilidad.

Estadística Nacional

En relación con esta importante oficina de control estadístico, el Ejecutivo ha mantenido siempre su criterio de darle la organización que demanda; y, si sus aspiraciones no han sido colmadas, débese a la pobreza del erario nacional, que no permite un presupuesto en el cual encaje la organización del personal capaz y suficiente, por lo que no ha podido ser renovada.

Presidios

Constituyen los presidios de la República: la Penitenciaría Central, el Castillo de San Fernando de Omoa y las cárceles departamentales y locales.

La organización de estos está en consonancia con los presupuestos que a cada uno corresponde, y el Poder Ejecutivo, por razones de índole económica, no ha podido establecer en ellos la organización que reclama la vida de los que, por circunstancias especiales, se encuentran privados de su libertad.

Dirección General de Sanidad

Siendo base esencialísima para todas las actividades la salud, aún venciendo los múltiples obstáculos que se han presentado, el Poder Ejecutivo, hasta donde le ha sido factible, ha prestado su apoyo a este ramo, con lo cual se ha logrado mantener el buen estado sanitario del país.

Logrando obviar el obstáculo económico por medio de la Dirección General de Sanidad y sus diferentes dependencias, se ha puesto de manifiesto toda energía para combatir las epidemias que se han presentado en ciertas zonas, habiendo sido su labor más ímproba contra el paludismo, la viruela, la disentería, el sarampión, los parásitos intestinales, la fiebre tifoidea, etc., etc.

Hospital General y Asilo de Indigentes

Ambas instituciones han funcionado con verdadera regularidad, dado el celo del Poder Ejecutivo en atender los gastos que su sostenimiento impende y la dotación del personal competente, dispuesto a laborar por el buen nombre de aquellos.

La dirección de ambos establecimientos, animada de buenos deseos, se multiplica para que los centros a su cargo correspondan ampliamente al fin para que han sido instituidos; lamentando solamente que las partidas destinadas para compra de medicinas y elementos de rayos X sean tan reducidas que no alcancen a llenar las necesidades que tales centros demandan.

El 3 de junio recién pasado, se abrió al servicio público una sala de maternidad con capacidad para 25 enfermos, estando equipada por donativos que varias personas de esta ciudad hicieron para tal fin.

INSTRUCCIÓN PÚBLICA

El Poder Ejecutivo, comprendiendo que la educación es el medio eficaz para despertar y desarrollar las energías creadoras de los pueblos y el factor principal para constituir en cada época la técnica del progreso en sus diversos aspectos, ha hecho de la enseñanza pública uno de los propósitos fundamentales que persigue su gestión administrativa.

Cree, además, que sin una función educativa integral, enérgica e inteligentemente dirigida y fundada en los reclamos de la vida contemporánea, no puede esperarse que en el futuro actúen generaciones conscientes de su misión histórica y capaces de dar a la nación una prosperidad y un bienestar efectivos.

Con esta convicción, el Poder Ejecutivo ha dado a la educación nacional en sus tres grados —primaria, secundaria y universitaria—, y conforme a los recursos materiales y culturales de que se dispone, un impulso halagador, apropiándose, para ello, de las nuevas y sanas doctrinas pedagógicas de la época, previamente adaptadas a las necesidades y circunstancias de nuestro medio, como podrá comprenderse por los datos estadísticos y la labor realizada en el ramo de referencia que se expresan a continuación.

Escuelas de Párvulos
Funcionaron 6 escuelas y secciones de párvulos, con una matrícula media de 558 niños.

Escuelas Primarias Organizadas
Continuaron organizadas 543 escuelas urbanas y 406 rurales, sumando un total de 949.

Atendiendo a la clase de fondos con que se sostienen estas escuelas, se clasifican así: 920 escuelas públicas y 29 privadas.

La matrícula media fue de 31,870.98, y la asistencia media de 25,108.74.

Las 949 escuelas fueron atendidas por 1,377 maestros: 518 mujeres y 859 varones.

Escuelas Normales y Secundarias Organizadas

Funcionaron 25 colegios en los cuales se impartió la enseñanza normal y secundaria, con una matrícula de 2,674 alumnos de ambos sexos.

Estos colegios fueron atendidos por 478 profesores, también de ambos sexos.

Escuelas Universitarias Organizadas
En este semestre estaban organizadas la Escuela de Medicina y la de Farmacia, dependientes de la Facultad de Medicina, Cirugía y Farmacia, y la Escuela de Ingeniería, de la Facultad de Ingeniería, con una matrícula total de 157 alumnos de ambos sexos.

Trabajaban en estas escuelas 59 profesores.

Semestre de Febrero a Julio

Escuelas de Párvulos: Rindieron exámenes 6 escuelas de párvulos, habiendo sido aprobados 362 niños.

En mayo se organizaron 8 escuelas y secciones de párvulos, con una matrícula media de 582 niños, atendidos por 17 maestras.

Escuelas Primarias: En febrero, y al momento de los exámenes ordinarios, había una matrícula de 30,180 alumnos de ambos sexos, de los cuales se examinaron 23,767, siendo aprobados 18,705 e improbados 5,162.

Terminaron la obligación escolar, por haber aprobado sus estudios primarios, 464 varones y 445 niñas, sumando un total de 909 alumnos.

En mayo se organizaron 773 escuelas primarias, que se descomponen en 749 públicas y 24 privadas; o 533 urbanas y 240 rurales.

La matrícula media fue de 35,265.50, y la asistencia media de 28,322.94.

Atienden estas escuelas 1,184 profesores: 441 varones y 743 mujeres.

Estas escuelas están instaladas en 701 edificios propios, 52 cabildos, 16 prestados y 77 arrendados.

Son pocos los edificios escolares que tienen campos de experimentación agrícola, pues en la actualidad existen 272 campos para ese objeto, con una extensión de 93,918 metros cuadrados.

El capital escolar, consistente en inmuebles, mobiliario, biblioteca, archivo y material de enseñanza, asciende a L 1,111,069.51.

El Censo Escolar, levantado en marzo, arroja los siguientes datos:

Alumnos de ambos sexos censados de 7 a 15 años: 108,343

Reciben instrucción: 41,324

No la reciben: 67,019

Terminaron la enseñanza primaria: 909 alumnos

Escuelas Normales y Secundarias

Los 25 colegios de enseñanza normal y secundaria mencionados anteriormente rindieron exámenes ordinarios en febrero, con el siguiente resultado:

Resultados de Exámenes - Enseñanza Normal y Secundaria (1935)

Clase de Enseñanza	Examinados	Aprobados	Improbados	Titulados
Normal	1,132	553	579	232
Ciencias y Letras	520	261	259	57
Comercio	232	104	128	17
Técnico-Práctico	77	34	43	16
Gobierno del Hogar	3	2	1	2
Secretariado	8	5	3	5
Suma	1,972	959	1,013	329

En mayo se organizaron:

6 Escuelas Normales y 13 Secciones Normales, con una matrícula de 1,432 alumnos de ambos sexos.

El Instituto Nacional y el Colegio "San Miguel", de la capital, y 13 Secciones de Ciencias y Letras, con una matrícula de 776 alumnos.

La Escuela de Comercio de la capital y 5 Secciones de Comercio, con una matrícula de 379 alumnos.

La Escuela Técnico-Práctica de la capital, con una matrícula de 78 alumnas.

La Sección de Gobierno del Hogar e Industrias y Artes Femeniles, con una matrícula de 16 alumnas.

La Sección de Secretariado del Liceo Hondureño y de la Escuela Comercial Privada de la capital, con una matrícula de 39 alumnos.

Estas enseñanzas se imparten en 25 establecimientos, de los cuales 13 son oficiales y 12 privados.

El personal que trabaja en estos establecimientos está compuesto de 523 profesores de ambos sexos.

Escuelas Universitarias: Rindieron exámenes las Escuelas de Medicina, de Farmacia y de Ingeniería, habiéndose graduado un Doctor en Medicina y dos Licenciados en Derecho.

En mayo se organizaron las siguientes Escuelas Universitarias:

Escuelas	Matrícula	Personal Docente
Escuela de Medicina	75	14 profesores
Escuela de Farmacia	53 (ambos sexos)	8
Escuela de Derecho	147	12
Escuela de Ingeniería	24	12
Suma	299	46

Labor Realizada

I. Se insistió en el cumplimiento de las instrucciones pedagógicas referentes a ensayos de procedimientos didácticos modernos, con el objeto de mejorar la técnica pedagógica corriente.

II. Se dictó un curso de perfeccionamiento a los maestros en servicio de la capital, y en el seno de la Academia Central de Maestros, sobre "Medición de la Inteligencia" y "Generalidades sobre Educación Nueva", habiendo recibido diploma de aprovechamiento 81 maestros.

El objeto del curso fue realizar una labor de divulgación de los nuevos principios educativos entre los maestros de la capital, como ejercicio previo a la implantación de la reforma escolar que necesita el país.

III. Se presentó al Congreso Nacional, en sus sesiones de enero a marzo del año anterior, un Proyecto de Código de Instrucción Pública, inspirado en el movimiento pedagógico contemporáneo y adaptado a las necesidades de nuestro medio.

IV. Se ha dado impulso a la educación física, y se prepara una reforma con el fin de que su enseñanza se desarrolle conforme a las etapas de crecimiento del educando.

V. Al deporte nacional se le ha prestado una atención efectiva.

Se ha invertido en material deportivo y en traslado de deportistas entre diferentes ciudades del país la suma de L 1,599.50, que, con los L 7,000.00 que se autorizaron para los Terceros Juegos Deportivos Centroamericanos y del Caribe, hacen un total de L 8,599.50.

VI. Se ha distribuido material de enseñanza y cívico entre las escuelas del país, con valor de L 10,432.74.

VII. La Biblioteca Nacional envía toda clase de impresos a la Unión Panamericana de Washington, destinados a la Sección de Honduras de la Biblioteca Colón, organizada en dicha institución.

VIII. Se han pagado las subvenciones a los colegios y escuelas primarias, en armonía con la producción de las rentas nacionales, siendo el costo total de la Instrucción Pública L 709,540.39.

IX. En cuanto al problema de la nacionalización de las Islas de la Bahía, el señor Ministro hizo un viaje de estudio a dicho departamento y, como resultado de aquella visita, se dictaron disposiciones relacionadas con la enseñanza de la Geografía e Historia de Honduras y de Instrucción Cívica.

Los maestros de aquel litoral trabajan conforme a las indicaciones hechas por el Ministerio en el mismo sentido.

X. A las fiestas cívicas se les ha dado el esplendor que se merecen, y en ellas los centros escolares de la capital han desarrollado desfiles que ponen de relieve el progreso de la disciplina y la organización escolares.

XI. El Museo Nacional ha sido objeto de preferente atención.

Tiene actualmente organizadas las secciones de Arqueología, Historia Natural y de Productos Naturales e Industrias, conteniendo las dos primeras secciones valiosos ejemplares de la fauna, así como reliquias precolombinas.

Visitan constantemente el Museo numerosas personas particulares, y los colegios y escuelas primarias concurren a hacer los estudios que señalan los programas respectivos.

GUERRA, MARINA Y AVIACIÓN

Sabido es que, en todos los países, el Ejército es objeto de especial cuidado por parte de los Gobiernos que rigen sus destinos, tanto para que llene cumplidamente su misión de orden interno, como para que sea siempre el celoso guardián de la integridad del patrio suelo y el sostén de sus instituciones y autoridades.

Si ello es así tratándose de naciones grandes y poderosas, la conveniencia y la necesidad de contar con un ejército verdadero es aún más imperiosa tratándose de países débiles, cuya vida está rodeada de acechanzas y peligros.

Honduras no podía hacer una excepción a la regla general, y fue así que el Gobierno que presido ha puesto especial empeño en organizar, instruir y dotar al Ejército Nacional de los elementos que necesita para colocarse en condiciones de llenar cumplidamente su cometido.

Me cabe la satisfacción de hacer constar que el Ejército se ha mantenido dentro de las labores que le son propias, sin que ninguno de los acontecimientos que han agitado la opinión pública lo haya desviado del cumplimiento estricto de sus deberes y obligaciones.

Los pormenores de la labor realizada en este importante ramo serán presentados en la memoria respectiva.

Ejército

El ejército permanente que cubrió las guarniciones durante el año económico pasado fue el siguiente:

66 jefes

210 oficiales

1,251 soldados

La fuerza extraordinaria que se organizó para restablecer la paz pública, alterada con motivo de la sublevación de los reos del Presidio de Santa Rosa de Copán, así como para perseguir a las bandas armadas que merodean a lo largo de la frontera oriental y en otros sectores del país, se compuso de:

14 jefes

56 oficiales

948 soldados

El sostenimiento de las fuerzas extraordinarias que se detallan se imputó a la Cuenta Suplementaria "Mantenimiento del Orden Público", creada por Decreto del Poder Ejecutivo No. 34, del 13 de noviembre de 1932, lo mismo que el transporte de tropas de un sitio a otro de la República, de armas, municiones, vestuario y medicinas para los soldados.

Los almacenes de guerra fueron provistos de modernos elementos bélicos, de los cuales carecían, en calidad y cantidad, para que respondieran a los objetivos que se les asigna tanto en la paz como en la guerra, cargándose su costo a la cuenta "Mantenimiento del Orden Público".

El Gobierno adquirió, para servicio del Ejército, tres aviones de persecución, que permanecen en el Aeródromo de Toncontín, cuyo costo también se imputó a la misma cuenta.

Para perseguir el contrabando en los puertos de la Costa Norte del país, fue comprado el guardacostas "Zambrano", cargándose su valor igualmente a la Cuenta Suplementaria "Mantenimiento del Orden Público".

Los pagos de deudas de guerra, suplementos en efectivo y mercaderías, compras de vestuario y medicinas para las fuerzas extraordinarias, fueron igualmente imputados a dicha cuenta.

Se prestó atención preferente a la reparación y reconstrucción de los cuarteles y acantonamientos militares, así como también a algunos edificios públicos de otros ramos, unos con cargo a la partida asignada en el Presupuesto General de Gastos para este objeto, y los demás mediante la cuenta suplementaria referida.

La ampliación del Aeródromo de Toncontín, el sostenimiento de la tropa que forma su resguardo y la construcción del hangar para los aviones militares se realizaron por medio de acuerdos imputados a la misma cuenta.

La inscripción de milicianos en las Juntas organizadas al efecto aumentó considerablemente, en razón de haberse dispuesto que dicha inscripción fuese de carácter general en toda la República.

El resultado fue el siguiente:

Milicianos de primera categoría: 59,578

Milicianos de segunda categoría: 32,729

Guardia Nacional: 15,253

Suma total: 107,560

Los Juzgados de Instrucción Militar y los Consejos de Guerra conocieron de 1,427 procesos por diversos delitos, la mayoría de los cuales fueron cometidos por militares al servicio del Gobierno constituido, con ocasión de la ignominiosa y justamente llamada "Revuelta de las Traiciones".

El sostenimiento de estos tribunales se imputó a la cuenta "Mantenimiento del Orden Público".

Con el fin de que las pensiones militares de montepío, invalidez y retiro beneficien solamente a aquellas personas que no han incurrido en ninguna de las causas que, conforme a la ley, hacen extinguirse el derecho de percibirlas, se ordenó a los Comandantes de Armas seguir investigaciones verídicas e imparciales sobre las personas que han obtenido esa gracia, para comprobar si conservan o no derecho a la protección del Estado.

Esta medida dio por resultado la cancelación de 33 pensiones, y una economía de L 125,339.13 en la partida asignada para pensiones en el Presupuesto General de Gastos vigente.

A pesar de las dificultades que se presentaron por la falta de instructores y profesores en las guarniciones, se prosiguió de manera sistemática y empeñosa la obra de desanalfabetizar a los reclutas, contando con la ayuda de los oficiales de los respectivos cuerpos, quienes, sin remuneración especial, tuvieron a su cargo esa enaltecedora tarea.

Quinientos reclutas en la República aprendieron a leer y escribir.

Instrucción Militar

La instrucción militar continuó a cargo de oficiales pertenecientes a unidades y destacamentos en filas, excepción hecha de esta capital, en donde estuvo a cargo de instructores idóneos consagrados por entero a esa faena, y cuyos emolumentos fueron cubiertos fuera de presupuesto.

Marina

En lo que respecta a la marina mercante que navega con bandera hondureña, se extendieron 56 patentes definitivas a igual número de embarcaciones mayores y menores, que fueron matriculadas de previo.

Se cancelaron 6 patentes.

El faro nacional de Puerto Cortés ha continuado funcionando con regularidad.

Los faros de propiedad de la Compañía Frutera Unida, situados en lugares de la costa firme y en una de las menores Islas de la Bahía, siguen prestando buenos servicios para la navegación en aguas hondureñas.

Por anticuado e incompleto, deja mucho que desear el Reglamento de Gobierno y Policía de los Puertos.

El ministerio respectivo tiene preparado un proyecto de reglamento cuidadosamente elaborado para presentarlo al estudio y aprobación del Soberano Congreso Nacional.

En visita de cortesía, llegó al puerto de Amapala el buque escuela "Karlsruhe", de la Marina de Guerra Alemana.

Con ese motivo, el Poder Ejecutivo dispensó una cordial recepción.

El Capitán y la oficialidad de dicho buque fueron objeto de varios agasajos en Amapala y en esta capital.

Aviación Comercial

Este servicio de transporte ha alcanzado un alto grado de desarrollo en el país.

Funcionaron establecidas durante el año económico seis empresas: "Dean", de propiedad de Scholes & Lozano; "Morgan Airlines", de Summer B. Morgan; la "Sica", de la firma comercial Francisco Sierke & Hermano; "Transportes Aéreos Centroamericanos", de propiedad de Lowel Yerex; los aviones "Tome Ulúa", del aviador Ernesto Augusto Voss; y el "Tincute", de la Compañía Aérea Nacional, piloteado por el aviador nacional Capitán Luis Alonso Fiallos.

La Pan American Airways Inc. mantuvo sus oficinas y servicios en el aeropuerto de San Lorenzo, de su propiedad.

Posteriormente, en el decurso del año, la empresa Dean y la empresa Sica suspendieron sus servicios por haber vendido sus aeronaves a otras empresas.

El Tome Ulúa, de Voss, y el Tincute, de propiedad de hondureños, fueron destruidos en accidentes aéreos, sin que ocurrieran desgracias personales.

Actualmente, la Pan American Airways tiene instaladas sus oficinas en Toncontín, y es este aeropuerto en el que abordan sus aviones en su recorrido entre los Estados Unidos del Norte y América Española.

Las rutas aéreas están abiertas en todos los rumbos del país, siendo recorridas diariamente por los aviones que conducen pasajeros, correo y carga.

El número de aeronaves matriculadas es de 14, las cuales están en posesión de sus correspondientes certificados de navegabilidad, extendidos por el ministerio respectivo, después de haberse asegurado de que se encuentran en buenas condiciones de servicio.

Se inscribieron 18 pilotos de transporte y 1 de aviación particular.

Los aeropuertos que se encuentran abiertos al servicio público son 5; los aeródromos habilitados, 43; y 19 estaciones aéreas o campos de emergencia.

En el decurso del año ocurrieron tres desgraciados accidentes aéreos, que ocasionaron la muerte a dos aviadores y cuatro pasajeros, además de causar lesiones de consideración a otros pasajeros que tuvieron la fortuna de escapar con vida.

Aviación Militar

La oportuna y valiosa adquisición que hizo el Gobierno de tres aviones de guerra para uso del Ejército lo pone en condiciones de poder sofocar con rapidez cualquier movimiento subversivo interno y de atender a la defensa del territorio en caso de emergencias externas.

En Toncontín se construyó para ellos un espacioso hangar, donde permanecen bajo la custodia de un fuerte resguardo.

El Ejército, además de su misión de velar por la independencia e integridad de la patria, y de mantener la paz y el orden público interiores, cooperó con el Ramo de Hacienda y el de Gobernación, de forma activa y eficaz, en la extirpación del contrabando en el país.

Su labor en ese sentido fue de resultados muy satisfactorios.

Simultáneamente se prestó constante ayuda al Ramo de Comunicaciones Eléctricas y de Caminos, al primero, en el restablecimiento de las líneas interrumpidas y la instalación de otras, especialmente en la Sección Militar de Danlí; y al segundo, en la compostura y acondicionamiento de los caminos carreteros, en sitios donde las necesidades militares así lo demandaron.

Al cerrarse las operaciones del año fiscal a que se refiere este informe, en la parte correspondiente al Ramo de Guerra, se obtuvo una economía de L 224,330.33 (doscientos veinticuatro mil trescientos treinta lempiras con treinta y tres centavos).

Relaciones Exteriores

Esta Secretaría de Estado, por acuerdo de 20 de octubre de 1933, que fue aprobado por la Comisión Permanente del Congreso Nacional en Decreto No. 18 de 25 del mismo mes, nombró a los señores Dr. don Miguel Paz Baraona, Ing. don Luis Bográn y don Augusto C. Coello, delegados por Honduras a la VII Conferencia Internacional Panamericana, que se reunió en Montevideo, Uruguay, el 3 de diciembre del mismo año.

En el curso de las expresadas conferencias se firmaron las siguientes convenciones:

Convención sobre Derechos y Deberes de los Estados.

Convención sobre Asilo Político.

Convención de Extradición.

Convención sobre Enseñanza de la Historia.

Convención sobre Nacionalidad de la Mujer.

Convención sobre Nacionalidad.

Asimismo, se firmó un Protocolo Adicional a la Convención General de Conciliación Internacional de 1929, y se adoptaron noventa y cuatro (94) resoluciones.

En estas mismas conferencias, todas las naciones en ellas representadas declararon oficialmente su adhesión al Tratado Anti-Bélico de No Agresión y de Conciliación, suscrito en Río de Janeiro el 10 de octubre de 1933, entre los representantes de la República Argentina, de los Estados Unidos del Brasil, de Chile, de los Estados Unidos Mexicanos, del Paraguay y del Uruguay.

Nuestra Delegación hizo declaración expresa sobre la adhesión de Honduras al referido pacto, con las reservas contenidas en la nota de adhesión y sujeto a la respectiva ratificación.

En acuerdo emitido bajo el número 424, de fecha 28 de abril del presente año, Honduras adhirió, con las reservas contenidas en las letras a, b, c y d del Artículo V, al expresado tratado, mandando que se someta a la aprobación del Congreso Nacional en sus actuales sesiones.

Habiendo aceptado este Gobierno la invitación que le dirigiera el de Polonia, por medio de su Embajada en París, para hacerse representar en el Congreso Postal Universal, que se reuniría en El Cairo, en el mes de febrero de 1934, Honduras nombró como su delegado ad honorem al Dr. Gr. Of. Augusto Guillermo Tuccimei, emitiendo acuerdo bajo el No. 264 de fecha 13 de octubre de 1933, que fue aprobado provisionalmente por la Comisión Permanente del Congreso Nacional en Decreto No. 16 de 24 de octubre antes referido, y definitivamente en Decreto Legislativo No. 15 de 5 de enero del año en curso.

El delegado señor Tuccimei concurrió al referido congreso, que se inauguró el 2 de febrero del año anterior, durando sus sesiones hasta el día 24 de marzo siguiente.

En este Congreso se hicieron representar 95 países entre Naciones Soberanas, Dominios, Colonias y Protectorados. Los Delegados eran en total 182, entre Diplomáticos, Cónsules, Funcionarios, etc.

En él se suscribieron una Convención Postal Universal y Protocolo final a la misma, y los siguientes arreglos:

Arreglo concerniente a las encomiendas postales.

Arreglo concerniente a los giros postales.

Arreglo concerniente a los traslados de fondos postales.

Arreglo concerniente a las suscripciones a diarios y folletos periódicos.

Arreglo concerniente a cartas y encomiendas con valor declarado.

Arreglo concerniente a cobros.

También se decretó la reducción del 20% en los gastos de tránsito y la supresión de los gastos para los despachos enviados a descubierto. Se creó asimismo una Secretaría americana adscrita al Bureau Internacional de Berna, cuya finalidad será la de ocuparse de todas las cuestiones postales que conciernan a los países latinoamericanos. Se suprimieron las Jun-tas preparatorias de los Congresos Quinquenales, quedando confiado al Bureau Internacional de Berna, el cargo de preparar los asuntos que deben someterse a los mismos Congresos.

El Excelentísimo señor Ministro de España ante este Gobierno, en nombre de aquella República, se sirvió invitar a Honduras para que se hiciera representar en la V Conferencia Internacional para la

Unificación del Derecho Penal que se celebraría en Madrid, del 2 al 8 de octubre del año próximo pasado. Este Gobierno, en acuerdo No. 248 de 29 de septiembre del año antes referido, que fue aprobado por el Congreso Nacional en Decreto No. 12 de 5 de enero del año en curso, nombró al Dr. don Julián López Pineda, En-cargado de Negocios de Honduras en París, como su Delegado ad-honorem para que lo representara en la expresada Conferencia.

Por motivos ignorados, la referida Conferencia tuvo verificativo del 14 al 20 de octubre del presente año, concurriendo el Delegado por Honduras, Dr. Julián López Pineda.

Tuvieron representación en la citada Conferencia 35 Estados y 11 Instituciones Internacionales.

La Conferencia conoció y legisló sobre los siguientes temas:

Extradición.

Terrorismo.

Abandono de familia.

Portación de armas.

Unificación de las incriminaciones sobre los actos de los «souteneurs».

En el curso de la Conferencia se procedió a la elección de los Miembros de la Oficina Internacional para la unificación del Derecho Penal.

Los Gobiernos de Honduras, Guatemala y Nicaragua se dirigieron a los demás países de Centro Amé-rica invitándolos para celebrar en la ciudad de Guatemala una Conferencia Centroamericana, con el objeto de revisar los Tratados y Pactos celebrados en la ciudad de Washington el 27 de febrero de 1923, invitación que fue aceptada.

El Gobierno de Honduras nombró como sus delegados a los señores doctores don Silverio Laínez y don Saturnino Medal y Secretario al Licenciado Inf. Marcos Carías Reyes.

La Conferencia se inauguró el día 15 de marzo del presente año, durando sus sesiones hasta el día 12 de abril siguiente. En ella fue suscrito un Tratado de Confraternidad Centroamericana y una Convención Centroamericana de Extradición. Ambos han sido aprobados por este Gobierno y serán sometidos a la aprobación del Congreso Nacional en sus presentes sesiones.

Invitado este Gobierno por el de los Estados Unidos Mexicanos para hacerse representar en el XXI Congreso Internacional de Estadística, bajo el patronato del señor Presidente de la República, general don Abelardo L. Rodríguez, que se reuniría en la ciudad de México el 11 de octubre del año pasado, con ocasión del primer centenario de la Sociedad Mexicana de Geografía, se nombró al Dr. don J. Edgardo Valenzuela, Enviado Extraordinario y Ministro Plenipotenciario de Honduras ante aquel Gobierno, delegado ad honorem para que representara a Honduras en el expresado Congreso.

Comisión Técnica de Demarcación de la Frontera entre Honduras y Guatemala

Esta comisión ha continuado llevando a cabo su labor.

Durante el presente año económico ha deslindado una longitud total aproximada de 138.65 kilómetros de poligonal, medidos entre la cima del cerro de Montecristo y el río Morjá.

Agregando a dicha cantidad la de 35.2 kilómetros de poligonal medidos el año económico anterior por el curso fronterizo de los ríos Motagua y Tinto, y en la línea del puente de Santo Tomás al río Cacao, resulta que la comisión lleva deslindada hasta el 31 de julio del corriente año una longitud total de 178 kilómetros de frontera.

Para terminar el deslinde internacional, falta medir las secciones de frontera comprendidas: entre la frontera salvadoreña y la cima del cerro Montecristo, entre el río Morjá y el río Cacao, y entre el puente de Santo Tomás y el río Tinto, mediante poligonales que se calculan de una longitud total de 82 kilómetros aproximadamente.

Visitas Diplomáticas y Oficiales

A principios del mes de enero del presente año, honró esta capital doña María de Sacasa, esposa del señor Presidente de la República de Nicaragua, permaneciendo tres días en esta ciudad.

El Poder Ejecutivo la declaró Huésped de Honor de la Nación, dispensándole, tanto el Gobierno como la sociedad, merecidas atenciones.

En el mes de junio del año en curso visitaron esta capital el excelentísimo señor Dr. don Raúl Gurdián, Ministro de Relaciones

Exteriores de Costa Rica, y la señora de Gurdián, a quienes tanto el Gobierno como la sociedad agasajaron en forma cordial.

Presentación de Credenciales Diplomáticas

Durante el presente año económico han presentado sus credenciales los siguientes diplomáticos:

Excelentísimo señor John Henry Stafford Birch, como Enviado Extraordinario y Ministro Plenipotenciario de Su Majestad Británica. 7 de febrero.

Excelentísimo señor don José Vásquez Schiaffino, como Enviado Extraordinario y Ministro Plenipotenciario de los Estados Unidos Mexicanos. 12 de febrero.

Honorable señor Zigmunt M. Merdinger, como Encargado de Negocios de Polonia. 13 de febrero.

Excelentísimo señor Dr. don Antonio Nájera Cabrera, como Enviado Extraordinario y Ministro Plenipotenciario de la República de Guatemala. 10 de marzo.

Excelentísimo señor Alberto Levame, Arzobispo titular de Quersoneso, como Nuncio Apostólico. 29 de junio.

Excelentísimo señor Dr. don Héctor Escobar Serrano, como Enviado Extraordinario y Ministro Plenipotenciario de la República de El Salvador. 18 de julio.

Honorable señor don Jorge Molina Wood, como Encargado de Negocios ad interim de Chile. 23 de julio.

Hacienda y Crédito Público

La Hacienda Pública, que constituye actualmente el problema más difícil de todas las naciones del mundo, ha sido motivo de preocupación especial del Poder Ejecutivo, el cual ha procurado levantar las rentas y acrecentar la riqueza nacional de que aquellas dependen, promoviendo todo trabajo y protegiendo las industrias que puedan constituir una fuente de recursos particulares o sociales, y producir efectos favorables en el erario nacional.

Todo esto se ha hecho en abierta lucha contra la pobreza general que abruma a la Nación, contra los intereses políticos en pugna con el bienestar público, y aun contra los elementos naturales que esta vez se han esmerado por abatir a varios pueblos de la República.

Por otra parte, el Poder Ejecutivo, a pesar de la difícil situación económica, y reconociendo que el crédito interno y externo del país representan el honor nacional y la principal fuente de recursos extraordinarios del Estado, ha tenido buen cuidado de mantenerlos en alto, satisfaciendo religiosamente todos los compromisos contraídos, no sólo por la presente administración, sino también por las administraciones anteriores.

Reducción Presupuestaria y Producción Rentística

Como aprobasteis por Decreto No. 60, de 31 de enero de 1934, la reducción hecha al Presupuesto General de Gastos para el período fiscal de 1933 a 1934, el Poder Ejecutivo ha podido atender con menos dificultad todos los ramos del servicio público, hasta donde lo permitieron las rentas del Estado.

La producción rentística de 1933–1934 ascendió a L 10,139,929.89, obteniéndose, respecto de la de 1932–1933, un aumento de L 1,167,531.43, resaltando este aumento en las cuentas siguientes:

Renta Aduanera, aumentó:	L 237,805.19
Monopolios, aumentó:	L 482,957.53
Especies Timbradas, aumentó:	L 611,820.00
Servicios, aumentó:	L 361,902.95
Total del aumento bruto:	L 1,694,485.67

De esta cantidad debe rebajarse la disminución que hubo en las cuentas siguientes:

Rentas Varias y Eventuales, bajó:	L 107,243.30
Rentas Especiales, bajó:	L 419,710.94
Aumento real:	L 526,954.24
Aumento real:	L 1,167,531.43

El hermoso aumento que aparece en la cuenta Monopolios tiene como principal origen la centralización de las fábricas de aguardiente, el establecimiento de contadores automáticos en los alambiques de los contratistas y la persecución tenaz que se ha hecho a los contrabandistas.

Comparando la producción con los valores que señala el Presupuesto General de Gastos, se observa un déficit de L 5,082,274.10, porque el Presupuesto, en su parte de Ingresos, hizo ascender a L 15,222,203.99, y esta cantidad ha servido de base para la liquidación respectiva.

Los pagos que se efectuaron durante el ejercicio fiscal ascendieron a: L. 1.882,661.74

Total erogado: L. 12,735,982.61

Según el Presupuesto (con sus alteraciones, supresiones, ampliaciones y errores): 13,904,382.23

Consecuencialmente, queda como economía: L. 1,168, 399.62

El detalle de la cantidad pagada en sus distintos ramos será presentado oportunamente por el Señor Ministro de Hacienda en su Memoria.

CREDITO PUBLICO

La deuda del Estado, se descompone así:

CUENTAS	1932-33	1933-34	1933 a 1934 MAS	MENOS
Saldo anterior				
Deuda Interna . . L	16.189,706.79	L 19.043,940.53	L 2.854,233.73	
Deuda Externa . .	9.386,963.96	8.921,714.56	. . . .	L 465,249.40
Incorporación				
Deuda Interna . . L	2.945,985.14	L 2.410,990.16	. . . .	L 534,994.98
Deuda Externa . .	395,231.00	49,272.20	. . . .	345,958.80
Amortización				
Deuda Interna . . L	486,982.40	L 412,227.64	. . . .	L 74,754.76
Deuda Externa . .	1.285,000.00	1.352,268.00	67,268.00	
Saldo para 1934-35				
Deuda Interna . . L	19.043,940.53	L 21.042,703.05	L 1.998,762.52	
Deuda Externa . .	8.921,714.56	7.618,718.76	. . . .	1.302,995.80

De la comparación de los créditos de 1932-1933 y 1933-34, aparece que en este último se incorporaron menores créditos, con valor de L 534,994.98, en la Deuda Interna, y en la Externa, L 345,958.80.

En cambio, en la Amortización se pagaron más L 67,268.00, en la Deuda Externa de este año que en el año anterior; por lo que el saldo se redujo en la Deuda Interna a L 21.042,703.05 y en la Deuda Externa, a L 7.618,718.76.

El porcentaje que corresponde al aumento y disminución de las cuentas de Crédito Público, es el siguiente:

CUENTAS	1933 a 1934 MAS	MENOS
Saldo anterior:		
Deuda Interna . . . . L 17.6 %		
Deuda Externa		L 4.96%
Incorporación:		
Deuda Interna		18.16 „
Deuda Externa		87.5 „
Amortización:		
Deuda Interna		15.4 „
Deuda Externa	5.24 „	
Saldo para 1934-35:		
Deuda Interna	10.50 „	
Deuda Externa		14. 6 „

Estimo de mi deber daros cuenta que en el *Mantenimiento del Orden Público* se invirtieron L 2.190,450.55, de los que corresponden a

Valores pagados . . . . L 1.933,353.58
Idem acreditados (no pagados) . . . . . . 257,096.97   L 2.190,450.55

Esta cantidad figura dentro del total erogado de L 12.177,939.25, que aparece en el detalle de los pagos efectuados en el año.

Los porcentajes que corresponden a la Producción Rentística, en los dos últimos años fiscales, son los siguientes:

Comparación con el Presupuesto
PRODUCCION DE 1933-34

CUENTAS	MAS	MENOS
Renta Aduanera	L . . .	L 33.0%
Monopolios	. . . .	28.3%
Especies Timbradas	. . . .	30.6%
Servicios	. . . .	17.6%
Rentas Varias y Eventuales .	. . . .	85.5%
Rentas Especiales	. . . .	31.7%
Total	. . . .	33.4%

Comparación con el año anterior
PRODUCCION DE 1933-34

CUENTAS	MAS	MENOS
Renta Aduanera	L 8.38%	
Monopolios	54.7 %	
Especies Timbradas	122.6 %	
Servicios	26.1 %	
Rentas Varias y Eventuales .	. . . .	L 41.0%
Rentas Especiales	. . . .	13.5%
Total	11.3 %	

Comparación de la producción rentística con el Presupuesto durante el año económico de 1933-34

CUENTAS	PRESUPUESTO	PRODUCCION	MAS	MENOS
Renta Aduanera .	L 4.592,522.00	L 3.077,729.26	L	L 1.514,792.74
Monopolios	1.903,700.00	1.365,944.32	. . . . . .	537,755.68
Esp. Timbradas . .	1.599,742.00	1.111,133.04	. . . . . .	488,608.96
Servicios	2.119,770.00	1.747,077.01	. . . . . .	372,692.99
Rentas V. y Ev .	1.077,456.13	154,203.87	. . . . . .	923,252.26
Rentas Especiales .	3.929,013.86	2.083,642.89	. . . . . .	1.845,171.67
Suma . .	L 15.222,203.99	L 10.139,929.89	. . . . . .	L 5.082,274.10
Diferencia	. . . .	L 5.082,274.10	L 5.082,274.10	
Balance	L 15.222,203.99	L 15.222,203.99	L 5.082,274.10	L 5.082,274.10

MENSAJE—5

47

Comparación con el año anterior

PRODUCCION   1933-34

CUENTAS	1932-33	1933-34	MAS	MENOS
Renta Aduanera .	L. 2.839,924.07	L. 3.077,729.26	L. 337,805.19	
Monopolios	882,986.79	1.365,944.32	482,957.53	
Esp. Timbradas . .	499,313.04	1.111,133.04	611,820.00	
Servicios	1.385,174.06	1.747,077.01	361,902.95	
Rentas V. y Ev. . .	261,447.17	154,203.87	. . . . . .	L. 107,243.30
Rentas Especiales .	3.103,553.33	2.683,842.39	. . . . . .	419,710.94
Suma . . .	L. 8.972,398.46	L. 10.139,929.89	L. 1.694,485.67	L. 526,954.24
Diferencia	L. 1.167,531.43	. . . . . .	. . . . . .	L. 1.167,531.43
Balance	L. 10.139,929.89	L. 10.139,929.89	L. 1.694,485.67	L. 1.694,485.67

En cumplimiento del Decreto No. 141 de 27 de marzo, se organizó la Comisión de Control de Cambios Internacionales y Estabilización del Sistema Monetario, la cual quedó instalada el 1o. de junio, con el personal siguiente:

Presidente: don Julio Lozano h., Ministro de Hacienda.

Secretario: P. M. don Emilio España Valladares, Delegado por las Cámaras de Comercio.

Tesorero: Ing. don Eugenio Molina, Delegado por los Agricultores del país.

Dr. Trinidad E. Mendoza, Delegado por las Instituciones de Crédito.

Ing. don Manuel A. Zelaya, Delegado por los Fabricantes de la República.

El Poder Ejecutivo, en uso de las facultades que le confiere el artículo 4o. del Decreto No. 141 citado, acordó el 17 de abril, el Reglamento de la Ley de Control de Cambios Internacionales.

Conforme a lo dispuesto en el Decreto No. 106de fecha 3 de marzo, se suprimieron todas las Tesorerías Especiales, quedando únicamente la Tesorería General de Justicia y la de Caminos. Los resultados obtenidos hasta la fecha con la supresión de las Tesorerías Especiales han respondido al espíritu de con-trol de las rentas y economía que inspiró al Cuerpo Legislativo al decretarla. Y, de conformidad con el artículo 2o. del Decreto No. 116 de 7 de marzo, se están tramitando los expedientes creados a solicitud de los acreedores de las Tesorerías Especiales y las Juntas de Fomento, para que los respectivos créditos pasen a constituir una obligación del Estado.

La Oficina de la Dirección General de Rentas, Centralización de Cuentas y Estadística Comercial, de conformidad con la Ley de Presupuesto, se reformó totalmente en su organización, estableciendo un eficiente control de todos los organismos y Rentas del Estado.

El préstamo de ($ 300,000.00) trescientos mil dólares contratado con el Canal Bank & Trust Company el 5 de abril de 1933, fue cancelado el día 5 de enero; quedando pendiente el préstamo de ($ 250,000.00) doscientos cincuenta mil dólares celebrado con el mismo Banco el 5 de junio de 1931, cuyos pagos mensuales se están haciendo con toda regularidad.

FOMENTO, OBRAS PÚBLICAS, TRABAJO Y AGRICULTURA

El desarrollo de las actividades en este importante ramo de la Administración Pública ha sido eficiente, a pesar de las dificultades creadas por la situación económica.

Comprendiendo la necesidad que un país como el nuestro tiene de carreteras, se ha trabajado constantemente para mantener en buen estado las existentes y abrir otras.

El Poder Ejecutivo abriga la esperanza de que durante este año dará principio a la carretera de Occidente, que pondrá en contacto a todas las cabeceras departamentales de esa importante región de la República.

Comunicaciones Eléctricas

La red telegráfica se compone de 6,930 kilómetros, y la telefónica de 2,130 kilómetros, más 417 metros.

Durante el año, tanto la red telegráfica como la telefónica aumentaron en la suma de 258 kilómetros con 100metros, comparada con la del año económico anterior (1933-1934).

Se abrieron al servicio público dos nuevas oficinas: una en San José, departamento de Choluteca, y la otra en Protección, en el departamento de Santa Bárbara.

Se instalaron 7 oficinas telegráficas, así: 4 en La Paz, 1 en El Paraíso, 1 en Choluteca, 1 en Intibucá

Se reinstalaron 3 oficinas telegráficas y 2 telefónicas en el departamento de La Paz.

Con el objeto de crear un fondo para la construcción de edificios de Comunicaciones Eléctricas, se expidió el Decreto No. 175 del 10 de abril de 1934, por el cual se aumentó un centavo por cada palabra de los mensajes telegráficos.

Se construyeron 104 kilómetros con 100 metros de línea telegráfica, 154 kilómetros con 100 metros de línea telefónica y se reconstruyeron 1,871 kilómetros, habiéndose reparado casi la totalidad de los trayectos.

Correo

El servicio postal de la República ha funcionado con regularidad durante el año fiscal, no obstante la estrechez económica por que atraviesa el Erario Nacional.

El desarrollo que ha tomado en nuestro país la aviación comercial ha venido a favorecer grandemente el servicio postal hondureño, pues la mayor parte de la correspondencia se transporta por la vía aérea, servicio que está a cargo de la Compañía de Transportes Aéreos Centroamericanos, mediante contrata especial. Esta misma Compañía se ocupa del transporte de la correspondencia a las ciudades de San Salvador, Managua y Guatemala. Para el transporte de la correspondencia a los demás países de América, el Gobierno celebró un contrato con la Pan-American Inc., que hasta la fecha presta un servicio satisfactorio. De manera que Honduras cuenta hoy con un servicio de transporte de correspondencia rápido y económico.

En los primeros días del mes de febrero último, se celebró en la ciudad de El Cairo, Egipto, el X Congreso Postal Internacional, al que concurrió Honduras por medio del Cónsul de nuestro país en Roma, señor Augusto Guillermo Tuccimei. Nuestro representante suscribió todas las convenciones, acuerdos y reglamentos que fueron sometidos a la consideración de aquella augusta asamblea y de los cuales dará cuenta en su oportunidad el señor Secretario de Relaciones Exteriores.

Para facilitar las transacciones comerciales, el Correo Nacional presta los servicios de intercambio de giros postales y de transporte de mercaderías. Estos servicios fueron debidamente atendidos y produjeron buenos rendimientos a la Hacienda Pública.

Vialidad

Aunque no ha sido posible dar un impulso que corresponda a los deseos del Ejecutivo en el ramo de Caminos, que puede decirse es la base fundamental del progreso del país, se ha laborado tesoneramente, no omitiendo medio alguno para mantener y ensanchar las vías existentes.

Como es bien sabido, la rigurosidad del invierno ocasionó desperfectos en todas las carreteras y se atendió en primer término a mantener el tráfico, para lo cual hubo que construir muchos desvíos o pasos provisionales con no poco gasto.

Los derrumbamientos se produjeron frecuentemente, y aparte de los pequeños en distintos lugares, se hicieron notar por sus grandes proporciones los de Las Uvas y el muro de sostenimiento del acantilado de La Chorrera, en la carretera del Sur; el de La Cuesta, en la del Norte; y La Cantera, en la de Olancho.

Las grandes avenidas arrastraron la mayoría de los puentes, siendo el de más significación el de hierro sobre el río Choluteca, en el paso del Agua Caliente, en la carretera de Olancho, el que, a más de su elevado costo, interrumpió la comunicación con el departamento de Olancho y pueblos circunvecinos, que son los proveedores de víveres de la capital.

Pláceme haceros presente que en su mayoría todos los daños están subsanados, y que todas las carreteras prestan eficientes servicios a la comunidad.

Se ha procurado modernizar en lo posible el ramo de caminos, para lo cual se han proporcionado todos los repuestos para las maquinarias existentes, de manera que en la actualidad funciona un equipo completo.

Empresa de Agua y Luz Eléctrica

Esta empresa funcionó durante el año fiscal con la normalidad debida, a la que el Gobierno le prestó preferente atención, para mantener un servicio eficiente de luz y agua.

Las fuertes crecientes del río Chiquito, en el mes de octubre de 1933, destruyeron el malecón que sostiene el edificio de la empresa, produciendo desastres donde estaban establecidas las oficinas, las cuales fueron invadidas por las aguas, ocasionando grandes perjuicios; pero el Gobierno, sin pérdida de tiempo, procedió a la reedificación del malecón destruido, el cual está ya terminado, con cimientos tan profundos que será casi imposible sean de nuevo arrancados por las corrientes máximas.

Los servicios oficiales y particulares durante el año fiscal de dicha empresa arrojaron la suma de L 416,297.32.

Escuela de Artes y Oficios

En esta importante dependencia del ramo de Fomento se imparte la enseñanza de varias artes y oficios, por cuenta del Estado, a veinte jóvenes, proporcionándoles también alimentación, vestuario y alojamiento.

El establecimiento presta muy útiles servicios, no solamente por la instrucción práctica que se da a la juventud, mejorando técnicamente la clase obrera del país, sino porque en dicho establecimiento se ejecutan los trabajos de las distintas dependencias del Gobierno, con gran economía de tiempo y de dinero.

En el año económico anterior se ejecutaron trabajos oficiales por valor de L 13,717.75, y particulares por valor de L 4,257.45. El establecimiento se sostiene con las cantidades asignadas en el

Presupuesto General de Gastos y el producto de los trabajos particulares.

Ferrocarril Nacional

La deuda con la Compañía Agrícola de Ulúa, cesionaria de la Cuyamel Fruit Co., con motivo del contrato de anticresis, durante el año fiscal de 1933-34, es como sigue:

Saldo al 31 de julio de 1933: $ 570,734.50 oro
Abonado durante el año fiscal: $ 97,259.08
Saldo al 31 de julio de 1934: $ 473,475.49 oro

Durante el año de referencia, se construyeron los ramales de Flor del Valle y Villanueva, ambos con una extensión de 10 kilómetros.

INFORMES DE LAS COMPAÑÍAS FERROCARRILERAS

Standard Fruit & Steamship Co.

Esta compañía opera con 93 kilómetros y 195 metros de línea principal, con 346 kilómetros y 675 metros de ramales.

Durante el año se construyeron 12 kilómetros y 159 metros de ramales, y se abandonaron 7 kilómetros y 747 metros de ramales.

Tiene un número de trabajadores de 1,444, de los cuales 1,288 son hondureños y centroamericanos y 156 son extranjeros.

Exportó en el año 2,924,848 racimos de bananos y 2,447,275 nueces de coco.

La exportación de bananos, comparada con la del año anterior (1932-33), sufrió un descenso de 1,934,728 racimos, y la de cocos un aumento de 350,275 nueces.

La cantidad total invertida en el país durante el año, en derechos fiscales, municipales, compras, empleados y planillas de operarios, ascendió a $ 1,127,712.49 oro americano.

Tela Railroad Company

Está operando con 360 kilómetros y 699 metros de líneas de ferrocarril en explotación, de los cuales, 116 y 826 metros son de vía principal y 243 kilómetros y 873 metros de ramales.

53

Exportó en el año relacionado 6.948,691 racimos de bananos. Trabajaron durante el año, 4,928 personas, d ellos cuales 3,189 son hondureños; 1,072 salvadoreños, 139 centroamericanos y 534 extranjeros.

La superficie irrigada durante el año fue de 4,471 hectáreas, 16 áreas y 30 centiáreas, que, a razón de 3.00 dólares cada una, arrojan la suma de $ 13,413.49. Se pagaron por kilometraje de 34 km y 3 metros, la suma de $ 6,800.60, a razón de 200.00 dólares cada uno.

La cantidad total invertida en el país, por derechos fiscales, municipales, compras y planillas, ascendió a $ 2,696,785 oro americano.

Truxillo Railroad Company

Está operando con 383.73 kilómetros de ferrocarril en explotación, de los cuales 299.87 kilómetros son de línea principal y 83.86 kilómetros de ramales, espolones y patios.

Líneas construidas durante el año, en línea principal, ramales y espolones: 5 kilómetros y 80 metros.

Se levantaron 15 kilómetros y 410 metros entre líneas principales, ramales, patios y espolones.

Se irrigaron durante el año 4,820 hectáreas y 4 áreas, que, a razón de 3.00 dólares cada hectárea, arrojan la suma de $ 14,460.12.

La exportación de bananos durante el año fue de 3,226,704 racimos.

Tiene un número de trabajadores de 5,221, de los cuales 4,219 son hondureños; 597 centroamericanos y 405 extranjeros.

Esta compañía invirtió durante el año, en derechos fiscales, municipales, compras, empleados y planillas de operarios, la suma de $ 2,702,696.68 dólares.

Aguan Valley Company

Esta empresa tuvo durante el año fiscal un número de trabajadores de 1,925, de los cuales 1,783 son hondureños y centroamericanos y 142 extranjeros.

La superficie irrigada fue de 3,233 hectáreas y 54 áreas, que, a razón de 3.00 dólares cada una, arrojan la suma de 9,700.63 dólares.

La cantidad invertida en el país durante el año que nos ocupa, por derechos fiscales, municipales, compras, empleados y planillas de operarios, ascendió a 1,266,325.32 dólares.

Compañía Agrícola de Ulúa

Esta empresa opera con 211 kilómetros más 1 metro de ferrocarril en explotación, de los cuales 19 kilómetros y 770 metros fueron construidos durante el año; también cuenta con 17 kilómetros y 298 metros de tranvía.

El número de bananos exportados durante el año fue de 6,263,871 racimos y de cocos, 1,306,795 nueces.

La superficie irrigada fue de 6,161 hectáreas y 5 áreas, que, a razón de 3.00 dólares cada una, arrojan la suma de 18,483.15 dólares.

Por kilometraje de 68 kilómetros y 998 metros, se pagaron 13,799.60 dólares, a razón de 200 dólares cada kilómetro.

La cantidad invertida en el país durante el año económico, en derechos fiscales, municipales, empleados y planillas de operarios, ascendió a 3,462,266.00 dólares.

Agricultura y Ganadería

Al amparo de la paz y la protección y garantías de que disfruta el país, se han organizado y se están organizando fuertes empresas para la explotación de las industrias agropecuarias, las que, indudablemente, acarrearán la prosperidad económica de la nación y el desarrollo progresivo de las pequeñas industrias y de los pequeños productores.

El Ministerio de Agricultura, por medio de la Dirección General del Ramo, se ha empeñado en llevar a cabo una campaña de ensanchamiento agrícola mediante los recursos de que dispone; a la vez que ha hecho un estudio serio y detallado del estado en que se encuentran dichas industrias en el país, para poder laborar de acuerdo con sus necesidades y los recursos económicos con que cuenta, habiéndose dado el primer paso con el establecimiento de la Escuela de Elaboración de Tabacos en el municipio de Veracruz, departamento de Copán, para impulsar el progreso de la industria tabacalera del país, la que está funcionando eficientemente de acuerdo con el plan acordado.

Señores Diputados:

Sin entrar en detalles que corresponden a los señores Secretarios de Estado, he expuesto ante la Honorable Asamblea Nacional los lineamientos más interesantes de la labor realizada durante el año.

Comprendo, con toda su exactitud, que mucho se ha dejado de hacer por causas inevitables que radican en nuestra deficiente educación política. Igualmente comprendo que mucho falta por hacer. Pero puedo asegurar, con la franqueza que me es reconocida, que me animan una inquebrantable voluntad y un anhelo profundo, que he de poner siempre al servicio de mi Patria y a su mejoramiento en todas sus múltiples manifestaciones.

Sé que, frente a mi deseo honrado y patriótico, ha de oponerse la opinión insensata en su empeño de desacreditar la labor del Gobierno; pero he de apelar a la opinión imparcial y responsable de la Nación para que emita su juicio, el que ha de pasar más tarde a las páginas de la Historia, como el fallo definitivo sobre mi responsabilidad de gobernante.

Una de las cosas que más me ha preocupado es el deseo vehemente de ver implantado en el pueblo el hábito del trabajo. Un pueblo que trabaja, un pueblo que se basta a sí mismo, es un pueblo que tiene asegurada su tranquilidad e independencia y abiertas las puertas del porvenir.

Por eso, desde la más alta tribuna de la República, yo excito a los hondureños para que todos trabajemos, desde los primeros funcionarios hasta el más humilde, y que todos seamos obreros infatigables, atentos al imperativo de las necesidades del tiempo. En esta forma, habremos hecho el mayor bien a la República y afirmado los cimientos de una auténtica democracia.

Voy a terminar, señores Diputados, rogando a la Suprema Providencia ilumine el camino que habéis de recorrer al servicio de la Patria, para que no falte jamás la cordura en vuestras resoluciones y para que todos, gobernantes y gobernados, mantengamos viva la fe en sus destinos gloriosos.

Os presento mi cordial saludo.

Casa Presidencial, enero 1.º de 1935.

Tiburcio Carías A.

DISCURSO DE 1936

Señores Diputados:

En virtud de la reforma constitucional efectuada durante el curso del presente año, anticipo la fecha en que debo daros cuenta de los actos realizados por el Poder Ejecutivo en el período fiscal correspondiente.

El primero de enero de 1937 marcará para nuestra Patria, en la solemne rotación del tiempo, no una simple fecha consignada en un precepto constitucional, sino la iniciación de más fecundas y más elevadas perspectivas; significa, sin duda alguna, un cambio de frente radical y fructífero en la historia política de Honduras.

Ahondando con criterio penetrante en el desarrollo de los acontecimientos que han determinado este cambio, se encontrará que entraña una trascendencia firme y perdurable, gracias al fenómeno que se ha operado en la conciencia pública, que con patriótica clarividencia desea el implantamiento de una nueva democracia basada en la libertad, el orden, el progreso y la justicia, como justa reacción y compensación de tantos y tan deplorables desaciertos del pasado.

Todo el pueblo hondureño conoce el proceso desenvuelto en la opinión nacional para realizar la reforma de la Constitución Política de 1924. Todo el pueblo hondureño comprende y acepta satisfecho la reforma efectuada, ya que es obra suya, obra de sus espontáneos anhelos, de su libre y clara determinación, manifestada a la luz del día, sin vacilaciones, en todas las formas en que puede manifestarse la voluntad de un pueblo.

En la ideología cívica del país no cabía adecuadamente aquel código político que, aunque dictado con la mejor buena fe y el más desinteresado patriotismo, no marchaba al unísono con nuestro desenvolvimiento social, económico y administrativo. En todas las regiones, aun en las más apartadas o lejanas de la República, pudo observarse sin esfuerzo esa aspiración latente por una total o parcial reforma de los artículos fundamentales de la Constitución.

El Poder Ejecutivo seguía atento, en simple actitud de observación, ese movimiento unánime, sin que por su parte dictara medida o disposición alguna para alentarlo, como tampoco podía poner trabas al libre impulso de un pueblo entero encaminado a un fin lícito y legal, ya que ese movimiento propulsor a la reforma no procedía de restringidas o determinadas fracciones políticas, sino que asumía los caracteres de un verdadero y efectivo plebiscito de la voluntad nacional.

Consecuencia inmediata de esos movimientos y manifestaciones de la opinión fue, primeramente, la convocatoria de la Asamblea Nacional Constituyente, efectuada por el Congreso Nacional, en ejercicio de su mandato soberano; y, como resultado, la emisión de la nueva Constitución Política y Leyes Constitutivas que empezaron a regir el 14 de abril de 1936.

Los legisladores constituyentes, electos en todos los pueblos bajo la más amplia libertad, trabajaron patrióticamente por dotar a la Nación de una nueva ley fundamental más en armonía con las tendencias actuales, encaminadas al mayor bienestar material y más alta cultura. Indudablemente, su obra adolecerá de inevitables imperfecciones, pero el tiempo y la experiencia nos irán enseñando la manera de realizar, algún día, el ideal para la orientación de los futuros destinos.

Una de las disposiciones de más significación política para el momento es la que se refiere a la prolongación en el Poder Público de la Nación, hasta 1943, de las personas que actualmente desempeñan la Presidencia y Vicepresidencia de la República.

El pueblo hondureño ha confirmado, en múltiples maneras, la disposición constitucional en lo que a este punto se refiere. En cuanto a mí concierne, quiero declarar ahora, frente a la representación nacional y ante el pueblo hondureño, sin vanagloria alguna, que si bien considero como uno de los más altos galardones de mi vida esta nueva y efusiva prueba de simpatía y adhesión por parte de mis conciudadanos, estimo que este acto significa la comprensión y solidaridad del pueblo mismo de la política que he procurado implantar en beneficio de los intereses más caros de la Patria. Tal adhesión me alienta y estimula para seguir trabajando sobre la norma que me he trazado, poniendo por sobre todos los intereses personales, los intereses supremos de la Nación.

Gobernación, Justicia, Sanidad y Beneficencia

Es de conocimiento general que algunos conatos subversivos aparecieron en diferentes lugares del país durante los primeros meses del año anterior. Aunque sin importancia militar ni significación política, esos brotes criminales, que lógicamente acarreaban descrédito en el exterior y perjuicios a la economía interna, sirvieron también para poner en evidencia dos verdades irrefutables: la fuerza y el prestigio del Gobierno, y la repulsión manifiesta del pueblo hondureño por cualquier intento encaminado a alterar la paz fructífera de que actualmente goza la República.

Acaso la obcecación no entienda que la historia se renueva por innumerables razones de índole sociológica y moral; y que ya pasó definitivamente para Honduras el período tormentoso de los caudillajes improvisados y de las revueltas partidaristas.

Otra prueba palmaria del espíritu de oposición que priva contra la guerra civil es el hecho de que muchos, a quienes la seducción o el halago condujeron a la emigración, han vuelto al seno de la Patria, donde gozan de las garantías que las leyes otorgan a las personas que regulan su vida conforme a su tenor. En la mayor parte de las ocasiones, el Gobierno auxilió pecuniariamente para la repatriación de los emigrados, que hoy se encuentran en sus hogares, al abrigo de la paz y bajo la protección de la autoridad, dedicados al lícito ejercicio de sus respectivas ocupaciones.

Poco antes de clausurar sus sesiones, la Asamblea Nacional Constituyente tuvo a bien conceder indulto de las dos terceras partes de la pena a los reos condenados por delitos comunes mayores; y de toda la pena a los sentenciados por delitos comunes menores y por faltas. El mismo decreto estipulaba que los reos cuyas causas se encontraban en trámite hasta el veinticuatro de marzo anterior tendrían derecho a la rebaja de la mitad de su pena.

En ejecución de este humanitario decreto, ochocientos cincuenta y dos conciudadanos volvieron al seno de la sociedad. Todos los beneficiados, mediante esta disposición, habían dado pruebas de su vehemente deseo de rehabilitarse, tratando de llevar, al ser puestos en libertad, una honesta vida de trabajo. El Poder Ejecutivo abriga la confianza de que, en tal forma, corresponderán a la clemencia de la Asamblea Constituyente.

Durante el año anterior volvieron a herirnos profundamente las inclementes fuerzas de la naturaleza. Esta vez fue el río Chamelecón el que, desbordado con ímpetu arrollador, destruyó el hermoso puente de la línea férrea y causó daños de consideración en diversas poblaciones de los departamentos de Cortés y Yoro. Probado ya en la lucha contra todas las adversidades, mi Gobierno acudió prestamente al auxilio de los damnificados y a la reparación inmediata de los daños, de los cuales apenas quedan algunos recuerdos trágicos.

Practicado el Censo General de la Población en la República, se anotó la cantidad de 962,000 habitantes. Con las naturales deficiencias con que se efectúan, entre nosotros, esta clase de operaciones, por la dispersión de las viviendas rurales, las distancias excesivas entre los centros poblados y caseríos, o por cualesquiera otras causas, es de creerse que nuestra población supera al millón de habitantes. Se ha podido notar un considerable aumento durante los últimos veinticinco años, excediendo el Censo de 1936 sobre los anteriores de 1910, 1916, 1926 y 1930, en la cifra de 408,554 habitantes.

Conforme a lo preceptuado en la ley, las elecciones de Municipalidades efectuadas el año anterior y en el presente se realizaron al amparo del más completo orden y efectiva libertad. Los pueblos han escogido con libre discernimiento el personal de sus autoridades locales, en cuyas funciones el Gobierno no tiene otra injerencia que aquella que le marca la misma ley. No obstante, me he preocupado constantemente por el progreso y bienestar de los pueblos, ya mandando a construir directamente alguna obra pública, o ya otorgándoles subsidios para sus más perentorias necesidades.

Durante el mes de junio de 1936 celebró la floreciente y laboriosa ciudad de San Pedro Sula el Cuarto Centenario de su fundación por el conquistador español don Pedro de Alvarado. Tal festividad, a la que se asoció cordialmente el Gobierno, sirvió para poner de manifiesto, una vez más, el espíritu de trabajo y de progreso que impera en aquella importante población.

La Penitenciaría Central y demás presidios de la República han sido atendidos de conformidad con los recursos fiscales y las necesidades del momento. Es anhelo del Gobierno convertir cada uno de esos centros penales en lugares de verdadera regeneración para el delincuente; pero nuestros medios no alcanzan sino para ir preparando esa obra, aunque sea lentamente. Así puedo anotar que en la Penitenciaría Central se han establecido con éxito algunas pequeñas industrias que, si incipientes aún, pueden ser más tarde la base para el desarrollo de un plan general de trabajo en los presidios nacionales.

La administración de justicia se ha desenvuelto dentro de la autonomía que le otorga su propia institución. El Poder Ejecutivo ha estado siempre atento a prestar su decidido concurso para la mejor efectividad de las leyes, así como lo está igualmente para cumplir con todos los deberes que se refieren a la importante función judicial.

A pesar de los diversos trastornos políticos, factores de delincuencia, es notorio que ésta ha disminuido en el país comparativamente con los años anteriores. La severidad de las nuevas leyes penales ha influido de manera indudable en el decrecimiento de la delincuencia, en cuyo porcentaje, hay que anotarlo, debe contarse un considerable número de individuos no hondureños.

En el ramo de Sanidad y Beneficencia, el Gobierno ha procurado desarrollar una labor efectiva, a la cual han correspondido debidamente las autoridades del servicio.

La Dirección de Sanidad ha tratado de llenar cumplidamente su misión, así como la Dirección del Hospital San Felipe se empeña en que prosigan los trabajos iniciados en ese establecimiento, que cada vez adquiere mayor eficiencia y prestigio. Por mi parte, no he omitido medio alguno para cooperar en todo aquello que signifique bien moral o salud material para el pueblo hondureño.

Los talleres de Tipografía, Litografía, Fotograbado y Encuadernación Nacionales han funcionado durante el año económico anterior a satisfacción del Gobierno, habiendo sufrido aquéllos mejoras de importancia en su local como en la parte disciplinaria y ordenada de los mismos.

Relaciones Exteriores

De acuerdo con la disposición constitucional que prolonga hasta 1943 la permanencia al frente del poder del actual Presidente de la República, la Secretaría de Relaciones Exteriores, en la forma usual, comunicó tal acontecimiento a los distintos Jefes de Estado con quienes Honduras cultiva relaciones de amistad, habiéndose recibido de todos ellos las más efusivas muestras de cordialidad y simpatía, continuándose así, con el mismo espíritu de solidaridad internacional, las amistosas relaciones bajo los auspicios de nuestra nueva Carta Fundamental.

Debo comunicar, con la más viva satisfacción, que Honduras se mantiene actualmente sin la menor diferencia con ningún país del mundo, acentuándose más bien cada día su comercio internacional y su prestigio exterior, mediante la labor desarrollada por mi Gobierno.

Oportunamente fue comunicado al Gobierno, en forma oficial, el importante acontecimiento realizado en Guatemala, mediante el decreto emitido por la Asamblea Nacional Constituyente el once de julio de 1935, por el cual se declara que el período constitucional del Excelentísimo Señor Presidente, General don Jorge Ubico, terminará el 15 de marzo de 1943. Tal suceso es de trascendental influencia para la paz de aquella hermana República y para la continuación de las sinceras relaciones que cultivamos con ella y su gobernante.

Con motivo de la renuncia interpuesta en la hermana República de Nicaragua por los Excelentísimos Señores Dr. don Juan B. Sacasa y Dr. Rodolfo Espinoza R., que desempeñaban la Presidencia y Vicepresidencia de la República, el Congreso Nacional designó al Honorable Diputado Doctor Carlos Brenes Jarquín para que ejerza la Presidencia hasta la terminación del período constitucional. Con el Gobierno del Excelentísimo Señor Doctor Brenes Jarquín hemos proseguido las cordiales relaciones que han venido mediando entre Honduras y Nicaragua.

En la República de Costa Rica inauguró su Gobierno, para el cual fue electo por la mayoría de sus conciudadanos, el Excelentísimo Señor Licenciado don León Cortés Castro. Con tan placentero acontecimiento mi Gobierno acreditó al Señor Doctor don Saturnino Medal, actual Ministro en San José, con carácter especial, para que asistiera al acto de la transmisión y presentara al nuevo gobernante los votos del pueblo y Gobierno de Honduras por la prosperidad de su país y su ventura y éxito personales.

Me he referido anteriormente a los sucesos de mayor importancia ocurridos en las Repúblicas de Guatemala, Nicaragua y Costa Rica. En nuestra hermana República de El Salvador nada ha sucedido dentro del año económico a que se contrae este mensaje, pero me es grato consignar con la mayor complacencia que mi Gobierno cultiva con el que preside el Señor General don Max H. Martínez las más cordiales relaciones y que nuestros pueblos cada día se compenetran más de la efectividad de nuestros lazos de hermandad y común destino.

Asimismo se nos participó que el Gran Jurado de Elecciones, después de haber efectuado el escrutinio de votos para elección de Presidente de la República de Panamá, declaró electo al Excelentísimo Señor Doctor Juan Demóstenes Arosemena, quien asumió las funciones de su alto cargo el primero de octubre último. Mi Gobierno se hizo representar en el acto solemne de la transmisión del poder.

Iguales participaciones recibió el Gobierno respecto a la toma de posesión de la Presidencia en las Repúblicas de Paraguay y Venezuela por los Excelentísimos Señores Coronel don Ramón Franco y General don Eleázar López Contreras, respectivamente, a quienes hicimos llegar en su tiempo nuestros cumplidos parabienes.

En la correspondiente carta de estimo, S. M. Jorge II, Rey de los Helenos, se sirvió comunicarme que, habiendo sido llamado por el sufragio unánime del pueblo heleno para volver al ejercicio de sus deberes reales, había tomado posesión del Trono. En la misma forma de estilo se contestó, cumplimentando a S. M. Jorge II por su restauración en el poder real de Grecia.

En las Repúblicas de Checoslovaquia y de España se verificó igual cambio en las personas de los Jefes de Estado, resultando electos los Excelentísimos Señores don Eduardo Benes y don Manuel Azaña, a quienes se les hizo presentes nuestros votos por la prosperidad de sus respectivos países y por la ventura de ellos mismos.

El 20 de enero de 1936 falleció S. M. el Rey Jorge V de la Gran Bretaña. Mediando vínculos estrechos de amistad con esa poderosa nación, el Gobierno declaró duelo nacional por tres días con motivo de la muerte del esclarecido monarca, expresando, a la vez, al Gobierno Británico y a la Familia Real inglesa, las muestras de condolencia del Gobierno y pueblo hondureños.

El mismo duelo fue decretado por el Gobierno de la República con motivo del trágico acontecimiento que ocasionó la muerte de S. M. la Reina Astrid de Bélgica, a cuyo augusto esposo y Gobierno de aquella nación se hicieron presentes los sentimientos de simpatía y condolencia de nuestra parte por tan infausta desgracia.

Ineludibles compromisos de índole internacional, como miembro Honduras de la Sociedad de las Naciones, obligaron al Gobierno a cooperar con otros países en la declaración de algunas sanciones contra Italia con motivo del conflicto surgido entre este país y Etiopía. Tan pronto como fue oportuno, por la terminación de la lucha armada, mi Gobierno se apresuró a cancelar el decreto de sanción, que efectivamente nunca tuvo trascendencia alguna entre el comercio o cualquiera otra actividad nuestra con Italia.

Por razones de diversa índole, mi Gobierno determinó el retiro de Honduras de la Sociedad de las Naciones, como lo verificó mediante decreto del Poder Ejecutivo de 20 de junio de 1936. La Secretaría de Relaciones Exteriores informará al Congreso Nacional, con mayores detalles, respecto a este y otros asuntos que, por mi parte, debo sólo enumerar someramente.

El Excmo. Señor Presidente de los Estados Unidos, con fecha 30 de enero del presente año, se dirigió al Presidente de Honduras, así como a los demás de la América Latina, insinuándoles la reunión de una Conferencia de Delegados de los países del continente, con el fin principal de servir a la causa de la paz permanente de América; iniciativa que, desde luego, por la idealidad que entraña y la autoridad altísima de su iniciador, hubo de ser acogida con entusiasmo por todos los pueblos y gobernantes.

Como derivación de aquella iniciativa, el Gobierno de la República Argentina hizo oportunamente la invitación para que la Conferencia se reuniera en la ciudad de Buenos Aires el primero de diciembre recién pasado. Aceptada la invitación, el Gobierno nombró como delegados suyos a los señores Lic. Antonio Bermúdez M., Secretario de Relaciones Exteriores, y Lic. Julián López Pineda, designando como secretario al señor Prof. Ángel G. Hernández, Subsecretario de Educación Pública.

América entera confía en que de las deliberaciones de Buenos Aires habrán de surgir nuevas y quizás más prácticas resoluciones para la conservación de la paz y confraternidad de sus respectivos pueblos, ideal que representa la mayor aspiración en el actual momento de inquietudes políticas y de luchas sangrientas en distintos países de la tierra.

Me complace de manera especial comunicar al Honorable Congreso que se han terminado definitivamente los trabajos de demarcación de la frontera con Guatemala, conforme al Laudo Arbitral que puso término a nuestra controversia. Con ello se cierra casi un siglo de diferencias y de rozamientos, abriéndose, como ya está abierta, la época permanente de la paz mutua y de la fraternidad ampliamente demostrada entre ambas naciones hermanas.

El Gobierno ha recibido múltiples y distintas invitaciones de diversos países y gobiernos para la reunión de conferencias, congresos, comisiones y algunas otras de carácter internacional. Hemos procurado atender cuanto ha sido posible a la cortesía con las demás naciones, absteniéndose únicamente de concurrir en los casos en que no ha sido posible hacerlo, por especiales circunstancias del momento económico.

Asegurada la paz interna, por el poder de que dispone el Gobierno y la decidida actitud del pueblo, es de esperarse que Honduras vaya adquiriendo más sólido prestigio y más honroso crédito en sus relaciones internacionales y en sus justas aspiraciones para el porvenir.

GUERRA, MARINA Y AVIACION

El ejército ordinario autorizado por el Congreso Nacional ha estado compuesto de 72 jefes, 250 oficiales y 2,058 individuos de tropa. Sin las alteraciones del orden provocadas por los grupos adversos que aparecieron en distintos sectores del país, el número consignado habría sido suficiente para cumplir con los deberes que atañen al ejército: la defensa nacional y la garantía de las instituciones ciudadanas.

Hubo que llamar, a pesar de todo, por las circunstancias extraordinarias, 11 jefes, 20 oficiales y 2,571 individuos de tropa, lo que, como podrá apreciarse, constituye un fuerte recargo sobre el presupuesto del ramo.

El ejército ha correspondido a los esfuerzos del Poder Ejecutivo y ha seguido siendo modelo de lealtad, valor y disciplina para el Gobierno.

La Marina Mercante Nacional se ha venido desarrollando en los últimos años de manera halagüeña en beneficio del comercio, tanto exterior como de cabotaje, especialmente entre los puertos del norte. Actualmente el tonelaje global de la marina asciende a 77,423 toneladas.

De manera especial me place hablar del notable incremento alcanzado por la Aviación Militar, después del tiempo en que hube de daros cuenta de actividades semejantes en mi mensaje anterior.

El Gobierno, con el fin de hacer más eficiente tal desarrollo aéreo, contrató los servicios del Coronel William C. Brook, del Ejército Americano, para organizar y dirigir la Escuela Militar de Aviación, encargándole, además, la función y jefatura de las Fuerzas Aéreas Nacionales.

Con el objeto de que la Escuela Militar de Aviación pueda alcanzar los fines del progreso que se han tenido en mira para su fundación, el Gobierno compró en los Estados Unidos un equipo completo de mecánica y tres aviones pequeños para el aprendizaje y práctica de los alumnos.

Al propio tiempo, para aumentar nuestras unidades aéreas, se adquirieron en las mejores fábricas americanas cinco nuevos aviones de guerra. Con estos últimos aparatos la flota de Honduras puede considerarse ya a la altura de cualquier país organizado de América, excepción hecha, naturalmente, de las grandes naciones continentales.

En pocas horas los aviones militares recorren el país entero en inspección y vigilancia, de manera que ahora cualquier alteración del orden puede ser localizada inmediatamente y sofocada sin mayores esfuerzos.

Paralelamente con nuestra aviación militar, la aviación comercial ha alcanzado un desarrollo casi increíble con el servicio regular de las dos grandes compañías Pan American Airways Inc. y Transportes Aéreos Centroamericanos.

Esta última empresa, bajo los auspicios de su concesión, introdujo al país veinticuatro aviones nuevos, los que están al servicio del público en forma satisfactoria y eficiente.

En el aumento de este servicio aéreo de inapreciable utilidad para un país accidentado como el nuestro, no debe apreciarse solo el aspecto material, sino que debe estimarse el acercamiento espiritual que un tráfico constante, casi diario, viene formándose cada vez con más intensidad en nuestras relaciones con las hermanas del istmo, desde Guatemala a Panamá.

El señor Secretario del ramo ampliará en su memoria los datos anteriormente consignados, y solo me resta agregar, nuevamente, que el ejército ha correspondido siempre a los dictados del honor y del patriotismo, y ha merecido de mi parte la más completa confianza.

HACIENDA Y CRÉDITO PÚBLICO

Ha persistido la depresión financiera y fiscal del país, como efecto, en parte, de la crisis general que ha venido afectando la economía mundial. A esta causa exterior deben agregarse las pérdidas y daños ocasionados interiormente por los brotes facciosos, que además de infundir desconfianza en el comercio y limitar, por consiguiente, la importación y exportación, destruyen también muchas fuentes de riqueza pública que solo el tiempo y un dilatado trabajo logran reparar.

Debemos agregar, asimismo, los gastos inevitables que produjeron estas malsanas actividades, con grave lesión del Presupuesto General, que necesariamente tiene que desequilibrarse en perjuicio de la buena situación del Tesoro Público.

También deben sumarse a tantas causas adversas las calamidades ocurridas en las regiones agrícolas del norte, que no solo han causado daños directos a numerosos compatriotas nuestros, sino que naturalmente han influido de manera visible en la disminución de las rentas. A eso hay que agregar también las ingentes sumas invertidas por el Gobierno en reparaciones y ayuda personal a los damnificados.

Todo ello no obsta para que el Gobierno se haya esforzado por el mayor cumplimiento en los pagos de los servicios y para persistir en su sistema invariable de economía y de severa probidad en el manejo de las rentas públicas.

El Presupuesto General de Ingresos y Egresos que sirvió de plan administrativo fue efectivamente de L 14,009,826.48, dentro del cual pudo el Poder Ejecutivo hacer una economía de L 1,325,356.50, después de acordar erogaciones hasta por L 12,684,469.98.

De estos gastos acordados se logró atender con: el producto de las rentas: L 9,955,273.37

Con el crédito del Estado: L 1,659,082.45

Se acreditaron como rezago: L 1,074,324.93

Suma total: L 12,688,680.75

Quedó un remanente de: L 4,210.77

Total: L 12,684,469.98

Comparada esa producción rentística con la del año de 1934 a 1935, que fue de L 10,804,367.81, hay una merma de L 849,094.44 en el año a que este informe se contrae.

Las importaciones en 1934-35 fueron de 212,678,553 kilogramos, con valor de $ 9,585,719.84; y en 1935-36 ascendieron a 193,798,656 kilogramos, con valor de $ 8,723,130.21; comparando la cual da una diferencia de 18,879,897 kilos, con valor de $ 862,589.63 contra el último año.

De esas importaciones, solamente 19,181,797 kilogramos corresponden a artículos gravados y 174,616,859 a mercaderías libres. De igual manera disminuyó el volumen de las exportaciones en este año en L 2,586,272.89, pues su valor ascendió a L 18,430,423.96, contra L 21,016,696.85, a que alcanzó el de la de 1934 a 1935.

Continúa el Poder Ejecutivo mejorando los sistemas de percepción de las rentas y de control en el manejo de las mismas.

Habiendo aumentado las facultades para ejercer mayor número de monopolios en favor del Estado la nueva Constitución Política, el Poder Ejecutivo os presentará oportunamente los proyectos de decretos correspondientes.

Como es de vuestro conocimiento, por haber merecido vuestra aprobación en Decretos Legislativos Nos. 71, 75 y 118, de 6, 11 y 29 de febrero recién pasados, respectivamente, el Poder Ejecutivo obtuvo los préstamos a que dichos decretos se refieren, habiendo hecho con ellos a la vez una amortización de créditos con valor de L 637,980.05, muchos de los cuales estaban devengando el 10% de interés anual, y se logró por lo mismo una reducción del tipo de interés.

Durante el presente año, terminó el Poder Ejecutivo el pago de varios préstamos obtenidos en los años anteriores para los gastos del servicio público y para la conversión monetaria. El último pago fue de L 1,167,171.76.

Para la cancelación de este último, la Comisión de Control de Cambios Internacionales y Estabilización del Sistema Monetario devolvió al Poder Ejecutivo los fondos.

Fondo Acumulativo, destinado a la fundación del Banco Agrícola Hipotecario:

Saldo anterior:	L 54,398.27
Ingresos:	L 64,938.89
	TOTAL: L 119,337.16
	Gastos: L 20,891.50
Saldo al 31 de julio de 1936:	L 98,445.66

El movimiento de la deuda en general fué así:

Saldo anterior

Deuda Interna......L 20.771,299.30

Deuda Externa ....   7.005,371.28   L 27.776,670.58

Incorporaciones

Deuda Interna......L   3.101,253.43

Deuda Externa ....   2,293.98'   3.103,547.41

  Suma ....   L 30.880,217.99

Cancelaciones

Deuda Interna...'...L   2.097,700.73

Deuda Externa ...:   483,789.26   2.581,489.99

Saldo para 1936/37

Deuda Interna......L 21.774,852.00

Deuda Externa ...:   6.523,876.00   28.298,728.00

El movimiento del Fondo de Cambio que respalda la circulación monetaria del país, fué como sigue:

Saldo anterior ....$ 1.003,663.34

Aumentos 700,318.88

                        $ 1.703,982.22

Disminuciones 818,013.54

Saldo al 31 de julio de 1936 ....$ 885,968.68

EDUCACION PUBLICA

Desde el primer año de mi Gobierno, me he empeñado con constante afán porque la Instrucción Pública se difunda en mi patria de acuerdo con los adelantos modernos; y es así que, comprendiendo que la educación es el medio más eficaz para el desarrollo de todas las energías y el principal factor para marcar la verdadera cultura de los pueblos, he hecho de la enseñanza pública uno de los propósitos fundamentales de mi administración.

Con esta convicción, el Poder Ejecutivo no se ha detenido en sacrificio alguno para fomentar y ensanchar hasta donde ha sido posible la instrucción nacional en sus tres grados: Primaria, Secundaria y Universitaria, dándoles un impulso halagador de conformidad con las nuevas doctrinas pedagógicas de la época, cuidadosamente adaptadas a las necesidades y circunstancias de nuestro medio ambiente.

Enseñanza Primaria y Parvularia

De conformidad con la Memoria del Ramo, desde el primero de agosto del año recién pasado al 31 de enero del presente, funcionaron 765 escuelas, así: 200 urbanas municipales y fiscales de varones, 5 urbanas municipales nocturnas de varones, 1 municipal de párvulos, 196 urbanas municipales y fiscales de niñas, 82 mixtas urbanas, 12 rurales de varones, 6 rurales de niñas, 235 rurales mixtas, 2 privadas de varones incorporadas, 1 privada de niñas incorporada, 8 mixtas privadas incorporadas, 2 nocturnas privadas incorporadas y 2 no incorporadas, 1 de párvulos privada incorporada y 3 no incorporadas y 9 mixtas privadas no incorporadas.

Estas escuelas estuvieron servidas por 1,235 profesores, así:

Varones titulados:	286
Mujeres:	445
Varones con certificado de aptitud:	20
Mujeres con certificado de aptitud:	28
Varones empíricos:	143
Mujeres empíricas:	313

Enseñanza Normal y Secundaria

Estuvieron al servicio público durante el primer semestre 24 colegios, con una matrícula de alumnos de ambos sexos, que se detallan así:

Enseñanza Normal: 140 alumnos
Enseñanza de Ciencias
y Letras: 791
Enseñanza de Comercio: 391
Estudios Técnico-Prácticos: 46
Estudios Teórico-
Prácticos del Gobierno
del Hogar: 12
Artes e Industrias
Femeniles: 4
Estudios de Secretariado
y Mecanografía: 38
Academia Nacional
de Música: 166

Suma total: 2,857 alumnos

Estos establecimientos fueron atendidos por 391 profesores varones y 161 mujeres, formando una totalidad de 552 profesores.

Enseñanza Universitaria

Las Facultades y Escuelas organizadas tuvieron una matrícula de ambos sexos así:

Escuela de Derecho: 141
Escuela de Medicina y
Cirugía: 81
Escuela de Farmacia: 62
Escuela de Ingeniería: 28
Suma total: 312 alumnos

Fue atendida esta enseñanza por 50 profesionales.

Exámenes

Con motivo de las inundaciones ocurridas en el mes de octubre de 1935, que ocasionaron daños de consideración en el país, viéndose el Gobierno, por tal razón, en el caso de hacer fuertes erogaciones en las obras de salvamento y restauración de las propiedades nacionales, el Poder Ejecutivo emitió, con fecha 31 del mes antes citado, el Acuerdo No. 329, por el cual se anticiparon los exámenes ordinarios en los establecimientos de Enseñanza Primaria, Secundaria y Universitaria de la República, los cuales se verificaron en la primera quincena de enero, de conformidad con las disposiciones que al respecto contienen el Código y demás reglamentos.

Escuelas de Párvulos:
Matriculados: 318
Examinados: 289
Aprobados: 289

Escuelas Primarias:
Matriculados: 33,143
Examinados: 26,338
Aprobados: 20,980
Improbados: 5,358

Escuelas Normales y Secundarias:
Rindieron exámenes en los establecimientos de Enseñanza Normal y Secundaria, los 24 centros organizados, habiéndose obtenido los resultados siguientes:

Enseñanza Normal
Matriculados: 1,278
Examinados: 1,140
Aprobados: 726
Improbados: 414

Enseñanza de Ciencias y Letras
Matriculados: 698
Examinados: 626
Aprobados: 430
Improbados: 196

Enseñanza de Comercio
Matriculados: 314
Examinados: 249
Aprobados: 144
Improbados: 105

Estudios Técnico-Prácticos
Matriculados: 23
Examinados: 23
Aprobados: 13
Improbados: 10

Estudios de Secretariado y Mecanografía
Matriculados: 39
Examinados: 29
Aprobados: 24
Improbados: 5

Estudios Teórico-Prácticos del Gobierno del Hogar
Matriculados: 11
Examinados: 9
Aprobados: 9

Estudios de Artes e Industrias Femeniles
Matriculados: 6
Examinados: 5
Aprobados: 5

Academia Nacional de Música

Matriculados: 155
Examinados: 21
Aprobados: 19
Improbados: 2

Escuelas Universitarias

Escuela de Medicina y Cirugía

Examinados: 73
Aprobados: 57
Improbados: 16

Escuela de Farmacia

Examinados: 56
Aprobados: 46
Improbados: 10

Escuela de Derecho

Examinados: 120
Aprobados: 103
Improbados: 17

Escuela de Ingeniería

Examinados: 22
Aprobados: 19
Improbados: 3

Se examinaron para ejercer la profesión dos dentistas empíricos.

En la Escuela de Farmacia obtuvieron el título de Licenciado en Farmacia, 7 alumnos; en la Escuela de Derecho obtuvieron el título de Licenciado, 13 alumnos.

Apertura de Clases

Por razones económicas, el Poder Ejecutivo emitió, con fecha 14 de abril de este año, el Acuerdo No. 748, por el cual se dispuso que los establecimientos de enseñanza, subvenidos y costeados con fondos nacionales, dieran principio a sus labores el primero de junio del año en referencia; y, al iniciarse las labores escolares, se organizaron 846 establecimientos de Enseñanza Primaria, 21 de Enseñanza Normal y Secundaria, y cuatro Facultades: Jurisprudencia y Ciencias Políticas, Medicina y Cirugía, Ciencias Físicas y Matemáticas y Farmacia.

Siempre he considerado la educación pública como uno de los factores más esenciales en la consolidación y consistencia virtual de la democracia. Pueblos analfabetos son pueblos muertos, pueblos nulos en el desarrollo de la cultura y la intensificación de la vida cívica. Por eso ha sido afán perenne de mi Gobierno difundir la luz del alfabeto hasta en los más dilatados extremos, sembrando así la semilla que habrá de fructificar en grano fecundo para las futuras generaciones.

Carreteras

Consecuente con esa ideología, que ha formado parte de mi programa de Gobierno, he desplegado todas las energías de que he podido disponer en la apertura de nuevas carreteras nacionales, que presten a todos los pueblos las facilidades económicas para la salida de sus productos a los mercados consumidores.

Por su accidentada topografía, Honduras necesita, más que cualquier otro país, atención especial y continua del problema de vialidad. Habiéndose dificultado, desde largos años atrás, la construcción del Ferrocarril Interoceánico, se ha impuesto como una necesidad primordial la construcción de carreteras; y a este trascendental problema he dado preferente atención.

Frente a tal necesidad, no solo he dedicado grandes esfuerzos y continuados trabajos en el mantenimiento regular de las importantes carreteras del Norte y del Sur, sino que he prestado atención particular para que se prosiga con actividad la de Occidente, arteria de incalculable interés en el desarrollo y progreso de los laboriosos pueblos de aquella región. Igualmente, se ha dado principio a la carretera de Oriente, la que viene a llenar una imperiosa necesidad para toda aquella importante zona del país.

Al par de estas obras, que han sido y serán en todo tiempo, hasta su conclusión, una de mis preocupaciones más vivas, se han continuado también, en el Sur, los trabajos de la Carretera

Panamericana, que vinculará las naciones del continente, haciendo más constante su comercio internacional, así como su acercamiento espiritual.

La labor realizada por parte de Honduras en esta vía de tan trascendental importancia ha merecido los más cálidos elogios de los técnicos extranjeros que han visitado nuestro país con el propósito de inspeccionarla.

No puedo dejar de mencionar el rápido y creciente desarrollo que ha ido alcanzando la aviación comercial para el servicio interior y para el tráfico de pasajeros con las Repúblicas Centroamericanas. Los más remotos pueblos del país reciben hoy, al día, la correspondencia postal, al propio tiempo que otros pueden dar ya salida a sus propios productos, obteniendo así creciente bienestar y efectivo progreso.

Mi Gobierno, consciente de la importancia de este sistema de locomoción, más que todo por la naturaleza accidentada de nuestro suelo, ha prestado su apoyo y protección a las empresas particulares.

Fuerzas Armadas

Fiel centinela de la tranquilidad pública y de la soberanía e integridad de la Nación, considero que el Ejército debe merecer siempre la más cuidadosa solicitud y el más decidido apoyo, para que pueda responder con eficacia a los elevados fines de su institución.

Debo reconocer francamente que, aun con las deficiencias inevitables del medio y de nuestros pocos recursos, el Ejército ha sabido cumplir con su deber en todos los casos en que se le ha sometido a prueba, complaciéndome en hacer resaltar en él la lealtad y el honor como las principales virtudes que lo caracterizan.

Con el objeto de que pueda realizar mejor su misión, he logrado dotar al Ejército de un moderno armamento; y, hasta donde es posible, el soldado vive ahora en mejores condiciones y es atendido con la más solícita vigilancia.

El equipo de aviones militares ha prestado buenos servicios en casos de emergencia, encontrándose en perfecto estado para atender cualquier eventualidad.

Hacienda Pública y Administración

Como ya insinué antes, el desequilibrio económico del mundo ha persistido, reflejándose, naturalmente, en nuestro sistema fiscal. No obstante esto, la Hacienda Pública se ha conservado en relativo estado de prosperidad, lo que ha permitido que se mantengan con regularidad los servicios públicos y que se hayan emprendido obras y empresas de todo género en la capital y en el resto de la República.

Mi experiencia en el Gobierno me ha demostrado que, aparte de toda ciencia en el manejo de los intereses nacionales, existen dos bases o fundamentos indestructibles para el acrecimiento y conservación del tesoro público: economía y honradez.

Casi no necesitaría decir, en lo que se refiere a la limpia administración de los caudales públicos, que tanto con la advertencia como con el ejemplo he tratado de inculcar en todos mis colaboradores el más escrupuloso respeto hacia la propiedad del Estado.

No tengo hasta hoy denuncia alguna de infractores en este sentido; pero debe tenerse por seguro que, si desgraciadamente hubiere quien faltare a la confianza depositada por el Gobernante, caería sobre él la más severa de las sanciones.

Orden, economía y probidad son condiciones esenciales para el más cumplido éxito de la Administración; y no creo faltar a la modestia declarando que he procurado siempre implantar tales condiciones en todos los órdenes y servicios de mis funciones administrativas.

Como también he dicho ya, se ha pagado con toda regularidad el servicio de la Deuda Exterior y se canceló el último cupón de los Bonos de la Conversión Monetaria, correspondiente al 10 de diciembre de 1935.

Relaciones Internacionales

Siento verdadera complacencia personal y gran satisfacción patriótica al confirmaros nuestras cordiales y firmes relaciones internacionales. Mantenemos, en magnífico estado, nuestros vínculos de comercio y amistad, siendo digno de observarse el hecho de que Honduras goza en el exterior de un crédito y de una consideración verdaderamente honrosos, que debemos estimar y agradecer en alto grado.

Si tal es nuestra situación con las naciones extranjeras, más significativamente me ufano con la cordialidad establecida con las hermanas Repúblicas de Centroamérica. Puedo asegurar que tal vez nunca se hayan sentido, como en la actualidad, tan sinceros y tan fervientes los sentimientos de fraternidad entre nuestros respectivos Estados.

Desastres naturales y solidaridad nacional

Como si la naturaleza hubiérase propuesto poner a prueba el temple del alma nacional y las energías del Gobierno que presido, a las desgracias del año anterior, que culminaron con la destrucción de la ciudad de Ocotepeque, tengo la profunda pena de añadir ahora las que produjeron las inundaciones de los ríos Ulúa, Pelo y Chamelecón, en la Costa Norte de la República, en el mes de octubre anterior, con la consiguiente pérdida de propiedad y la de numerosas víctimas.

Superándose a sí mismo, el pueblo hondureño acudió en auxilio de sus hermanos en desamparo. Por su parte, el Gobierno dictó inmediatamente las medidas de protección y auxilio para favorecer a los damnificados. Cuantos medios tuvo a su alcance los puso en beneficio de los que sufrían privaciones a causa del siniestro. Al presente va restableciéndose la normalidad de las poblaciones dañadas, y los esfuerzos y actividades de los funcionarios públicos y de los particulares, están haciendo renacer con energía los pueblos y las aldeas devastados por la catástrofe.

Al impulso humanitario del pueblo hondureño y a la acción conjunta y decidida del Gobierno, hay que agregar la cooperación oportuna, fraterna y delicada de los ilustres Gobernantes de Guatemala y El Salvador, quienes, en forma que comprometerá para siempre nuestra gratitud, nos dieron el contingente de su generosa ayuda en los momentos más difíciles. Quede aquí, seguramente en consonancia con el vuestro, el testimonio de mi agradecimiento por el rasgo altruista de aquellos dignos Mandatarios y de sus nobles y generosos pueblos. Igualmente sea la gratitud del Gobierno y del pueblo hondureño para la Cruz Roja Americana y la Cruz Roja Salvadoreña, nobles instituciones que nos dieron oportuna ayuda.

Señores Diputados:

Los Señores Secretarios de Estado os darán cuenta detallada de la marcha de la Administración Pública en sus respectivos Ramos, de la que yo apenas he hecho una relación general, de conformidad con lo que preceptúa la Constitución Política.

Indudablemente, soy el primero en reconocerlo, deben existir grandes deficiencias en la obra de reconstrucción nacional que me he propuesto acometer. Debe tomarse en cuenta, sin embargo, diferentes factores que dificultan y entorpecen la acción del Gobernante, para la realización total de su obra de beneficio nacional y de sus ideales patrióticos.

De todas maneras, ante Vosotros, que soy la en-carnación de la Representación Nacional, y ante el pueblo hondureño mismo, declaro, con absoluta lealtad, que en todos los actos de mi Administración, no me ha guiado nunca otro impulso que el del bien, el progreso, la prosperidad y la ventura de mi Patria, sin ningún otro interés personal o egoísta.

A vuestra reconocida imparcialidad presento la labor desarrollada durante el año fiscal que comprende este Mensaje, para que falléis sobre su importancia

He procurado, en la medida de mis fuerzas y de mis deberes, ser un Gobernante honrado, trabajador y patriota, que sepa corresponder a la confianza del pueblo. Si mi obra, en su conjunto, puede estimarse sincera, constructiva y renovadora; y si merece vuestra aprobación y aplauso, quedaré en verdad muy satisfecho, porque me demostraréis que he sabido corresponder a las nobles aspiraciones del pueblo hondureño que me eligió su Gobernante, confiriéndome un honor que dignifica y enaltece mi conciencia ciudadana.

Al renovaros mi respetuoso saludo, confío en que contaré, como he contado siempre, con vuestra ilustrada y sana colaboración al servicio de los más altos y delicados intereses de la Patria.

Tiburcio Carías A.

Tegucigalpa, 1.º de enero de 1936

DISCURSO DE 1937

Mensaje del Señor Presidente de la República
Tiburcio Carías Andino — 1.º de enero de 1937

Señores Diputados:

En cumplimiento de un mandato constitucional, vengo a presentaros mi Mensaje, que comprende el período fiscal de 1936-37, refiriéndome a hechos sobresalientes de la Administración Pública y a algunos sucesos de importancia en la vida del país. En las Memorias que os presentarán oportunamente los señores Secretarios de Estado, encontraréis los detalles que omito por el carácter de este documento.

Ante todo quiero, señores Diputados, presentar a vosotros y, por vuestro digno medio, al pueblo hondureño que merecidamente representáis, mi saludo atento y cordial y mis votos por su prosperidad, así como por el bienestar individual y colectivo. Os ruego, señores Diputados, tomar constancia de que los actos del Poder Ejecutivo, durante el período fiscal que comprende el presente Mensaje, han sido todos inspirados en un profundo y sincero deseo de perfeccionamiento nacional, en los diversos aspectos de la vida activa, deseo que anima al Poder Ejecutivo en sus planes de trabajo, encaminados a lograr para el país un desarrollo progresivo sobre una inalterable base de paz pública y social, de legalidad y mutuo respeto.

Tales son los anhelos vehementes del Poder Ejecutivo, interpretando el sentimiento nacional y las renovadas aspiraciones de los pueblos que, después de amargas experiencias, intentan honrosas y fecundas rectificaciones. Compenetrado de que, en mi carácter de Presidente de la República, estoy en el deber de corresponder a la honrosa confianza de la colectividad depositada en mí, no escatimo esfuerzo para que la Paz, plataforma necesaria sobre la que ha de apoyarse todo progreso nuestro, sea continua; y que a su amparo se formen, desarrollen y fructifiquen las iniciativas del trabajo individual o colectivo.

En el cumplimiento de este deber, impuesto al Primer Magistrado de la Nación por nuestra Ley Fundamental, no temo responsabilidades, ni rehuyo fatigas. Tengo la convicción de que procedo de acuerdo con la mayoría de mis conciudadanos y ninguna pasión guía mis actos a este respecto, sino el interés nacional y la sincera convicción de que se sirve lealmente a la República manteniendo en ella la Paz, sin vacilar en el cumplimiento de esta obligación y procediendo con la energía que las circunstancias demanden.

Es así que el Poder Ejecutivo se ha visto en el inevitable caso de emplear las medidas que la ley le concede, amplia y expresamente, para sofocar el desbordamiento del sectarismo político que abandonó los cauces lícitos para tomar las vías de hecho de la rebelión y la sedición. Aunque de escasa importancia por su volumen y duración, algunas perturbaciones del orden público se presentaron durante este período fiscal, perturbaciones que, por carecer de bandera, de principios y de representación moral ante la conciencia nacional y extranjera, más bien pueden definirse como actos de bandolerismo político, peligroso mal que precisa extirpar desde un principio, en forma definitiva, para bien y salud de la República.

Sin razón justificativa, el fermento de la conspiración no ha desaparecido del seno de la colectividad, y se hace necesaria una acción vigilante y celosa de parte de los poderes públicos para impedir que las tendencias anarquizantes prosperen. Cábeme la satisfacción de deciros que estos casos a que acabo de aludir son resabios de un pasado harto reciente para que haya desaparecido su nociva influencia. Y aprovecho esta oportunidad para alabar la sensata actitud del pueblo hondureño, que en repetidas ocasiones recientes ha desoído las llamadas al bochinche, afirmando en esta forma su propósito de fijar su existencia y sus actividades en el terreno de la normalidad legal y del trabajo edificante, única manera de conquistar independencia y bienestar económico, a la vez que engrandecimiento nacional.

No es mi propósito referirme detalladamente a estos hechos, pero deseo que notéis, señores Diputados, la circunstancia halagadora de que un gran número de exiliados voluntarios han vuelto al seno de sus hogares, habiendo corrido casi siempre la repatriación por cuenta pecuniaria del Estado, haciendo el Poder Ejecutivo toda clase de facilidades y dando su ayuda efectiva a los hondureños que, en un momento de error nacido de la impetuosidad de la pasión política, abandonaron su país, pretendiendo volver a él en son de guerra. Todo el que lo ha deseado ha vuelto a Honduras. Las puertas están abiertas para los hondureños que deseen la Paz, que se sujeten a las reglas de la vida ordenada, dentro de la ley y el respeto a las instituciones, a la sociedad y a las autoridades constituidas.

El Poder Ejecutivo ha ordenado también la libertad de la mayoría de los detenidos por delitos contra el orden público, sobre quienes, a pesar de que generalmente quedó establecida su responsabilidad, no cayó el rigor de las disposiciones terminantes que prescriben las leyes penales militares. Estimo que los hondureños que se han encontrado en estos penosos casos harán las necesarias rectificaciones de su conducta anterior y que no darán motivo para que la ley se sienta transgredida por sus acciones futuras.

Como es de vosotros sabido, la difícil situación económica por que ha venido atravesando la República, por diversas causas interiores y por reflejo de la crisis mundial, persiste aún. El Poder Ejecutivo ha hecho grandes esfuerzos para mantener con regularidad los pagos de los servidores de la Nación, enmarcando sus gastos dentro de un estricto plan de economías y procurando implantar sistemas de honradez y de competencia en los diversos ramos de la Administración Pública.

Con las naturales alternativas en una situación tal, estos deseos se han visto cumplidos. El país ha logrado atender puntualmente al pago de sus compromisos en el exterior, y actualmente se verifica la conversión de la Deuda Interna para su debida amortización.

Ha sido y continúa siendo uno de mis más vivos anhelos que la honradez caracterice los actos y procederes de los empleados públicos, y que la probidad en el manejo de los caudales nacionales sea galardón de quienes han merecido la confianza de custodiarlos. Contra todos los vicios de una organización administrativa defectuosa, que propician sistemas perjudiciales e inmorales, he enfrentado mi voluntad y mi decisión. Múltiples circunstancias se oponen a que ese deseo sea una realidad invulnerable, pero el esfuerzo fructificará tarde o temprano.

Paso ahora a daros algunos detalles de la labor realizada por el Ejecutivo en los diferentes Ramos Administrativos.

GOBERNACIÓN, JUSTICIA, SANIDAD Y BENEFICENCIA

Concretando mis anteriores consideraciones en relación con las actividades subversivas de una minoría descontenta y opuesta a las sanas tendencias del pueblo hondureño, citaré el asalto a la plaza de El Progreso, el 14 de febrero del corriente año, efectuado por Justo Umaña y un grupo de revoltosos que fueron rápidamente batidos por las fuerzas del Gobierno; y el que tuvo por objetivo el cuartel de San Pedro Sula, también sin ningún éxito, el 7 de julio pasado.

Son de lamentarse estas manifestaciones delictuosas por lo que significan en descrédito para el país y en pérdida de vidas y daños a la propiedad.

Las elecciones para autoridades locales se verificaron en noviembre, como lo estatuye la ley de la materia, en un ambiente de orden y de tranquilidad, sin que hayan acaecido sucesos deplorables, síntoma de que la educación cívica va ganando terreno en nuestro electorado.

A la Policía Nacional toca una función importantísima, que ha llenado a satisfacción, por cuanto se relaciona de manera íntima con la tranquilidad social, las buenas costumbres y la moral, así como la protección a la propiedad, la lucha contra los vicios, la vagancia, la prostitución, etc. Contando con el decidido apoyo de las autoridades superiores, la Policía Nacional garantiza a la sociedad, persiguiendo activamente el crimen y manteniendo el orden.

Son de vosotros conocidos los propósitos del Ejecutivo en relación con una reforma básica de los sistemas penitenciarios, de acuerdo con modernas orientaciones y pautas científicas. Poco a poco, en la medida que lo permiten las posibilidades económicas del país, se va adelantando en este sentido. Los centros penales de más importancia han sido notablemente mejorados, organizándose talleres de artes y oficios en los cuales los individuos que, por cualquier eventualidad desafortunada, están privados de su libertad, pueden adquirir hábitos de trabajo y principios morales que formarán la base para la nueva vida que han de emprender en beneficio propio y utilidad social.

El Poder Judicial ha funcionado regularmente, con entera independencia en sus decisiones, recibiendo del Ejecutivo el apoyo necesario en la forma preestablecida por la ley.

Indudablemente de gran importancia son las labores comprendidas en el Ramo de Sanidad, y es lamentable que las condiciones económicas del país no permitan llevarlas a cabo con la intensidad y el volumen que son necesarios para combatir las enfermedades endémicas que minan el organismo nacional, restándole vitalidad y diezmando nuestra población. A pesar de no contar con recursos suficientes, el Ejecutivo ha llevado adelante importantes campañas contra la tuberculosis, el paludismo, en la profilaxis venérea y en la protección a la infancia.

En el Ramo de Beneficencia han continuado funcionando con buen suceso instituciones de tanta importancia como la Lotería Nacional, y los centros: Hospital General, Hospital del Norte, Hospital Santa Teresa, Hospital de Occidente, Casa del Niño y demás establecimientos donde el dolor busca alivio o consuelo el desamparo. El Poder Ejecutivo se ha empeñado no solo en mantener en estado de servicio eficiente esos centros con sus personales y dotaciones, sino que procura hacer todo esfuerzo por mejorarlos cada día, para que su benéfica misión llene en forma más completa los fines altruistas que le son propios.

El Poder Ejecutivo ha puesto atención esmerada y especial empeño en que sean estrictamente cumplidas las disposiciones legales relativas a contribuciones para el sostenimiento de la enseñanza primaria, establecidas por el Artículo 127 de la Ley de Municipalidades y del Régimen Político, pues se observaba que muchos establecimientos tendían a clausurarse por imposibilidad de sostenerse.

Interesado como está el Ejecutivo en combatir el analfabetismo, como uno de los puntos principales de su programa de mejoramiento colectivo, ha dictado las órdenes oportunas y conducentes para que las autoridades municipales hagan efectiva dicha contribución escolar, y de consumo con las departamentales traten de mantener o despertar en los particulares el convencimiento de la obligación que tienen de cooperar en la mayor difusión de la enseñanza primaria.

Dentro de las posibilidades económicas actuales, restringidas por la depresión, se han acordado subsidios para obras públicas, compra de terrenos ejidales y para cuanto trabajo de importancia se ha iniciado en los municipios con el plausible fin de incrementar el progreso local.

RELACIONES EXTERIORES

Con motivo de la prolongación del período presidencial, en cumplimiento de lo resuelto por la Honorable Asamblea Nacional Constituyente y consignado en la disposición transitoria número 202 de la Constitución Política vigente, fueron recibidos numerosos mensajes de congratulación, procedentes de Excelentísimos Jefes de Estado, altos funcionarios y distinguidas personalidades de países amigos, con quienes Honduras y su Gobierno cultivan cordiales y firmes relaciones. Oportunamente fue expresado el reconocimiento de mi Gobierno por tales demostraciones, y me place renovarlo en el presente Mensaje.

Por invitación del Excelentísimo Señor Presidente de la República Argentina, y a iniciativa del Excelentísimo Señor Presidente de los Estados Unidos de Norteamérica, se reunió en la ciudad de Buenos Aires la Conferencia Interamericana de Consolidación de la Paz, a la cual concurrió Honduras haciéndose representar por los señores doctores Antonio Bermúdez M. y Julián López Pineda.

La sesión inaugural de esta magna asamblea, a la cual dio realce e importancia mayor la presencia de los Excelentísimos Señores Presidentes Franklin D. Roosevelt y General Agustín P. Justo, tuvo verificativo el 1.° de diciembre del año recién pasado, reuniéndose los Delegados Plenipotenciarios de las veintiuna naciones en un ambiente de cordialidad, de comprensión y de espontaneidad.

Importantes resoluciones para la vida de los Estados Americanos fueron obtenidas de las deliberaciones que siguieron en estas conferencias, habiéndose firmado la Convención sobre Mantenimiento de la Paz, de una gran trascendencia, y otras para coordinar, ampliar y asegurar el cumplimiento de los tratados existentes entre los Estados Americanos; el Tratado relativo a la Prevención de Controversias y el Tratado Interamericano sobre Buenos Oficios y Mediación. También fue aprobado el Protocolo Adicional relativo a No Intervención.

No escapará a la comprensión de los Honorables Señores Representantes que la reunión de la magna asamblea de Buenos Aires marca un suceso de resonancia y trascendencia indiscutibles en la vida de los países americanos, ya que significa el esfuerzo más importante para el afianzamiento de la Paz en el Continente. Ninguno de los Estados Americanos y ninguno de sus Gobiernos pudo mostrarse refractario a la generosa idea primordial que la inspiró; y en las deliberaciones y resoluciones de dicha Asamblea ha quedado concretada, en forma de convenciones y tratados, la doctrina de la Paz, estableciéndose o señalándose formas eficaces para defenderla y estabilizarla en las relaciones entre los Estados.

Se ha respondido de esta manera a claros anhelos de los pueblos de América, a sentimientos hondamente arraigados en estas tierras de democracia y a profundas concepciones políticas orientadas con acertada visión hacia un porvenir de grandeza y bienestar, a base de estrechas vinculaciones entre los países del Continente, tradicionalmente ligados por nexos raciales, idiomáticos, geográficos, comerciales y culturales.

Sinceramente animada por estos sentimientos, Honduras se hizo representar en la gran asamblea de Buenos Aires, pues ella anhela vivamente —y contribuye a ello de la mejor voluntad— que la doctrina antibélica cristalizada en aquellas conferencias sea una realidad permanente y fecunda en bienes para todos los Estados Americanos.

Oportunamente, el Gobierno de Honduras fue impuesto, por medio de la Legación Americana en esta capital, del texto de las declaraciones hechas por el Excelentísimo Señor Secretario de Estado de los Estados Unidos de Norteamérica, señor Cordell Hull, el 16 de julio del año en curso, en relación con problemas y situaciones que preocupan, agitan y conmueven a determinadas regiones y países, con repercusiones mundiales, o en cuya resolución están interesadas directa o indirectamente todas las naciones.

En tales declaraciones volvió a ser afirmada la política antibélica de la gran nación del Norte, así como la no intervención en los asuntos internos de los demás países, la fiel observancia de los tratados internacionales, el respeto de los derechos de las naciones y el cumplimiento de las obligaciones contraídas; abogando por la revitalización y fortalecimiento del Derecho Internacional y otros aspectos de básica importancia en las relaciones entre los Estados.

Al adherirse a tan importantes declaraciones, el Gobierno de Honduras expresó su criterio al respecto, en nota de nuestra Cancillería fechada el 3 de agosto del año en curso, en la cual se hace notar la tradicional actitud de Honduras de respeto a los tratados y al arbitraje, bajo la garantía de la buena fe internacional y de honor al compromiso contraído; y su trayectoria pacifista constatada en los instrumentos que ha firmado, desde el Tratado de París (Kellogg-Briand de 28 de agosto de 1928) hasta los tratados, protocolos y convenciones de Buenos Aires, en 1936.

Pláceme comunicaros que ha quedado definitivamente terminado el amojonamiento de nuestra frontera con la hermana República de Guatemala.

En las relaciones con nuestras vecinas y hermanas del istmo, durante el período que comprende el presente Mensaje, han imperado la mayor cordialidad y un sincero espíritu fraternal, así como la mutua comprensión de los sentimientos y la protección de los comunes intereses que nos ligan. Pláceme consignar la satisfacción de mi Gobierno por la gestión de los señores representantes de estos países, orientada en un sentido de leal cooperación y de cordial entendimiento recíproco.

La representación diplomática de las hermanas Repúblicas de Guatemala, El Salvador y Nicaragua, en la actualidad, está a cargo de los Excelentísimos Señores Enviados Extraordinarios y Ministros Plenipotenciarios don Adolfo Z. Mérida, doctor Antonio Álvarez Vidaurre y don Luis Mena Solórzano, respectivamente.

La nuestra ante aquellos ilustrados Gobiernos ha seguido desempeñada por los Excelentísimos señores doctores Luciano Milla Cisneros, Silverio Laínez y Julián López Pineda, continuando también, con igual carácter ante el Gobierno de la hermana República de Costa Rica, el doctor Saturnino Medal.

La hermana República de Costa Rica envió una Misión Especial a Honduras para hacerse representar en las solemnes ceremonias de la prolongación del período presidencial, el 10 de enero del año en curso, acreditando para su desempeño, con el elevado carácter de Enviado Extraordinario y Ministro Plenipotenciario, al licenciado Tobías Zúniga Montúfar.

Al ser trasladado el Excelentísimo Señor John Keena, la Legación Americana en esta República quedó a cargo, sucesivamente, de los honorables señores secretarios Walter W. Hoffman, Gerald A. Drew y William M. Cramp. El 8 de septiembre fue solemnemente recibido el Excelentísimo Señor John Draper Erwing, nombrado Enviado Extraordinario y Ministro Plenipotenciario de los Estados Unidos.

Nuestras relaciones con la gran democracia del Norte de América han seguido mantenidas en una forma francamente cordial y amistosa, en perfecta armonía, lo que es un motivo de satisfacción consignar en el presente Mensaje.

Ausente el Excelentísimo Señor Manuel Y. de Negri, quedó al frente de la Legación de México el Honorable Señor don Eduardo Espinosa y Prieto, con carácter de Encargado de Negocios ad-interim.

Es grato para mí dejar consignado que nuestras relaciones con la floreciente República Mexicana se han mantenido en una plataforma de cordialidad recíproca.

El Gobierno de la República se hizo representar, por medio del actual Cónsul en Liverpool, licenciado Tiburcio Carías C., acreditado Enviado Extraordinario y Ministro Plenipotenciario, en las solemnes y suntuosas ceremonias de la Coronación de Su Majestad el Rey Jorge VI, el día 12 de mayo del año en curso.

El Excelentísimo Señor John Henry Stopford Birch, quien continúa desempeñando el cargo de Enviado Extraordinario y Ministro Plenipotenciario de Su Majestad Británica ante el Gobierno de Honduras, presentó sus nuevas credenciales en el pasado mes de agosto.

En esta capital ejerce siempre las funciones de Cónsul General y Encargado de Negocios ad-interim, el Honorable Señor Douglas Gerald Rydings.

Con motivo de la cruenta y prolongada guerra civil que dura aún en tierras de la Madre España, el Gobierno de Honduras manifestó su neutralidad frente a la contienda, interpretando los sentimientos del pueblo hondureño, al deplorar una situación de tal naturaleza.

En la Memoria que oportunamente os presentará el Señor Secretario de Estado en el Despacho de Relaciones Exteriores, encontraréis mencionados en detalle los diversos aspectos de las relaciones entre Honduras y las naciones de este y los demás continentes, que me privo de hacer con sentimiento. Puedo aseguraros que ha prevalecido en ellas un espíritu de simpatía y de cordialidad, así como el más amplio entendimiento para la resolución de aquellos asuntos que afectan intereses comunes.

GUERRA, MARINA Y AVIACIÓN

Ha sido uno de mis más vivos y persistentes anhelos dotar a la Nación de un ejército regular, perfectamente organizado, preparado y equipado, capaz en todo caso de mantener la Paz interna, garantizando las instituciones y la tranquilidad social, y de ser efectiva garantía de la soberanía e integridad territorial. Las condiciones económicas adversas de los últimos tiempos, por razón de la depresión universal, han constituido un grave obstáculo para la realización gradual de este deseo mío, que es a la vez un firme propósito del actual Gobierno. No se escapará a la penetración de los honorables Representantes la importancia y conveniencia de un ejército modernizado, con unidades bien entrenadas, oficialidad competente, espíritu de disciplina y sacrificio y demás detalles necesarios a una organización técnica avanzada. Nuestras constantes revueltas, la vida de agitación política en que hemos dejado transcurrir muchos años sin atender a los asuntos de trascendencia nacional, nos han privado de realizar muchos propósitos nobles, siempre latentes, porque ellos llevan en sí la existencia misma de la Nación. Pero hemos de poner cada día nuestro esfuerzo constante y metódico hasta convertir el deseo en una realidad indestructible.

Como institución armada, el Ejército ha prestado grandes servicios en los últimos años para debelar movimientos de revoltosos y, sobre todo, ya que éstos han carecido de trascendencia, para evitar, con su presencia alerta y decidida a la acción, que tales movimientos lleguen a organizarse y a cobrar fuerza. Creo de justicia consignar en este Mensaje un voto de reconocimiento de la Nación y del Gobierno para los Jefes, Oficiales y soldados que en forma abnegada han contribuido y contribuyen al mantenimiento inalterable de la paz pública.

Han estado y continúan funcionando con buen éxito compañías de cadetes, escuelas de clases, compañías de artillería e infantería en la capital y algunas cabeceras departamentales. A inscribirse en las juntas militares concurrieron, dentro de este período fiscal, 66,162 milicianos de primera categoría; pasando 38,726 a la segunda y 22,711 a la reserva. En las plazas de la República ha estado prestando servicio de guarnición el número reglamentario de hombres, aunque, debido a ciertos disturbios del orden público, como el producido por el grupo que capitaneaba Justo Umaña, y otros hechos de menor importancia, el Gobierno se vio obligado a levantar fuerzas extraordinarias. Los servicios de justicia militar, administración, intendencia, estado mayor, etc., han sido debidamente atendidos.

Como es de vosotros sabido, funciona la Escuela Militar de Aviación, dotada de eficientes aparatos, modernos hangares, edificios propios para aulas, bibliotecas y demás menesteres. Hasta hace pocos meses dicha Escuela estuvo bajo la dirección del Coronel William C. Brooks. Los pilotos militares de Honduras se mantienen en entrenamiento riguroso y científico y se han obtenido muy buenas pruebas de su técnica, así como de espíritu militar. Nuestra flotilla aérea, reforzada con unidades nuevas, es indiscutiblemente un formidable soporte de la paz nacional.

Motivo de esmero ha sido para el Poder Ejecutivo el mejoramiento de los cuarteles, inspirándose en los adelantos de la época. Las dificultades económicas no han permitido el desarrollo de un plan general de renovación, realizándose las reformas en forma paulatina, conforme a las necesidades perentorias.

Lamento no poder enunciaros en esta sucinta reseña de hechos sobresalientes, mis ideas y proyectos, de hace mucho tiempo sostenidos, en relación con la adecuada organización del Ejército Nacional, en el que, además de las innatas cualidades de valor, abnegación y ardor patriótico del soldado hondureño, deben imperar aquellas condiciones inherentes a la más eficiente organización de los cuerpos militares. Sin embargo, en este aspecto del Gobierno y de la

Administración, como en otros muchos, seguiremos laborando empeñosamente para bien de la Patria.

EDUCACIÓN PÚBLICA

Durante el presente año económico han funcionado con toda regularidad los establecimientos de enseñanza primaria, secundaria y profesional, haciendo esfuerzos el Ejecutivo para retribuir los servicios de los mentores de la enseñanza, dentro de las limitaciones a que nos obliga la actual crisis económica y fiscal.

Las Facultades Superiores de Jurisprudencia y Ciencias Sociales y Políticas, Medicina y Cirugía, Farmacia e Ingeniería, han funcionado eficazmente, de conformidad con sus programas y reglamentos especiales. El Señor Secretario de Educación os dará el dato de los alumnos graduados en estos establecimientos sostenidos por el Estado.

En los centros de enseñanza normal de la República se graduaron 344 alumnos, de ambos sexos, con el detalle siguiente: Maestros de Enseñanza Primaria Urbana, 52 varones y 160 señoritas; Bachilleres, 88 varones y 1 señorita; Peritos Mercantiles y Contadores Públicos, 28 varones y 9 señoritas; Secretarios Mecanógrafos, 1 varón y 1 señorita; Gobierno del Hogar, 4 señoritas.

Con fecha 6 de abril del corriente año, y por razones económicas, el Poder Ejecutivo emitió el acuerdo número 765, por el cual se dispuso que los establecimientos de enseñanza costeados y subvenidos por el Estado dieran principio a sus labores el primero de junio. De conformidad con dicha disposición, las escuelas primarias y de párvulos inauguraron en esta fecha sus labores educativas, con un número y clasificación que detallo en seguida, así:

Escuelas Urbanas Públicas de Varones 200
Escuelas Urbanas Públicas de Niñas 200
Escuelas Urbanas Públicas Mixtas 67
Escuelas Urbanas Públicas Nocturnas de Varones 8
Escuelas Rurales Públicas de Varones 46
Escuelas Rurales Públicas de Niñas 10
Escuelas Rurales Mixtas 236

En la Memoria respectiva encontraréis consignado el dato de las Escuelas Privadas.

El movimiento de matrícula, asistencia media y tanto por ciento, fue como sigue:
Matrícula 40,836.50
Asistencia media 33,199.93
Tanto por ciento 81.29

La enseñanza primaria y parvularia es atendida por el siguiente personal docente:
Titulados 843
Con certificado de aptitud 56
Empíricos 333

Total 1,232

De este total de Maestros, 441 son varones y 791mujeres.

Han continuado funcionando la Biblioteca Nacional y el Museo. Empeñado el Ejecutivo en resucitar, para enseñanza y solaz de las actuales y futuras generaciones, el esplendor de la extinta civilización aborígena, ha puesto especial cuidado en la reparación de las majestuosas e interesantes ruinas de Copantl, cuyos trabajos siguen bajo la experta dirección del arqueólogo norteamericano señor Gustavo Stromsvik, con la eficaz cooperación de la Institución Carnegie. Se erogó la cantidad de L 13,832.39 para el pago de operarios, transporte de material, empleados, edificios, etc. Durante las excavaciones correspondientes a este período, han sido encontrados preciosos ejemplares de la civilización maya. Los monumentos que hablan de su adelanto son cuidados ahora con especial esmero, y la fama de estas ruinas atrae una corriente de numerosos turistas.

Ha privado en el Ejecutivo, con relación a las labores de este Ramo, la tendencia a encauzar las actividades de los centros educativos dentro de la moralidad, la disciplina y la clara comprensión de los deberes cívicos y sociales entre los personales docentes y el alumnado.

Muy lejos de la mente del Ejecutivo considerar como oportunas o buenas las manifestaciones de espíritu anarquizante, por la errónea interpretación de teorías exóticas en los centros educativos sostenidos por el Estado. Y muy suya también la preocupación de orientar la enseñanza hacia la mayor utilidad social e individual, restringiendo el parasitarismo profesional que incuba la inmoralidad. A este respecto he de comunicaros con satisfacción que, debido al implantamiento de sistemas de rigurosa selección por aptitud y conducta, los resultados obtenidos en los distintos centros docentes son verdaderamente halagadores y, a la vez, la fiel expresión del grado de adelanto de la función educativa y de las capacidades del educando.

Lejanas y siempre recordadas actividades me ligan con sincero afecto al aspecto educativo de mi país, y por eso la instrucción pública constituye una de mis preocupaciones de Gobernante. Como en los demás Ramos de la Administración, la iniciativa, la actividad y la constancia empleadas tesoneramente en el mejoramiento colectivo nos han de rendir más tarde hermosos frutos.

HACIENDA Y CRÉDITO PÚBLICO

Los ingresos en el año económico ascendieron a L 10,906,797.43, de los cuales pasaron a formar parte del fondo de cambio L 363,102.12, dejando disponibles L 10,543,695.31 para atender un presupuesto efectivo de L 11,723,658.09; por lo que, a pesar de que las entradas brutas de este año económico sobrepasaron a las del año anterior en L 951,524.06, hubo un déficit presupuestal de L 1,179,962.78, que, comparado con el del año anterior de L 2,729,196.61, resulta inferior en L 1,549,233.83.

Durante el año, para mantener el equilibrio de los pagos urgentes, el Gobierno obtuvo préstamos con valor de L 426,104.11, con los cuales se cubrió el pequeño déficit de Caja de L 185,428.74, quedando, al final del año, un saldo en Caja de L 240,675.37, distribuido en las Oficinas que manejan caudales públicos para atender al pago de L 132,349.10 de valores en depósito y el resto a los gastos iniciales del nuevo año.

La importación durante el presente año fue de 185,041,581 kilogramos, con valor en dólares estadounidenses de $10,387,271.29, de los cuales solamente 18,940,048 kilogramos fueron liquidados en póliza gravada.

El movimiento del Fondo de Cambio que respalda la circulación monetaria del país fue como sigue:

Saldo anterior al 31 de julio de 1936:	$ 885,968.68
Aumentos:	598,201.44
	$ 1,484,170.12
Disminuciones:	443,351.02
Saldo al 31 de julio de 1937	$ 1,040,819.10

El Fondo Acumulativo, destinado a la fundación del Banco Agrícola Hipotecario, fue:

Saldo anterior:	L. L 98,445.66
Ingresos:	L. 64,318.77
	L 126,764.43
Gastos:	22,729.48
Saldo al 31 de julio de 1937:	L 140,034.95

En cumplimiento del Decreto Legislativo No. 72, de 2 de marzo del corriente año civil, el Gobierno ordenó la emisión de 433,511 billetes aduaneros de un lempira cada uno, 450,000 de a dos lempiras, 330,000 de a cinco lempiras, 155,000 de a diez lempiras, 42,000 de a cincuenta lempiras y 25,000 de a cien lempiras, que forman un total de L 9,133,511.00; y la Comisión de Control de Cambios Internacionales y Estabilización del Sistema Monetario dispuso la emisión de L 2,500,000.00, de los cuales se puso a la orden del Ejecutivo, para la amortización de la Deuda Interna, L 1,250,000.00.

Para facilitar el intercambio comercial con los países vecinos de Guatemala, El Salvador y Nicaragua, la Comisión de Control de Cambios estableció la cotización en el mercado hondureño de las monedas de dichos países.

Al entrar en vigencia la Ley Monetaria, conforme a la cual se verificó la conversión del antiguo peso hondureño por el actual lempira y se estableció el Fondo de Cambio en dólares para respaldar la nueva moneda, dicho Fondo quedó en poder de los Bancos en las mismas condiciones que los depósitos corrientes y, por consiguiente, con la sola garantía que las leyes generales exigen para tales depósitos; y tomando en cuenta la diferencia de estos con aquel y la trascendencia que encierra para el crédito de nuestro lempira la no suficiente garantía de su respaldo, la Comisión de Control de Cambios logró, antes de finalizar el año fiscal, que todo el Fondo de Cambio depositado en el extranjero estuviera, no solamente a la orden de los Bancos depositarios, sino también a la de la Comisión mencionada, y que no pudiera disponerse sino por las órdenes de ambos del uso de dicho Fondo.

La emisión monetaria asciende a L 7,520,000.00, de la cual circulan L 3,838,203.11 y están encajados en los Bancos L 3,681,796.89, por lo que la Secretaría de Hacienda ha excitado verbalmente a dichas instituciones para que, reduciendo el tipo de interés, ofrezcan ese dinero al público que preste garantías suficientes, a fin de provocar una reacción favorable en las industrias del país.

Es bien sabido por vosotros, señores Representantes, que la crisis mundial ha afectado, como es natural, a este país, y que sus deprimentes consecuencias persisten, a pesar de cuantos esfuerzos hacen las naciones, en uno u otro sentido, para combatirlas, conjurando los peligros que de ellas se derivan para la armonía política y la estabilidad de las instituciones. La baja en la exportación de bananas, por motivos que vosotros también conocéis, ha perjudicado la producción rentística del país, mermando los ingresos del Fisco.

El Gobierno ha mantenido una lucha enérgica y tenaz para dominar el contrabando, en defensa de los intereses fiscales y en cumplimiento de la ley.

No escapa al conocimiento de los Honorables Representantes el hecho de que nuestros sistemas adolecen de irregularidades que a veces dificultan o debilitan la acción del Poder Ejecutivo. Os ruego poner especial atención en la circunstancia de que el país necesita economía y orden para lograr mantener el equilibrio presupuestario, permitiendo al Gobierno atender cumplidamente los distintos servicios públicos y llenar las necesidades de la administración.

Una moderada, prudente y oportuna distribución de las rentas, a base del conocimiento científico de los ingresos y satisfaciendo de preferencia las necesidades y conveniencias nacionales de mayor importancia, es lo que conviene al país.

FOMENTO, AGRICULTURA Y TRABAJO

Durante el período a que se refiere especialmente el presente Mensaje, la labor en este Ramo ha sido intensa y continuada para su mejor éxito, mereciendo una esmerada atención el subramo de Vialidad, que tanta importancia tiene para el desarrollo general del país mediante el contacto que las rutas camineras establecen entre sus diversas zonas, favoreciendo la agricultura y demás industrias, facilitando la acción de la autoridad para proteger la propiedad privada y el mantenimiento del orden público, incrementando el comercio y, en resumen, dando su magnífico aporte a la economía nacional.

Las carreteras existentes han sido mantenidas en buen estado, verificándose el tráfico por ellas con absoluta regularidad, pues en este lapso no se experimentó ninguna interrupción. En la del Sur se repararon formalmente 57 kilómetros, 6 alcantarillas, cunetas y los puentes de Mindala y Río Chiquito. Está ya terminada y puesta al servicio público la sección que corresponde a Honduras de la gran arteria Panamericana, con una extensión de 36 kilómetros entre el puerto menor de San Lorenzo y la ciudad de Choluteca. El 11 de noviembre recién pasado fue recibido por el Gobierno el gran puente sobre el Río Choluteca, frente a la ciudad del mismo nombre.

Algunos años atrás quizás habría parecido imposible que en nuestro medio pudiese llevarse a feliz término una obra de la gigantesca magnitud de esta a que me estoy refiriendo, ya que tan hermoso y sólido puente podría lucir sin desdoro en cualquier parte del mundo donde el ingenio humano y las condiciones económicas realizan verdaderos portentos de ingeniería. La extensión total del puente sobre el Choluteca es de 299 metros 92 centímetros, su anchura de 11.58 metros. Está formidablemente asentado sobre tres pilastras de mampostería. El peso total de la superestructura es de 2,241.31 toneladas. Durante el presente año se invirtió en esta obra la suma de L 378,491.11, habiendo encontrado ocupación en los trabajos de construcción 600 personas.

El tesonero esfuerzo del Ejecutivo, contando con la decisiva cooperación del Gobierno Americano, llevó a buen término una obra de proporciones extraordinarias para Honduras. Felicitémonos por ello y por lo que ella significa para el porvenir del país y, en particular, de las regiones sureñas.

Al terminar los trabajos del puente, se han iniciado ya los de la continuación del tramo hondureño hacia Nicaragua, para empalmar con el de aquella República, realizándose en esta parte del istmo centroamericano la magna concepción de unir a los países del Continente por medio de una grandiosa vía donde han de encauzarse, en un futuro no lejano, las corrientes económicas de estas naciones, acercando al mismo tiempo los pueblos que ansían conocerse, comprenderse y fraternizar.

En la carretera del Norte fueron reparados 121 kilómetros, 51 alcantarillas y desagües, 30 puentes, cunetas y muros. Una formal reparación del trayecto, especialmente de El Jaral a Potrerillos.

El Ejecutivo ha puesto su empeño en la apertura de la carretera de Oriente, que será una de las arterias principales del país, por la gran utilidad que está llamada a prestar. Luchando contra la aspereza de la montaña, ha ido adelante el trazo, habiéndose avanzado a la fecha 35 kilómetros. La vía está quedando muy bien acabada, posee una anchura suficiente y es de una belleza panorámica que llama la atención de manera poderosa. Varios equipos de moderna maquinaria para carreteras han trabajado y continúan trabajando en esa ruta que unirá pronto los fértiles y prometedores campos del Oriente con la capital y el resto del país, dando salida a los productos e impulsando las actividades de sus moradores.

Para la carretera de Olancho fueron expresamente pedidos otros equipos de tractores, palas mecánicas, etc., que están prestando allá sus servicios. Creo que ya os he manifestado en anteriores ocasiones que esta vía es uno de mis más firmes propósitos. Circunstancias adversas, de todos conocidas, han impedido al Ejecutivo intensificar su acción en el Ramo de Vialidad para alcanzar resultados rápidos, satisfaciendo los deseos muy legítimos de los pueblos que ansían ponerse en contacto frecuente con los demás.

Es indiscutible que Olancho guarda al país una hermosa reserva para el incremento de la economía nacional, el día en que esas riquezas puedan ser explotadas, transformando los yermos en predios cultivados. Confío en que no me faltarán ni el entusiasmo ni la cooperación del pueblo hondureño para seguir trabajando en esta carretera, que debe hacerse aún a costa de sacrificios.

De conformidad con los contratos de traspaso, la empresa del Ferrocarril Nacional ha continuado bajo la administración de la Tela Railroad Company. El movimiento económico durante el año de este Mensaje fue así:

Producción total:	L 810,007.92
Gastos de administración y mejoras:	L 525,261.05
Saldo:	L 284,756.87

Las empresas ferrocarrileras del Norte han continuado en sus negocios, de acuerdo con los contratos celebrados.

La exportación de bananas durante el año económico 1936-37 fue como se detalla:

Tela Railroad Company:	7,037,985 racimos
Standard Fruit & Steamship Co.	2, 449,529 "
Truxillo Railroad Company	2, 804,697 "
Total en racimos	12,292,211

La enfermedad llamada de la «Sigatoca», que ha atacado a las fincas de bananas casi en su generalidad, con mayores o menores proporciones, ha sido causa directa de que las compañías fruteras sean afectadas gravemente en sus negocios, y afectándose, de reflejo, el movimiento rentístico del país como una consecuencia de la disminución en las exportaciones.

Cumplo el deber de participaros que las perspectivas económicas de la nación, con el aparecimiento de estos gravísimos inconvenientes en la industria bananera, no han sido en ninguna manera halagadoras. Las compañías están luchando enérgicamente contra los enemigos de las plantaciones, y, por los informes recibidos por el Ejecutivo, las medidas aplicadas dan resultados satisfactorios, pero la reacción general ha de ser lenta.

Los servicios de Correos, Comunicaciones Eléctricas, Escuela de Artes y Oficios, Empresa de Agua y Luz, Oficina Técnica de Ingeniería, etc., han sido eficientes, procurándose siempre la satisfacción del público, la garantía de los intereses fiscales y el mejoramiento gradual, de acuerdo con las actuales condiciones en que se desarrolla el país.

Acercándose a la materialización del gran anhelo del Ejecutivo de hacer surgir la agricultura nacional en grande escala, y como una de las bases para ello, se adquirió la hermosa propiedad «El Zamorano», comprada a don Arturo Fortín por la suma de L 45,000.00, con el objeto de instalar en ella la Escuela Nacional de Agricultura.

Por la extensión y la fertilidad del terreno, la abundancia de agua, benignidad del clima, proximidad a la capital, asiento del Gobierno, y otras muchas condiciones favorables al fin que se persigue, estimo que el Estado ha hecho una buena adquisición. Pondré mi empeño especialmente para que el objetivo perseguido no tarde mucho en ser real y que ese centro signifique una efectiva ayuda al florecimiento agrícola del país y su prosperidad basada en el patrimonio y en la producción, plataforma que anhelo para que el pueblo hondureño afiance su bienestar en el trabajo independiente.

He reseñado ligeramente, señores Diputados, las actividades del Poder Ejecutivo y hechos de mayor importancia, no todos, desde luego, en la vida del país durante el período comprendido entre 1936-1937. En general, cabe decir que la paz pública se ha mantenido, aún contra los deseos de muchos hondureños que no quieren comprender dónde radica el verdadero y elevado interés nacional, anteponiendo a sus necesidades y conveniencias sus propios intereses.

Ha sido notoria la tranquilidad social, favoreciendo la garantía de la propiedad, el desarrollo de las iniciativas particulares, el comercio, todas las funciones de la existencia en común, en un ambiente de orden, de mutuo respeto y de confianza. El crédito internacional de la nación ha sido dignamente sostenido, con el cumplimiento exacto de todas nuestras obligaciones. Tengo la honra de deciros que Honduras ha ganado mucho en la estimación de los demás países, rectificando los errores que hubo de anotarse durante los períodos convulsivos y aniquiladores de su política violenta.

En los últimos meses, la atención pública y del Gobierno ha estado preocupada con motivo de los sucesos originados en el incidente entre Honduras y Nicaragua, promovido por la circulación de un sello postal de aquel país, conteniendo un mapa con los límites de Nicaragua en desacuerdo con la definitiva resolución de la controversia dada por el Rey Alfonso XIII en su fallo arbitral de 23 de diciembre de 1906.

Los Gobiernos de Honduras y de Nicaragua aceptaron gustosos la mediación ofrecida por los Estados Unidos de Norteamérica, Venezuela y Costa Rica, con el objeto de buscar soluciones pacíficas y aconsejar para ello sugerencias en el presente incidente.

Como podéis notar, señores Diputados, mi deseo ha sido, durante todo el período que comprende este Mensaje, como en los anteriores años de la actual Administración, consagrarme con toda buena voluntad y espíritu sincero al servicio del país, procurando su engrandecimiento, su honra y su felicidad. No busco méritos para mí, pues mi satisfacción mayor será que del actual período quede una Patria más fuerte, más rica y más próspera, con un pueblo laborioso, sano y patriota, amante del trabajo independiente, consciente de sus deberes de ciudadano y de hombre, unido a su tierra por un entrañable amor capaz de todos los desintereses y de todos los sacrificios.

Quiero, una vez más, dejar constancia de que en mis actos y decisiones no me guía la pasión personal ni política, sino la profunda convicción de lo que el deber con el país y el pueblo me impone y la obligación que tengo de no vacilar en el cumplimiento de ese deber. Con estos sentimientos y mi inalterable amor a Honduras, confiando en merecer la aprobación de la Nación, dignamente representada aquí por vosotros, sigo en mi mandato constitucional, sosteniendo mi fe con el ideal del engrandecimiento y prosperidad del país y poniendo en ello todo mi corazón y toda mi voluntad.

Tiburcio Carías A.

DISCURSO DE 1938

Honorables Señores Diputados:

En acatamiento al mandato contenido en el artículo 121 de la Constitución Política que nos rige, vengo a daros un breve informe de la gestión gubernativa y administrativa del Poder Ejecutivo, durante el período transcurrido desde el 5 de diciembre anterior en que tuve la honra de presentarme ante Vosotros.

Sumamente grato es para mí, Honorables Señores Diputados, presentar a Vosotros mi atento y cordial saludo, que hago extensivo a los Excelentísimos Señores Representantes Diplomáticos, al Honorable Cuerpo Consular, funcionarios públicos y, por el digno medio de Vosotros, al pueblo hondureño.

A la vez, séame permitido formular votos muy sinceros por la paz y la prosperidad de nuestra nación y las de los países hermanos y amigos, por la ventura personal de sus ilustres Gobernantes y el éxito de sus labores.

Estos votos los formulo también, Honorables Señores Diputados, por el buen resultado de vuestros trabajos en la presente Legislatura, que debe traducirse ante todo en un mayor bienestar del pueblo hondureño, lo cual no dudo, dadas las nobles intenciones que han de animaros.

Es muy satisfactorio para mí poder informar a la Honorable Representación Nacional, que durante el lapso comprendido del mes de diciembre de 1937 a esta fecha, la paz se ha mantenido, de manera inalterable y fecunda, en el país. Para todo hondureño patriota debe ser este hecho justo motivo de complacencia, como lo constituye para el Gobierno que tengo la honra de presidir.

Tal suceso notable indica con claridad la afirmación de nuevas orientaciones en la conciencia nacional, abandonando en forma definitiva las actitudes de rebeldía que obstruccionaban el progreso material y la evolución cultural de la nación hondureña.

Yo me felicito de ello y felicito al pueblo de mi país, porque a su inteligencia, a su clara comprensión y a su buena voluntad ha de deberse en primer término esta salvadora transformación. Habiendo incorporado desde el primer día de mi mandato gubernativo esta aspiración de la paz nacional en mi plan de gobierno, me he visto obligado, por fuerza de factores de resistencia adversos a ella, a dictar algunas medidas enérgicas, ya que, como Os he dicho en todas las veces que he concurrido ante Vosotros a rendir cuenta de mis actos, considero que la paz permanente es la base fundamental para lograr la reconstrucción económica y material, elevando el nivel de bienestar y de cultura del pueblo hondureño. Esta convicción debe tomar el carácter trascendental de una doctrina política. Abandonados por inactuales e infecundos muchos postulados que movilizaron en épocas lejanas al pueblo hondureño en las luchas cívicas y en la guerra civil, la doctrina de la paz debe sustituirlos, pues ella sola basta para concretar los más altos ideales y los propósitos más sanos de nuestra ciudadanía. Jamás, en mi actuación de gobernante, me han impulsado a la acción móviles pasionales ni rencores políticos. No he tratado de satisfacer venganzas ni de cobrar agravios; y los empleados públicos que alguna vez cometieron tal error recibieron también la merecida sanción. Los obcecados por el partidarismo, sirviendo sus egoísmos personales y de bando, acusan a mi Gobierno de actos tiránicos.

En mi poder están las pruebas de las combinaciones y actividades subversivas de aquellos individuos cuya acción había que neutralizar o anular en bien de la colectividad; culpable me sentiría si, por temor a responsabilidades o por vacilaciones inconvenientes, hubiese dejado que el mal arruinase el organismo social, produciéndose la anarquía en que muchas veces, por ineptitud de quienes han gobernado y por ambición de otros, tuvo la nación la inmensa desgracia de caer.

Prefiero asumir todas las responsabilidades históricas consiguientes antes que ver nuevamente a mi Patria sirviendo de pasto a criminales montoneras y a irresponsables agitadores. Gran parte de las energías morales, materiales y económicas de que el Gobierno dispone se han empleado en esta lucha diaria por la conservación de la paz social; y en gran parte también, si muchos aspectos del progreso nacional no ofrecen la nota brillante que los impacientes o los hombres de mala fe piden, culpa es de esa nerviosidad en los espíritus, que contumaces agentes de la revuelta se encargan de mantener dentro y fuera de Honduras. El Gobierno vela día y noche por la paz pública y la tranquilidad social; posee eficientes medios de información y un efectivo control sobre los enemigos de ellas; posee también la fuerza material suficiente para debelar en poco tiempo cualquier asonada revolucionaria que excepcionalmente pudiera organizarse.

Pero falta aún que los ánimos entren en la seguridad confiada; que las energías todas se movilicen en el trabajo fecundo y digno; que las fuerzas vivas de la nación, al unísono, cooperen con el Gobierno a levantar a un plano superior de bienestar y de cultura nuestro país; y que desde hoy y para siempre la doctrina de la paz entre en la carne y en la médula del pueblo hondureño, como su soberanía y como su dignidad nacional.

Corroborando los párrafos anteriores, pláceme sobremanera informaros, Honorables Señores Diputados, que la paz que hoy reina en Honduras y que desde hace varios años se ha mantenido, débese también muy fundamentalmente al espíritu de inteligencia, de comprensión y de amistad que preside nuestras relaciones con los Gobiernos de los países vecinos y hermanos, los Estados Unidos de Norteamérica y México. Ese espíritu de armonía une a estos países del Istmo, vinculados por antiguos y venerables nexos, de una manera espontánea, firme y cordial, en sus afanes de engrandecimiento, propiciando la defensa más eficaz de sus instituciones democráticas contra la amenaza o la acción de elementos opuestos a ellas y cimentando para un futuro indeclinable una plataforma de sólida y sincera compenetración de aspiraciones e intereses. Identificado mi Gobierno, total y calurosamente, con las tendencias políticas internacionales del Gobierno norteamericano, en su afirmación de la democracia y de los nobles principios del Derecho Internacional y en sus definiciones de la trascendental política del Buen Vecino, ha asumido ante los sucesos que últimamente conmueven a Europa la justa actitud que corresponde a las naciones de América. Con ese mismo espíritu de cooperación, mi Gobierno se hace representar en todas las reuniones y asambleas donde se estudian los problemas vitales del Continente, para afirmar su existencia en la actualidad y salvaguardarla en el futuro. Y en estos momentos, Honduras está representada en la Octava Conferencia Interamericana reunida en Lima, contribuyendo de buena fe a crear organismos de Derecho y bases materiales que constituirán más tarde la plataforma de generosa civilización sobre la que han de asentar sus destinos las naciones americanas.

Habiendo ofrecido su honorable mediación los Gobiernos de los Estados Unidos de Norteamérica, Venezuela y Costa Rica, con motivo de las diferencias internacionales que surgieron en agosto del año anterior entre Honduras y Nicaragua, mi Gobierno se hizo representar en las conferencias que se inauguraron en San José de Costa Rica el 3 de noviembre, nombrando Plenipotenciarios para tal efecto a los señores abogados don Silverio Laínez y don Rómulo E. Durón. El 10 de diciembre de 1937 fue firmado por los Excelentísimos señores Representantes de los Estados Unidos, Venezuela y Costa Rica, y por los Delegados de Honduras y de Nicaragua, un Protocolo o Pacto de Recíprocos Ofrecimientos, habiendo sido declaradas en suspenso las conferencias de mediación. Reanudadas el 22 de febrero del corriente año, Honduras envió como representante al mismo señor Laínez y al abogado don Julián López Pineda. Después de sesionar activamente, las conferencias entraron nuevamente en receso, habiéndose antes acordado prorrogar por seis meses más los efectos del Artículo 6 del Pacto original de Recíprocos Ofrecimientos, que establece la obligación de no adquirir elementos bélicos durante esté en vigencia.

Como he dicho ya en otras ocasiones solemnes, el Gobierno de Honduras coopera con toda sinceridad y buena voluntad a mantener la armonía en esta porción del Continente, dentro de la política de comprensión que regula las relaciones entre los países de América. Estos son también los sentimientos del pueblo hondureño, de alma hospitalaria y bondadosa psicología, que, fiando en la justicia y en el derecho, espera los fallos del porvenir.

Afirmada la paz de manera estable, constituye la mayor preocupación del Gobierno el saneamiento de las finanzas del Estado y la evolución económica de la Nación. En las Memorias de los señores Secretarios encontraréis los detalles respecto a la recaudación de las rentas públicas, sus condiciones actuales y su inversión. Todos los señores Representantes conocen perfectamente las múltiples manifestaciones de la crisis económica que aflige a los países del mundo, sin excepción, restringiendo sus posibilidades de vida y desarrollo. En algunos de ellos ha llegado a extremos desesperantes, en juego con las fuerzas políticas; y las masas humanas pasan por los horrores del hambre o de la guerra. Durante los primeros años de la actual depresión, Honduras, por diversas causas, habíase podido mantener fuera de ella; pero, siendo este un triste fenómeno cuyo radio abarca el universo, forzosamente nuestro país ha sufrido también sus efectos, que se traducen en la baja de la exportación y de la importación; en las restricciones del cambio y la escasez de divisas monetarias; y en la disminución de las rentas fiscales. Con todo celo y actividad, animado de los sanos propósitos de servir cumplidamente al pueblo hondureño, el Presidente de la República trabaja para hacer menos graves estos problemas y menos agudas las dificultades económicas que influyen tan decisivamente en la vida de las naciones.

Frente al espectáculo de la crisis mundial y de las dolorosas condiciones de existencia que impone a los hombres, en la mente del Presidente de la República se afirma cada día más su ya antigua convicción de que la colectividad hondureña no logrará un bienestar asegurado en el tiempo y en el espacio, libre de contingencias políticas, si no es adquiriendo un mínimum de producción que baste para llenar sus necesidades primarias y que pueda dejar un apreciable margen para la exportación. Poseyendo las materias primas, debemos dedicar las energías, que hemos prodigado en la lucha política infecunda, al trabajo productor, a la tierra, a la agricultura, a la industria. En lugar de principios impracticables quizás en nuestro medio social; en vez de doctrinas brillantes pero inanimadas; en lugar de organismos caros y supérfluos, debemos consagrar en nuestros estatutos fundamentales, en nuestros idearios políticos, en nuestros planes de acción, principios capaces de transformarse en hechos reales, en materia viva y fecunda. En esta forma, cooperaremos a la evolución de nuestra cultura y al mejoramiento de nuestro nivel de vida.

La iniciativa privada, moviéndose sin cesar en busca de fuentes de producción, estimulada por la confianza pública en la seguridad de vidas y propiedades, formará con el tiempo un apreciable volumen de riqueza. El hondureño, letrado o campesino, se habituará al trabajo metódico, continuo y remunerador, independientemente, sin radicar sus finalidades de vida, de modo preferencial, en el empleo público, para el cual, si en verdad todos tenemos derecho de opción consagrado en nuestra democrática Constitución, hay que considerar, no obstante, condiciones de idoneidad y otras concurrentes y secundarias. El hábito de la vida independiente, del trabajo propio y libre, a la vez que dignifica, da seguridad y estimación social a la personalidad y a la familia.

La revuelta doméstica corrompió nuestras ideologías y nuestras instituciones; desnaturalizó las sanas tendencias y torció los propósitos honrados, al mismo tiempo que aniquilaba nuestras riquezas, secando sus fuentes de producción. Condenemos esa revuelta fratricida, sin ideales, sin proyectos fundamentales de transformación nacional, sin moral y sin justicia; condenémosla como el obstáculo más funesto que ha existido para el progreso y el bienestar nacionales.

Para estimular la iniciativa particular, además de dar cumplimiento a sus deberes, el Ejecutivo prosigue sin interrupción su obra vial en todo el país, a la cual sirven admirablemente los equipos de moderna maquinaria que han sido comprados en esta Administración. Así también el Ejecutivo está formalmente empeñado en el drenaje de la capital, en su embellecimiento y en mejorar sus condiciones de salubridad. Simultáneamente, da su apoyo en forma pecuniaria y técnica, a importantes o secundarias obras departamentales y municipales, no permitiéndole el estado precario de las rentas en algunos departamentos desarrollar una labor constructiva con toda la rapidez que necesidades urgentes reclaman.

En todos los aspectos de la Administración Pública, mi Gobierno ha trabajado con entusiasmo y perseverancia, seguro de servir, con la mejor buena fe, los grandes intereses y conveniencias del pueblo hondureño. Los Señores Secretarios de Estado Os darán, Honorables Señores Diputados, los detalles de estas la-bores y gestiones.

Para concluir, réstame sólo reiterar a la Honorable Representación Nacional mi confianza en su patriotismo. Igual que el Presidente de la República, los Se-ñores Diputados han de tener la convicción de que el país sólo podrá ir sin demoras prolongadas a la prosperidad creciente que todos anhelamos, a base de economía en sus gastos;

orden y eficiencia en la distribución de las rentas y de los servicios públicos; inteligencia, cordura y honradez en sus servidores; y prudente sabiduría en sus leyes.

Tiburcio Carías A.

Tegucigalpa, 5 de Diciembre de 1938.

DISCURSO DE 1939

Señores Diputados:

Es sumamente grato para mí presentaros un cordial y afectuoso saludo de bienvenida en esta sesión inaugural de la Legislatura ordinaria de 1939-40.

Igualmente grato es para mí manifestaros que, durante el año que va a finalizar dentro de algunos días, en toda la República se ha mantenido inalterable la paz, prevaleciendo el orden social, la tranquilidad y la dedicación a honestas actividades, en el seno de la comunidad hondureña. Los constantes esfuerzos del Gobierno para conservarla están ofreciendo hermosos y recompensadores frutos. Desde hace muchos años, cuando retirado en la soledad del campo arrancaba a la tierra mi propio sustento y el de los míos, meditando en los quebrantos de la Patria y en su incierto o sombrío futuro, llegué a la honda convicción de que sólo el reinado de una paz prolongada durante muchas décadas, que llegase a ser permanente en definitiva, convirtiéndose en una costumbre nacional, como en el ejemplo de la gran democracia de los Estados Unidos de América, podría salvar a la República del caos y conducirla a mejores destinos.

Los patéticos casos de países como la Argentina y otros del Continente, en los cuales el aniquilamiento de la hidra de la revuelta intestina dio por resultado la organización de estados con instituciones sólidas y de naciones con hábitos sanos, afirmaban mi creencia. Y fue así que, repetidas veces, instado para alistarme en las filas de nuestras llamadas revoluciones, decliné halagadores ofrecimientos. Cuando el Partido Nacional fue derrotado en las urnas del año de 1928, rogué y recomendé a mis amigos políticos abstenerse de toda actividad contraria a la paz y al orden público, seguro de que más tarde el Partido Nacional, fortalecido y prestigiado con tan honorable actitud, vería colmarse sus esperanzas y triunfar sus esfuerzos.

Al llegar al Poder reafirmé mi convicción pacifista, disponiéndome desde el principio de mi Gobierno a lograr su estabilización. Se ha censurado acremente al Gobierno que presido, por hondureños que voluntariamente o por temor a los tribunales de la justicia ordinaria permanecen fuera de su patria, por ciertas órdenes severas. El máximo ideal de la paz hondureña, para ser una realidad indestructible, necesita sacrificios, determinaciones enérgicas y valor de asumir responsabilidades. Nunca ha sido mi Gobierno inspirado por pasiones mezquinas o intereses personales en la ejecución de sus planes gubernativos. La ley le da muchos recursos para imponer el respeto a la paz. Y aquellos que han sufrido las sanciones legales, motivos suficientes han dado para ello con sus atentados contra la tranquilidad social.

No son nuestras leyes de orden público tan estrictas y rigurosas como las de otros países, y últimamente la situación de algunos de los más civilizados y mejor organizados del mundo nos indica las grandes ventajas que proporcionan al hondureño sus moderadas instituciones; pero el interés político y el rencor personal escandalizan frecuentemente cuando en nuestro país alguien es castigado con la aplicación de un artículo del Código Penal Militar o del Código Penal Común; o cuando se le hace guardar prisión preventiva en espera del fallo del tribunal encargado de juzgarle. Por lo que concierne a la detención de individuos contra quienes mi Gobierno se vio obligado a proceder, dada la incansable e incorregible actividad conspiradora de ellos, o su notoria participación en la asonada militar encabezada por el General Justo Umaña contra el Gobierno del señor Vicente Mejía Colindres y con el objeto de impedir la transmisión del poder público, constan en los respectivos procesos, levantados por tribunales competentes, las pruebas de sus delitos contra el orden público y las instituciones del Estado.

Como os he declarado en otras ocasiones, jamás me ha impelido a proceder contra persona alguna un simple apasionamiento, ni el afán de vengar agravios o de cobrar deudas políticas. He procedido como Jefe del Estado, no como Jefe de un Partido.

He aspirado y aspiro a dar a Honduras una paz indestructible, al amparo de la cual llegue a desarrollarse su potencialidad económica latente, mediante la explotación gradual de nuestros hermosos recursos naturales y la afirmación de la moral administrativa y ciudadana. La ininterrumpida sucesión de desastres materiales y espirituales en que durante tantos lustros culminó la actividad cívica del pueblo hondureño para elegir sus autoridades supremas y la dolorosa secuela de miserias morales y físicas; luto en los hogares, estancamiento del progreso nacional y anemia de la iniciativa privada, nos demostró que nuestra organización democrática era deficiente, que nuestra preparación para el ejercicio del sufragio y para el disfrute de la libertad no estaba terminada y que nuestros afanes cívicos tenían por obligado final el horrible y periódico desangramiento de la nación hondureña.

De continuar en esa desenfrenada vida de libertinaje, irrespeto mutuo y a la ley, ausencia del principio de autoridad, falta de garantías para personas y bienes; desorientación espiritual y corrupción moral en la sociedad, la nación hondureña marchaba hacia un abismo. La continua revuelta fraterna impedía la organización eficiente de los servicios públicos, debilitaba la economía nacional y despoblaba el país. Poseyendo una extensión territorial de más de cien mil kilómetros cuadrados, Honduras podría albergar dentro de sus fronteras varios millones de habitantes y escasamente sumamos uno solo. Un país despoblado no será nunca un gran país. Y los brazos, así como las energías útiles para estructurar una patria fuerte, libre y rica, los destruía implacablemente la guerra civil.

Por estas razones, la paz inalterable es el ideal máximo, la finalidad práctica más trascendental, la suprema aspiración de todo hondureño que desinteresadamente ama a su patria. Y comprendiendo el enorme alcance de ello, me he esforzado sin descanso ni fatiga para lograr su cabal realización. Si de hoy en adelante y para siempre queda establecida en Honduras la costumbre de la paz, será esta mi mayor satisfacción como gobernante de este país.

En todos los departamentos de la Administración Pública han funcionado con absoluta normalidad los servicios públicos, instituciones benéficas, cuerpos militares y de policía, establecimientos de enseñanza, talleres, etc. Por medio del Concejo del Distrito Central, el Poder Ejecutivo está desarrollando una ardua labor de transformación de la ciudad capital, cuya categoría exigía imperiosamente un moderno drenaje y pavimentación; así como nuevas instalaciones para el agua potable, la luz eléctrica y todas aquellas empresas que se relacionan directamente con el ornato, la higiene y el confort de una capital.

El centro del Distrito ha sido pavimentado con adoquín, material de gran durabilidad y de elegante presentación, y en la Avenida de La Paz se ha hecho la pavimentación con asfalto. Conforme lo permitan las rentas, estos importantísimos trabajos seguirán adelante; y abrigo la confianza de que después de transcurridos algunos años más, Honduras tendrá una capital digna de su rango. La Policía Nacional, el Hospital General, la Tipografía, la Lotería Nacional y demás instituciones y centros han prestado eficientes servicios en el orden de sus atribuciones.

Durante el presente año las relaciones internacionales del Gobierno de Honduras con sus hermanos y vecinos del Istmo Centroamericano han sido guiadas bajo la inspiración de la más amplia y sincera cordialidad y la convicción de la solidaridad señalada por un destino común frente a los sucesos del mundo. Así también, con el Gobierno presidido en los Estados Unidos de América por el ilustre señor Franklin D. Roosevelt y el que ha presidido en México el General don Lázaro Cárdenas, el Gobierno de nuestro país mantiene las más amistosas y firmes relaciones. Especialmente satisfactorio es para mí consignar en este Mensaje para la Representación Nacional la ininterrumpida y perfecta cooperación existente hoy entre los Gobiernos de Centroamérica, interesados en lograr su desenvolvimiento económico y cultural mediante el reinado de la paz.

Empeñosamente he trabajado en la organización y modernización del Ejército Hondureño, que ha sido dotado de un notable Cuerpo de Aviación, con aparatos nuevos y eficientes y personal selecto. Ya han egresado muchos pilotos de la Escuela Nacional de Aviación y ésta continúa sus labores normalmente en el nuevo y amplio edificio construido en Toncontín. El armamento del Ejército ha sido completamente renovado y de las Escuelas de Cabos y Sargentos y de Artillería están egresando oficiales técnicamente preparados. Por otra parte, deseo hacer especial mención de la lealtad del Ejército al Gobierno que presido.

Con toda regularidad están funcionando la Universidad Central, escuelas secundarias y centros de enseñanza primaria de la República.

La Secretaría de Hacienda y sus oficinas dependientes han procedido durante todo el año al pago puntual de los servidores de la nación, a la cancelación de compromisos internacionales y a la amortización de la deuda pública. Las pensiones civiles y de inválidos de guerra han sido rigurosamente pagadas al finalizar cada mes. El Poder Ejecutivo sostiene una lucha continua contra el contrabando de toda clase, con el objeto de defender el Fisco y de aumentar las rentas nacionales. Como habéis de comprender, Señores Representantes, los graves sucesos que se desarrollan en Europa han afectado ya la economía nacional, notándose una resta considerable en los ingresos. Todo nos indica la necesidad de seguir una prudente y bien meditada política hacendaria con el fin de equilibrar nuestros gastos con los ingresos probables, ya que nadie puede medir la duración del conflicto actual ni prever exactamente sus consecuencias.

He colocado un marcado interés en el desarrollo de las vías de comunicación, con el deseo de incrementar la agricultura y las industrias en el país. Tengo la satisfacción de deciros que la Carretera de Oriente ha conectado ya a la capital con la ciudad de Danlí, por uno de sus ramales, y que el otro avanza rápidamente hacia la de Yuscarán. Bien puede afirmarse que estamos comunicados hasta el pueblo de El Paraíso. Esta carretera atraviesa fértiles valles y montañas feraces y por ella afluirá al Distrito Central la producción del rico Oriente.

La carretera de Olancho ha salvado definitivamente la gran montaña llamada de El Salto y los equipos de maquinaria de caminos han pasado la aldea de Campamento, en pleno departamento de Olancho. Dentro de algunos meses estarán en Juticalpa.

Las demás carreteras construidas han sido objeto de constantes reparaciones y de esmerada vigilancia. Actualmente, mi Gobierno está empeñado en la lucha contra las montañas del sector Occidental, abriendo la ruta que comunicará los departamentos de aquella zona con los puertos de la Costa Norte, al mismo tiempo que otro ramal la conectará, por el valle de Otoro, con el centro de la República.

Los señores Secretarios de Estado Os darán el detalle de las labores del Poder Ejecutivo durante el presente año de 1939.

La política de paz, trabajo y unión nacional que ha seguido mi Gobierno se inspira en el anhelo de organizar una nación próspera, libre y digna de respeto internacional. Debemos comprender que el ejercicio de los derechos ciudadanos no es el libertinaje; y que democracia no quiere decir demagogia. Debemos desvestirnos de todo egoísmo y personal ambición para servir lealmente a la Patria, y ser de esta manera dignos de ella y del aprecio de las generaciones futuras.

Tiburcio Carías A.

Tegucigalpa, 5 de diciembre de 1939.

DISCURSO DE 1940

Honorables
Señores Diputados:

Una vez más vengo al seno de esta Honorable Representación Nacional a daros un somero informe de las labores del Poder Ejecutivo y de los acontecimientos políticos internacionales que han afectado a la Nación hondureña, durante el lapso comprendido entre el 5 de diciembre del año anterior, fecha en la cual tuve el placer de estar con Vosotros, y este día. Tengo a mucha honra y satisfacción manifestaros que en todo el presente año, como en los que le han antecedido desde 1933 hasta hoy, el Poder Ejecutivo ha cumplido fielmente el deber de mantener inalterable la paz pública; y aun cuando varios hondureños, a quienes ciega y estimula el odio personalista y la ambición de empleos, han deseado hacer que corra la sangre de sus hermanos, la tranquilidad y la seguridad sociales han permanecido incólumes.

El Poder Ejecutivo ha dado amplias garantías a elementos de la oposición, que voluntariamente permanecían en el exterior, para que retornaran al país y pudieran dedicarse a ocupaciones lícitas y honestas. Algunos de los más destacados se hallan nuevamente en el seno de sus hogares hondureños; y para lograr esta finalidad solo han necesitado dirigir un simple mensaje telegráfico al Jefe de la Nación. Es del dominio público la actitud conciliadora del Poder Ejecutivo a este respecto. No se habían apagado los fuegos en los campamentos revolucionarios de la Revuelta de las Traiciones, cuando ya el Presidente de la República autorizaba la conducción de los primeros grupos de revoltosos, refugiados en la República de Nicaragua, en aviones expresos, fletados por el Gobierno. Posteriormente, todos los emigrados que lo han deseado regresaron al país sin encontrar inconvenientes.

Ninguno de mis adversarios o enemigos políticos habría sido jamás privado de su libertad si su conducta hubiese estado en todo momento ceñida a los dictados de la ley; pero aquellos que han pretendido ensangrentar la República han sido sin demora constreñidos en sus antipatrióticos impulsos. El Gobierno posee las pruebas concluyentes de todas las conspiraciones habidas; las autoridades no han dejado un solo día de estar sobre la pista de los conspiradores. Podría citaros sus nombres y sus intenciones, pero me abstengo de hacerlo porque no he llegado aquí a acusar, sino a informaros respecto al desarrollo de la gestión administrativa y de la política gubernamental que ha seguido el Poder Ejecutivo, durante el transcurso del año que corre.

Un período de paz ininterrumpido, que se inició en febrero de 1933 y que dura ya siete años, forzosamente ha debido ser fecundo en ventajas económicas, morales e intelectuales, logradas por el pueblo hondureño. La doctrina que anima al Poder Ejecutivo en sus labores es la doctrina de la paz pública. Paz antes, paz ahora, paz mañana. Me honro al deciros que esa noble aspiración es actualmente una hermosa realidad. Se lanzan crueles injurias contra el Presidente de la República, se formulan graves cargos y duras acusaciones. Mis contemporáneos podrán pensar como deseen: que mi voluntad se afirma en el desinteresado y sincero anhelo de servir a mi país. Y es ya una gran recompensa, en medio de la calumnia, el odio y la diatriba, saber que la sangre hondureña no ha sido derramada durante la presente Administración; y que, si se han cosechado algunos rencores, también muchas madres e hijos agradecerán tener a su lado a sus seres queridos.

La vida de una nación, su integridad territorial, su soberanía y su porvenir son algo tan grandioso y respetable que no cabe dejarlos a merced de las violencias y de las ambiciones de unos pocos hombres, generalmente impreparados o irresponsables. Criminal habría sido permitir que cualquier militar o político codicioso de mando ensangrentara el suelo nacional, sacrificara a sus ingenuos partidarios y a los defensores de la legalidad; llevara el luto, el hambre y la miseria a los hogares; destruyese la riqueza pública y privada y echase sobre la reputación del país manchas vergonzantes. Aquellos atributos son sagrados y nuestra obligación es respetarlos y defenderlos. En esta difícil y trágica hora por que atraviesa la humanidad, hemos visto sucumbir a países fuertes y bien organizados, pero a los cuales había minado la traición y la corruptela política. Cuando el principio de autoridad no posee base firme y cunde el irrespeto hacia las leyes e instituciones, el país va hacia el abismo.

El Gobierno que me ha tocado en honra presidir mantiene y mantendrá inquebrantable su resolución de salvar a Honduras, definitivamente, de la anarquía. No habrá de permitirse que la revuelta intestina o la agitación social perenne vuelvan a ocupar lugar preeminente en la vida nacional, inmolando seres útiles, entorpeciendo el progreso y desvirtuando las ideas. Para los demagogos, inconformes del orden actual que reina en Honduras, Libertad y Democracia son sinónimos de libertinaje y desorden; pero no es este el criterio del pueblo sano, honrado y trabajador que forma la mayoría de la Nación; y nosotros servimos a esa mayoría; servimos a ese pueblo de la mejor manera que nos permiten nuestras capacidades.

Es bien conocida por los Honorables Señores Diputados la angustiosa situación del mundo con motivo de una guerra cruenta desatada hace más de un año sobre los ensangrentados, como civilizados, campos de Europa. Mucho antes de que se presentara el actual conflicto, los Estados de América se reunieron en cónclave amistoso y cordial, auspiciado por la sabia, ecuánime y renovadora política de Buen Vecino —que en momentos de feliz inspiración procreó el genio del gran estadista señor Franklin D. Roosevelt—, y que fue recibida con el beneplácito y el unánime aplauso de los países del continente. Ansioso de prestar su concurso, el Gobierno que presido se hizo representar, primero, en las Conferencias Interamericanas de Montevideo, y, en seguida, en todas las reuniones de Cancilleres que se han sucedido últimamente, así como en aquellas otras Asambleas que se ocupan de negocios económicos o culturales.

No hace muchos meses el ilustre jurisconsulto doctor don Silverio Laínez concurrió a la II Reunión de Cancilleres con sede en La Habana, República de Cuba; y, recientemente, el Ejército de Honduras fue representado por los generales don Leónidas Pineda y don Calixto Carías, habiendo sido invitado por el Jefe del Estado Mayor del Ejército norteamericano, en las reuniones que se verificaron en varios lugares de los Estados Unidos de América.

Notarán los Señores Representantes que Honduras forma parte activa de esa hermosa congregación de Estados y Naciones del Continente, regidos por principios y sistemas democráticos, que hoy estrechan íntimamente sus vínculos para salvaguardar sus instituciones, su independencia y su vida, frente a la tempestad bélica. Honduras ha contraído compromisos solemnes y está dispuesta a dar su cooperación, sin reticencias, en todo momento y circunstancia.

La humanidad vive horas tremendas; países enteros han sido desolados por una monstruosa guerra; los hombres mueren por millares y, lo que es más triste, también los inocentes niños, las mujeres, los ancianos desvalidos; los monumentos más grandiosos de la civilización, las más bellas creaciones del arte, son pasto de los explosivos que con diabólica sabiduría se han inventado para usarlos en esta guerra europea, que América contempla preocupada y alerta por su porvenir. El futuro de una de las naciones americanas es el mismo futuro de los demás. Por eso se ha proclamado, acertadamente, «Uno para todos; todos para uno». Honduras es parte integrante de ese todo homogéneo: su destino está ligado al destino de los países del Continente; su deber es estar con los países del Continente y hasta su conveniencia se lo indica.

Hace muchos años, Simón Bolívar, el Libertador, genio de América, héroe de la guerra de Independencia y mártir de la injusticia y de la ambición localistas, quiso agrupar en un poderoso haz a las naciones de América. Aquella noble idealidad es ahora un hecho internacional y social auténtico. Las naciones de América forman una misma familia unida y armónica; y Honduras es miembro de ella.

El Excelentísimo Señor Presidente Roosevelt inició la sabia política de Buen Vecino, que en hora feliz llegó a borrar viejos resentimientos, a unir países lejanos, a conciliar intereses disímiles. La América Latina debe gratitud al Excelentísimo Señor Presidente Roosevelt por la introducción de la política de Buen Vecino en el Derecho Internacional del Continente. Admirables entendimientos y trascendentales resoluciones han surgido y surgirán de esta magnífica creación del señor Roosevelt, en buena hora electo para Presidente de la Gran Federación del Norte, durante el período 1941-45, tercero de su gestión gubernamental.

El Gobierno y pueblo de Honduras han experimentado sincera satisfacción con motivo del triunfo electoral del señor Roosevelt; un sentimiento casi unánime de simpatía preludiaba entre nosotros dicho acontecimiento, y, al confirmarse la noticia de la victoria del eminente estadista, la gran mayoría de los corazones de los hondureños vibraron de entusiasmo. No podía ser de otra manera, ya que el señor Roosevelt, aparte de sus extraordinarios merecimientos personales, es el campeón de la Democracia y de la seguridad de las Américas.

En su oportunidad tuve el agrado de dirigir al Excelentísimo Señor Presidente Roosevelt un atento mensaje de felicitación por su hermosa victoria, el cual fue contestado en forma muy cordial.

El Gobierno de Honduras envió Misiones Diplomáticas Especiales a presenciar la toma de posesión del Poder Presidencial de México, Cuba y Panamá por los Excelentísimos Señores General Manuel Ávila Camacho, Coronel Fulgencio Batista y Doctor Arnulfo Arias.

Con placer Os informo que las relaciones del Gobierno de Honduras con los Gobiernos de los hermanos países de Guatemala, El Salvador, Nicaragua y Costa Rica han sido perfectamente cordiales, bajo la guía de una leal y sincera amistad. Algunos emigrados voluntarios, residentes en los dos países últimamente mencionados, tratan de sorprender la opinión pública de los mismos con propagandas alarmantes, difundidas por estaciones radioemisoras, cuyo único resultado es exhibir mal a Honduras y a los hondureños.

En cuanto atañe a los diversos Ramos de la Administración Pública, pláceme informar a la Honorable Representación Nacional que todos los servicios han marchado eficientemente; que el Gobierno ha efectuado con regularidad los pagos de los servidores de la Nación y que los compromisos internacionales han sido estrictamente cumplidos.

Ha continuado recibiendo un impulso especial la Vialidad. La carretera de Olancho conectó a la ciudad de Juticalpa con el Distrito Central; la vía de Oriente llegará pronto a Yuscarán y en la de Occidente trabájase con gran actividad.

En su política administrativa, el Poder Ejecutivo ha procurado y procura lograr un más alto nivel de bienestar y de cultura para disfrute del pueblo hondureño. El amplio y creciente desarrollo de la economía nacional, el patrimonio agrícola, la intensificación de las industrias, la generalización de la cultura, el cultivo del civismo, la afirmación cabal del amor patrio, etc., etc., constituyen algunas de las principales preocupaciones del Poder Ejecutivo.

Los Señores Representantes saben que la depresión económica ha afectado profundamente a nuestro país. Poco después de iniciarse la guerra europea, la renta aduanera sufrió una merma considerable. Una nación de raquítica economía, como la nuestra, en casos semejantes, se ve seriamente constreñida; y todo indica ahora, con mayor urgencia que antes, la necesidad de ser cautos y previsores en materia de hacienda pública.

Existe entre nosotros el criterio bastante generalizado de que el Estado debe darlo todo, proveer todo, resolver todo. La cooperación social es muy débil y la resistencia política la hace menos eficaz. El Gobierno enfrenta y resuelve todos los problemas, ya de higiene como de defensa nacional; de educación como de agricultura; de caminos como de ornato; y si las dificultades económicas le impiden proceder con la celeridad que el público reclama, viene entonces una crítica tan enconada como parcial e injustificable. Estas y otras consideraciones nos sugiere la situación económica actual, creada por la guerra y la obligación en que está el pueblo de ser comprensivo y de no exigir del Gobierno esfuerzos superiores a las capacidades de la Nación.

Las grandes naciones, densamente pobladas, con industrias en creciente desarrollo y riquezas en explotación, pueden exigir del Estado una labor tanto más pródiga y fecunda cuanto mayor es la capacidad productiva del país. Pero en Honduras, desgraciadamente, por culpa de la revuelta doméstica y de la corruptela política, estábamos en un lamentable atraso, del cual hemos salido gracias a la paz, mantenida sin desmayos por el actual Gobierno. En un país de escasas rentas, el progreso necesariamente ha de ser lento.

Pese a todas las dificultades hijas de tal situación y a obstáculos de diversa índole, hónrome al deciros que el Gobierno actual puede enorgullecerse de una vasta obra material, como es la desarrollada en el Departamento de Vialidad; la pavimentación, drenaje y acueducto del Distrito Central; la total restauración de las ruinas de Copantl —que están dando fama universal a Honduras—; la organización de la Aviación Militar, la construcción de edificios y otras muchas obras que se han realizado, en lucha sin tregua con las estrecheces económicas y con las estrecheces de criterio.

El pueblo hondureño sabrá juzgar quién merece aprobación: si unos pocos hombres apasionados, que nada han hecho en su beneficio y cuya única labor ha sido estimularlo a la matanza fratricida, o un Gobierno que con toda sinceridad trata de servirle y de defenderle.

Antes de terminar, Os presento, Señores Diputados, un afectuoso saludo de bienvenida, acompañado con los votos que formulo en el sentido de que vuestras labores —a base de patriótico desinterés— redunden en beneficio de la Nación.

Tiburcio Carías A.

Tegucigalpa, D. C., 5 de diciembre de 1940.

DISCURSO DE 1941

Honorables
Señores Diputados:

Tengo el placer de presentaros mi cariñoso saludo y, por vuestro digno medio, a los habitantes de todos los departamentos de la República.

Ratificando los conceptos expresados en el Mensaje del año anterior, me place manifestar a la Honorable Representación Nacional que la paz ha continuado inalterable en el país y que el afianzamiento del orden y de las instituciones promete ser indestructible.

Para lograr un resultado tan fundamental como fecundo, el Poder Ejecutivo se ha visto obligado a adoptar resoluciones enérgicas, pues de otra manera —dada la funesta escuela de libertinaje y corrupción política sostenida durante muchas décadas por la demagogia nuestra— eso habría sido imposible; y las sanas intenciones que me animaron al llegar al Poder habrían fracasado, brindando al país más días de angustia, de anarquía y de vergüenza. A este respecto, estoy perfectamente tranquilo. Sea cual fuere el juicio de la posteridad — ya que el apasionado de mis enemigos no lo tomo en cuenta— he procurado cumplir con el deber más alto para un Presidente de Honduras: darle paz, terminar con la anarquía, con el estéril, como horrible desangramiento, con el despilfarro de sus energías económicas, intelectuales y morales, establecido por diversos factores desde hacía muchos años.

Nuestras vecinas y hermanas, las Repúblicas de Guatemala y El Salvador lograron afianzar la estabilidad de sus instituciones y de la paz antes que nosotros; y en ese ambiente propicio, el progreso nacional y la iniciativa particular se han desarrollado rápidamente. También Nicaragua ha escogido ese camino. Para Honduras llegó hace muchos días la hora de la rectificación; la hora de la madurez política, que suena para todas las naciones después de los fracasos de sus primeros años. Si somos patriotas, si deseamos una Patria libre en todo sentido, próspera y fuerte; y si queremos ver a nuestro pueblo bien alimentado, laborioso y culto, nuestro primer deber es conservar indefinidamente esta paz que hoy tenemos.

A mis manos han llegado recientemente artículos y folletos que escriben hondureños residentes fuera de su país, algunos voluntariamente y otros —como lo he dicho en ocasiones anteriores— obligados por el miedo a la justicia de los tribunales comunes. Algunos de esos señores salieron de aquí mismo, de la capital, con toda tranquilidad y comodidad y con pleno conocimiento de las autoridades que no quisieron convertirlos en héroes o en mártires, como tal vez ellos lo deseaban para conseguir una aureola política inconquistable. El Gobierno no los ha expulsado; y cuando alguno de ellos ha manifestado su deseo de retornar al país no ha encontrado ninguna dificultad. Estoy convencido de que el pueblo hondureño prefiere la tranquilidad de que goza a la montonera a que pretenden arrastrarlo unos pocos hombres desprovistos de visión política y de prestigio.

Manifiesto con agrado a la Honorable Representación Nacional que mi Gobierno sostiene con el de los Estados Unidos de América una estrecha amistad, basada en la más absoluta sinceridad y en una completa solidaridad con la política internacional del Excelentísimo Señor Presidente Roosevelt.

Hace varios años, en esta misma augusta tribuna proclamé solemnemente que la política internacional del Gobierno de Honduras estaría en completo y absoluto acuerdo con la política del Gobierno de los Estados Unidos de América, en todo momento y en toda circunstancia. Estas declaraciones espontáneamente sinceras, inspiradas por mi amor a Honduras y mi admiración hacia el gran estadista que preside los destinos de la Federación del Norte —dichas hace varios años— las repito y las mantengo en estos momentos en que todo el Continente Americano vive horas de expectación y ansiedad.

El Presidente de la República está en capacidad de interpretar el sentimiento del pueblo hondureño y sabe que es el mismo que anima al Gobierno, porque el pueblo hondureño, en un noventa por ciento, es antitotalitario. El antitotalitarismo en Honduras es algo natural, espontáneo y vehemente. En pocos países de América encontrará la palabra del Señor Presidente Roosevelt mayor y más feliz eco que en Honduras, porque Honduras ha repudiado y repudia con energía el totalitarismo científico y el totalitarismo conquistador. Honduras no ha admitido las absurdas doctrinas de superioridad racial ni la imposición económica nazi, y cuando el Encargado de Negocios de Alemania se extralimitó en sus funciones, el Gobierno que presido lo declaró persona non grata, porque constató que sus actividades estaban creando una avanzada nazi en el corazón del istmo de Centroamérica, contra el sentir del pueblo hondureño.

Debo informar a los Señores Diputados que estas actividades son notorias en los países del Continente. Agentes del nazi-fascismo tratan de establecer en América regímenes manejables por ellos para luchar contra los Estados Unidos del Norte y conseguir predominio económico y militar en el Continente. En algunas Repúblicas Americanas los Gobiernos han tenido que proceder con energía para derrotar al nazismo. Sé perfectamente que varios enemigos del Gobierno de Honduras han estado en pláticas con agentes nazistas para provocar disturbios en nuestro país y que sus maniobras abarcan a los demás de Centroamérica, de acuerdo con los enemigos de los Gobiernos vecinos. Tengo en mi poder documentos que lo acreditan y, si no fuera así, me resistiría a creer que haya hondureños desleales a su Patria que no vacilarían en entregarla a una potencia extraña —con humillación y detrimento del pueblo hondureño— para satisfacer sus ambiciones políticas.

Al informar a la Honorable Representación Nacional a este respecto, también quiero manifestarle enfáticamente que estoy resuelto a disponer de toda la fuerza moral, intelectual y material de nuestro país para colocarla del lado de la causa democrática, contra la conquista y el sometimiento de los países débiles, cuyo más alto defensor es el Excelentísimo Señor Presidente Roosevelt.

Por antiguas razones geográficas y económicas, Honduras ha sido, es y será amiga de los Estados Unidos de América; nuestro comercio lo hacemos principalmente con ese país; la economía nacional está íntimamente vinculada con él. Además de dichos factores, debemos agregar ahora el factor político que mantiene a la Nación en un puesto de estrecha solidaridad con la política internacional norteamericana. Es necesario que el pueblo hondureño comprenda, de una vez por todas, que su futuro destino depende de la paz interior y de la cooperación internacional con los Estados Unidos de América, si desea vivir libre y tranquilo.

Plácemе informar al Soberano Congreso Nacional que nuestras relaciones con las Repúblicas hermanas y vecinas y con la Federación azteca han sido sumamente cordiales, afirmándose cada día más los vínculos que nos unen y siendo más sólida la compenetración que, en estos momentos de espera, nos agrupa en un frente único para preservar y defender —si es preciso— nuestros derechos de naciones soberanas.

En este Mensaje —que contiene primordialmente mi saludo afectuoso a la Nación— no puedo dar a los Honorables Señores Diputados un informe completo de las actividades del Poder Ejecutivo en los diversos Ramos de la Administración Pública. Esto lo harán los Señores Secretarios de Estado.

Ahora solamente Os anticipo que el Poder Ejecutivo ha mantenido con absoluta normalidad todos los servicios públicos; no ha descuidado el pago de la Deuda Externa y no ha interrumpido su labor de construcción. Luchando con las dificultades que la crisis económica ha creado, sigue con toda actividad el trabajo en el ramo de vialidad; los demás han sido objeto de la atención constante del Poder Ejecutivo, habiéndose logrado importantes mejoras en todos ellos.

Una de mis grandes preocupaciones actualmente es la de dotar a Honduras de una capital que no desmerezca ante las ciudades modernas; asimismo, estoy empeñado en defender la vitalidad de nuestros niños y, en ese sentido, se adoptarán las medidas higiénicas aconsejables.

Periodistas extranjeros que nos visitan muy de paso dan más tarde sus impresiones en forma precipitada e injusta. Para desvanecer un cargo que se nos ha hecho, manifiesto a la Honorable Representación Nacional que, según el último Censo, el porcentaje de analfabetismo es en Honduras de un cincuenta y dos por ciento, y no el injusto ochenta por ciento que se nos adjudica.

Este es solo un detalle de la labor ingrata que indocumentadamente se hace contra nuestro país y en la cual tienen mucha responsabilidad hondureños apasionados y desleales a su Patria. Que se dé desahogo a la pasión política y al encono personal; que se ataque al Gobierno y a mi persona, pero que se respete el sagrado nombre de Honduras y su prestigio.

En este solemne acto quiero hacer un llamamiento a todos los hondureños honrados y comprensivos para que procuren en todo momento enaltecer a su Patria, que así sabrán honrarla y defenderla.

Tiburcio Carías A.

DISCURSO DE 1942

Honorables Señores Diputados:

Tengo el placer de presentaros un saludo atento y cordial; y mis congratulaciones por haber sido Vosotros escogidos por los electores de la República para el período legislativo de 1942 a 1948. El pueblo hondureño ha confiado, al elegiros, en vuestro patriotismo y sano juicio; y yo estoy seguro de que Vosotros sabréis corresponder a tan honrosa designación, en estos momentos de lucha y de prueba por que atraviesan todas las naciones, ya que en verdad, dadas las características de la guerra moderna, ninguna está fuera del radio de batalla, en una u otra forma; y a todas afectan las consecuencias derivadas del conflicto, así como todas, aun las más modestas, sobrellevarán al final las modalidades que han de imponer el triunfo o la derrota.

Es de todos Vosotros conocida la actitud que el Gobierno de Honduras asumió al perpetrarse el inicuo ataque japonés contra la nación norteamericana, el 7 de diciembre de 1941. Inmediatamente que tuve conocimiento de este desgraciado suceso, muy pocas horas después, dirigí al Excelentísimo Señor Presidente Roosevelt, el mensaje siguiente:

«Tegucigalpa, D. C., 7 de diciembre de 1941. —Excelentísimo Señor Franklin D. Roosevelt.— Washington.— En estos momentos, por noticias radiográficas, me entero de la agresión japonesa contra posesiones norteamericanas en el Pacífico. Ante hecho tan insólito, expreso a V. E. toda la simpatía y solidaridad del pueblo hondureño y del Gobierno que presido y formulo fervientes votos por el triunfo de los Estados Unidos en esta contienda provocada por los totalitarios.— Afectísimo.— TIBURCIO CARIAS A.».

Al cual aquel ilustre Mandatario contestó así:

«Washington, D. C., 11 de diciembre de 1941.— Su Excelencia Tiburcio Carías A., Presidente de la República de Honduras.— Tegucigalpa, Honduras.— Me encuentro profundamente agradecido por el amable mensaje que me ha dirigido en relación con la traicionera agresión japonesa en territorio americano. La simpatía y solidaridad que usted expresa y que ha sido tan confirmada por Honduras en su declaración de guerra contra el agresor, ha sido una muestra muy afectuosa de la amistad del pueblo hondureño en el momento histórico presente. Con mis más cordiales deseos por su ventura.— Su amigo.— FRANKLIN D. ROOSEVELT».

El nueve del mismo mes, el Congreso Nacional reunido en sesión permanente, entre las aclamaciones de un público indignado por las noticias que se estaban recibiendo, declaró la guerra al Imperio del Japón, a excitativa del Poder Ejecutivo, hecha por medio de la Secretaría de Relaciones Exteriores, habiendo sido sancionado sin demora el Decreto correspondiente. Como una lógica consecuencia de dicha declaratoria, el país quedó bajo el régimen de la Ley de Estado de Sitio.

El día 13 de diciembre de 1941, la Honorable Asamblea, procediendo en absoluto acuerdo con el Poder Ejecutivo y en cumplimiento de pactos internacionales suscritos por la República, declaró la guerra al Tercer Reich Alemán y al Reino de Italia, dando con esta resolución una elocuente muestra, sumada a las numerosas que ha dado, de solidaridad con los demás países del Continente, los que se han agrupado en torno a la bandera de la libertad y soberanía de las naciones, en lucha contra los «modernos conquistadores», como acertadamente los definió el Señor Presidente de los Estados Unidos de América.

Los Honorables Señores Diputados estarán bien penetrados del desarrollo del actual conflicto bélico mundial, como de sus motivos y probables consecuencias, que influirán en la suerte de toda la humanidad. No es ésta una guerra que afecte, perjudique o interese a un reducido grupo de países; no es una guerra por rivalidades monárquicas, ni una disputa por la sucesión de un trono, como lo fueron las guerras que tuvieron por teatro la Europa de otros tiempos. No es una guerra localizada dentro de un territorio determinado.

Los progresos realizados por la ciencia, que deberían servir para la felicidad de los hombres y el enaltecimiento de su moral, están proporcionando a la guerra un inestimable auxilio; la creciente influencia del espionaje, el afán de hegemonía política y económica que estimula a ciertos gobernantes y otros factores, han convertido la guerra actual en una guerra de radio ilimitado.

Los Honorables Señores Diputados saben que este conflicto tiene orígenes claros en la ambición de dominio de dos sectores gubernamentales. La conquista de Etiopía fue el primer aviso de dicha peligrosa tendencia. Posteriormente, durante la guerra civil española, los observadores pudieron darse cuenta de los motivos, razones y factores que la provocaron y sostuvieron, hasta llegar al triunfo contra el gobierno legal. Más tarde, la intervención directa en Austria y su ocupación, lo mismo que en Checoslovaquia. La teoría expansionista del espacio vital y de las minorías raciales, apoyada por tanques y aviones, ha pretendido ser la justificación de semejantes crímenes contra el Derecho de Gentes y los inalienables atributos de naciones y de individuos.

Bien podéis comprender Vosotros, Honorables Señores Diputados, cuál sería el destino de la humanidad con la aceptación y la práctica de dichas teorías que, desde luego, constituyen un privilegio de los fuertes cuando carecen de escrúpulos, en detrimento de los débiles.

Esas nobles naciones, sometidas hoy a la bota del conquistador, no porque sean menos dignas de una suerte feliz, ni menos cultas e industriosas, sino sencillamente porque son menos fuertes en materia militar que los Estados agresores; esas víctimas que se llaman Austria, Checoslovaquia, Grecia, Bélgica, etc., nos están diciendo cuán triste e ingrata sería la suerte futura de los países del mundo que no poseen suficientes recursos para defender y conservar su existencia libre y soberana; o que, poseyéndolos, como algunas de las citadas, son insuficientes ante un ataque en el cual predominan la traición y la fuerza brutal.

Exceptuando los Estados Unidos de América, los países del Continente no poseen un poderío militar capaz de rechazar un atentado de tal índole, del cual, por otra parte, tampoco están exentos. Los preciosos recursos naturales de nuestros territorios, sus enormes riquezas inexplotadas, su vasta extensión, su posición geográfica, su porvenir industrial y comercial, nuestro espíritu hospitalario que acoge sin desconfianzas a cualquier extraño, estos y otros alicientes estimulan la codicia de los conquistadores, que con todo el agrado posible desearían ser dueños de la riqueza petrolífera de Venezuela; de la inmensidad del Brasil; de la hermosa tierra hondureña, mexicana o guatemalteca; de la envidiable posición estratégica de Panamá; de las facilidades naturales que para la apertura de rutas de comercio ofrecen países como Nicaragua, o que para dicho efecto están situados en lugares privilegiados, como Cuba.

Es por estos y otros motivos que ningún país del mundo, en la actualidad, está libre de los peligros de la guerra o de sus derivados. Tras de los frentes militares, donde se combate y se muere en las líneas de batalla, están los frentes civiles o de retaguardia, donde también se combate intensamente, aunque en formas distintas. No solo los soldados en servicio activo luchan por ganar la guerra. También la lucha de los intelectuales, de los obreros, de los agricultores, de las mujeres, es intensa e importante. La guerra la ganarán los países que puedan prolongar durante el mayor tiempo posible y con el mayor rendimiento posible su esfuerzo industrial y la moral de sus pueblos.

Y estos son, sin duda alguna, los Estados democráticos.

Concretándonos a nuestro país, debo decir, con satisfacción, que Honduras ha observado, desde los preliminares del conflicto, una decorosa posición, en consonancia con los principios del Derecho Internacional, con los sentimientos que animan a su Gobierno y a su pueblo, y en acatamiento a tratados suscritos en diferentes ocasiones. Ha cooperado y coopera, sin vacilaciones y con entusiasmo, dentro de sus modestas capacidades y de la manera en que le es posible hacerlo.

Si no existiesen otras razones y motivos, bastaría la de la propia seguridad para justificar esta actitud.

Los Estados menos fuertes, militarmente, deben buscar sus garantías en aquellas instituciones civilizadas y justas que traerían a todos los países y a todos los hombres épocas de paz, de comprensión y de fraternidad, y las cuales, desgraciadamente, están seriamente amenazadas por la fuerza y la ambición; instituciones que, como la del Arbitraje, han solucionado conflictos, ahorrando sangre y dolores a los pueblos, no deben perecer; y por ellas han de clamar las naciones para volver a una era de mutuo respeto y de civilizada convivencia.

Estas son algunas de las razones fundamentales que se debaten en la guerra de actualidad y por ello se dice que de esta hecatombe surgirá un mundo mejor. Es decir: un mundo edificado encima de heroicos cadáveres, sobre los cuales han de iluminar las antorchas inmortales del Derecho, de la Justicia y de la Razón.

Esta fue, sin duda alguna, la intención bienhechora que inspiró a los firmantes de la llamada Carta del Atlántico, Excelentísimos Señores Franklin D. Roosevelt y Winston Churchill. En la Memoria que en su oportunidad os presentará el Señor Ministro de Relaciones Exteriores encontraréis íntegro el texto de dicho acuerdo, que considero uno de los documentos más trascendentales de la actualidad y de la historia mundial, por su importancia política, económica y social.

Profundamente emocionado me anticipo a deciros que en él se consagran, de modo terminante, principios tan nobles y justos como estos: sus respectivos países no buscan el engrandecimiento ni territorial ni de ninguna otra índole; respetan el derecho de todos los pueblos a elegir el régimen de gobierno bajo el cual han de vivir y desean que se restituyan los derechos soberanos y la independencia a los países que han sido despojados de ellos por la fuerza. En resumen: igualdad para todas las naciones, respeto mutuo, renuncia del procedimiento de conquista. ¡Mejor ejemplo de moralidad política internacional no se había presentado!

Tal acuerdo, de interés histórico incalculable por sus benéficos alcances, tiene parangón con los principios sentados en la doctrina del Buen Vecino, obra del Excelentísimo Señor Presidente Roosevelt y cuya aplicación, sin reservas ni disimulos, se ha traducido en la unidad, en la armonía y en la colaboración de casi la totalidad de los países del Continente, en un común esfuerzo de defensa. Gracias a esta comprensiva y justiciera política, los países de todas las Américas se sienten sobre un plano de igualdad y de justicia. Y al través de los años, como en un simbólico gesto, el Presidente Roosevelt y el

Libertador Bolívar se dan las manos, encima del alto pedestal de las Américas Unidas.

Si naciones abundantes en recursos militares e industriales, capaces de repeler a la fuerza con la fuerza, están luchando porque retornen al mundo e imperen en el futuro los preceptos de la ética política y del respeto internacional, con mayor razón y sobrados motivos han de preocuparse por ello aquellas que no tienen más apoyo que los principios y su respeto por parte de todos, tanto de los poderosos como de los pequeños. Por lo tanto, creo que la posición escogida por Honduras y que su Gobierno sostiene firmemente, está en consonancia con su historia, con su existencia actual, con los sentimientos de su pueblo, con su porvenir y con sus intereses.

Las diferentes peripecias de la guerra son conocidas por Vosotros. Los Estados totalitarios agresores lograron ventajas de importancia militar y política, gracias a sus inusitados procedimientos, contrarios a todas las reglas de la guerra hidalga y caballerosa. Casi toda Europa gime y se debate hoy bajo el tacón del vencedor totalitario. Pero esa impetuosa marcha encontró un fuerte valladar en Rusia. Otro fue la tenaz resistencia del país británico y otro más la vigorosa reacción de los Estados Unidos de América. Rusia continúa resistiendo heroicamente. La producción bélica industrial de las democracias se acelera. Y la escuadra y el ejército de los Estados Unidos han desarrollado con notorio éxito operaciones de gran importancia en el frente del África del Norte. Con este motivo dirigí un mensaje de congratulación al Excelentísimo Señor Presidente Roosevelt, el cual fue contestado por aquel digno Mandatario de manera muy cordial.

No es del caso hacer predicciones, pero es hora de alimentar esperanzas en la victoria final, que, con sacrificios e inauditos esfuerzos, pero con honra, habrán de lograr las naciones unidas.

La política internacional del Gobierno de Honduras se inspira en una sincera, leal y firme voluntad de cooperación y de solidaridad con los Estados Unidos de América y los demás países del Continente. Y en un plan de amistosas y estrechas relaciones con las hermanas naciones centroamericanas, habiendo existido durante el período a que se contrae este Mensaje una perfecta armonía en su desarrollo. El peligro común ha acercado más a los países de Centroamérica; y sobre esa base de sincera y franca cooperación y de amistosa fraternidad, su aporte a la victoria de la causa a la cual todas están afiliadas será más efectivo.

La guerra ha afectado a Honduras de manera directa y profunda. La renta aduanera bajó en un lapso muy corto, de modo extraordinario y alarmante, especialmente por la carencia de transportes marítimos, circunstancia que anula la exportación y la importación. No creo del todo innecesario recordar a los Honorables Señores Diputados que la situación económica y fiscal del país, el 10 de febrero de 1933, cuando tuve el elevado honor de ascender a la Primera Magistratura, era precaria.

Durante el período anterior las rentas alcanzaron su mayor expansión, gracias a la influencia extranjera. Posteriormente, la enfermedad del banano se presentó en forma desastrosa; la guerra civil impendió fuertes gastos, destruyó propiedades y quebrantó el crédito internacional de la República; las inundaciones en la Costa Norte, Ocotepeque y otros lugares causaron desgracias y pérdidas materiales.

Sin embargo, desde el día primero de la actual Administración se reorganizaron todos los servicios públicos y la situación fiscal del país se había mantenido en un plano de equilibrio; no había mayores estrecheces, sino las inherentes a un período de depresión universal; el nivel de vida del obrero hondureño sigue siendo todavía más alto que el de muchos países americanos; el Gobierno impulsaba sin descanso la construcción de obras públicas nacionales y locales, dando trabajo al proletariado e incrementando las industrias. Desgraciadamente, la guerra y sus duras repercusiones han perjudicado el desarrollo de este programa.

Pero a pesar de ello, el Poder Ejecutivo no ha interrumpido un solo mes el pago de las obligaciones internacionales y de los servidores de la Nación; tampoco han sufrido grave demora los trabajos en obras públicas, tales como la pavimentación de Tegucigalpa, apertura y reparación de carreteras, construcción de edificios y otras. Luchando con grandes dificultades económicas, el Poder Ejecutivo prosigue su labor; y una vez más, quiero declarar que mi única ambición es la de trabajar empeñosamente por el bien del pueblo hondureño. Si logro realizarla, mi orgullo será el del deber cumplido. Y si he cometido errores, espero sereno el juicio imparcial del futuro, que ha de tener en consideración las circunstancias y los momentos en los cuales me tocó actuar.

Uno de los motivos de preocupación constante para mí es el paro de trabajadores, especialmente en la Costa Norte. Con la notable y generosa cooperación del Gobierno norteamericano y la colaboración oportuna de las compañías fruteras, el Gobierno ha podido aliviar la dura situación de muchos hondureños, afectados por esta crisis.

Esa notable cooperación del Gobierno de los Estados Unidos, manifestada por medio del culto diplomático Señor John D. Erwin, se está traduciendo en una eficaz ayuda para la resolución de los problemas del país en materia sanitaria, agrícola, vial, militar y otros aspectos. Invitados por el Departamento de Estado y por instituciones educacionales o militares, numerosos compatriotas nuestros han visitado los Estados Unidos; y muchos jóvenes han realizado y realizan estudios especiales en universidades y centros militares de dicho país.

Aunque Honduras se encuentra bajo el estricto régimen de la Ley de Estado de Sitio, el Poder Ejecutivo no ha empleado su rigor, pues el país se ha mantenido en una calma perfecta.

No han dejado de presentarse maniobras para alterarla, de las cuales el Ejecutivo ha tenido suficientes pruebas. Si sus inspiradores o promotores hubiesen llegado a colocarse en una posición que significase peligro para la colaboración internacional y la paz interior, el Ejecutivo no habría vacilado un segundo en reprimir tales intentos, de la manera más rápida y decisiva.

Honduras forma parte de los países que están en guerra con las potencias totalitarias y cualquier intento de perjudicar su colaboración en la defensa común constituye crimen de traición.

En tal virtud, el Ejecutivo se siente perfectamente respaldado para proceder con toda energía en estos casos, y así lo hará.

Pero, sin duda alguna, en la conciencia del pueblo hondureño, que ha alcanzado ya un alto grado de educación patriótica y que se ha compenetrado muy bien de la gravedad de la situación actual, no hacen mella las insinuaciones de contumaces descontentos.

Dentro de un orden completo y ajustándose a los preceptos legales, se practicaron en la República, el segundo domingo de octubre, elecciones para Diputados al Congreso Nacional, habiendo obtenido en ellas el Partido Nacional 140 000 votos y, con tales cifras, la mayoría absoluta de sufragios en el país.

Por un Decreto especial, el Poder Ejecutivo resolvió conmemorar oficialmente, de manera solemne, el primer centenario de la muerte del general don Francisco Morazán, Héroe Nacional, habiendo sido elaborado y realizado, con magnífico suceso, un significativo programa, en el cual se incluyeron homenajes cívicos, escolares y militares; inauguración de obras públicas, edición del Álbum Morazánico y otros puntos sobresalientes.

La intelectualidad hondureña rindió pleitesía al general Morazán por medio del Concurso Literario Nacional.

Como os manifesté anteriormente, pese a la sensible disminución de los ingresos fiscales y a la necesidad de muchos gastos imprevistos, pero de urgente necesidad debida al estado anormal por que atravesamos, los servicios públicos han continuado funcionando con regularidad.

Los diferentes ramos de la Administración han sido atendidos como en tiempos normales; y ningún detractor del actual Gobierno puede probar que se hayan abandonado, aun en estas críticas circunstancias, la educación, ni los caminos, ni la beneficencia, ni la seguridad social, ni cualesquiera de los aspectos capitales involucrados en el desarrollo de la gestión administrativa.

La situación del país es difícil y no debemos engañarnos; pero sí estamos en el caso de probar que los hondureños somos capaces de colocarnos a la altura en que se han colocado otros pueblos, que con serenidad, desinterés y patriotismo luchan por sus derechos de naciones soberanas, soportan las privaciones inherentes a dicha lucha y esperan el triunfo con fe inquebrantable.

Yo confío sinceramente en que así será. No es el pueblo hondureño un pueblo menos digno, ni menos capaz, ni menos patriota que los otros pueblos. Si en revueltas sin ideales ni trascendencia dio pruebas de su abnegación, de su valor y de su capacidad de esfuerzo, bien puede y debe darlas en estos momentos de grandiosa significación histórica, en los cuales las naciones que desean vivir libremente están brindando su riqueza humana y material a una causa noble; la más alta y noble de todas las causas en esta hora trágica para la humanidad: el derecho que todas ellas, grandes y pequeñas, tienen a la igualdad, al respeto y a la vida soberana.

HONORABLES SEÑORES DIPUTADOS.

Tiburcio Carías A.

DISCURSO DE 1943

Honorables Señores Diputados:

Os presento mi saludo muy cordial y mis deseos por vuestro bienestar. También los formulo por el bienestar y la prosperidad de los ciudadanos que representáis, objetivos que constituyen la mayor preocupación del Poder Ejecutivo y hacia los cuales ha dirigido y dirige sus esfuerzos, inspirado por un sincero anhelo de superación nacional.

El año de 1943 ha sido fecundo en sucesos extraordinarios. Pasada la sorpresa que diera a la humanidad la brutal agresión a pequeños países —no por pequeños menos dignos de consideración—, brutal agresión realizada por Estados militarmente fuertes, en los cuales se han proscrito el sentido de la justicia, el respeto internacional y hasta elementales sentimientos de bondad, las naciones entraron en una era de esperanza. En Pearl Harbor dieron aquellos gobiernos la muestra de sus arteros procedimientos, repetición de la que habían dado ya en Europa. Pero, si bien las naciones de Europa atacadas por los nazis y los fascistas tienen con América muchos puntos de contacto; la agresión a las islas del Pacífico, pertenecientes a los Estados Unidos de América, fue una agresión al Continente. América entera no podía ni debía permanecer indiferente e inactiva. Y de modo casi simultáneo se alineó en el frente democrático, contra las pretensiones y los ataques de aquellos Estados que no reconocen más derecho que el de su propia fuerza.

Os decía —Honorables Señores Diputados— que este año ha sido fecundo en sucesos extraordinarios, porque durante su transcurso hemos visto opacarse la estrella del Japón, enemigo batido en todos los campos por las fuerzas de tierra, aire y mar de los Estados Unidos de América. Gracias a sus ataques sorpresivos, violando las reglas aceptadas por los Estados, los japoneses habían logrado grandes ventajas estratégicas sobre los ejércitos aliados. Su política de expansionismo en el lejano oriente; su inicua guerra de conquista en

141

China y otras regiones; la inmensa distancia que los separa de este Continente, dieron a los japoneses un exagerado complejo de superioridad que, aumentado mediante la presión del gobierno del Reich Alemán, los llevó a la incalificable agresión perpetrada contra el pueblo norteamericano, en Hawái y otras islas del Pacífico, de las cuales, gracias a sus procedimientos, lograron apoderarse. Conquistaron las bases avanzadas de Norteamérica, inclusive las importantes Filipinas. El general Douglas MacArthur salvó el honor de su bandera, pero tuvo que ceder terreno ante la desbordante ola japonesa y las adversas condiciones en que se batía. También los británicos perdieron Singapur. Los golpes dados por los agresores durante ese período de la guerra fueron duros.

Mas si en verdad fue triste el espectáculo de esos lugares bombardeados y conquistados por los japoneses, también fue enérgica, heroicamente enérgica la reacción. Desde que los Estados Unidos de América declararon la guerra a Alemania, Italia y el Japón, los Gobiernos de estos países pudieron considerarse como vencidos. Los ejércitos norteamericanos han derrotado a los nipones donde quiera que se han presentado —en el aire, en el mar y en tierra—. Llegaron a los frentes del África y barrieron —en unión con los británicos— a los alemanes e italianos. Y hoy están a las puertas de Roma. Italia está volviendo a su verdadero camino, del cual la había desviado la política fascista. Se combate duramente en todos los frentes; pero los ejércitos aliados llevan notables ventajas sobre los nazis. No dejemos sin consignar el titánico esfuerzo de Rusia, que derrotó a los poderosos ejércitos alemanes en Moscú y en Leningrado.

La situación bélica general es ahora favorable a los ejércitos aliados. Y —siendo Honduras uno de los países que desde el primer momento, inmediatamente después del ataque a los Estados Unidos de América, entró a formar parte de las Naciones Unidas, en guerra con los Estados Totalitarios— esta perspectiva de una victoria inevitable debe fortalecer nuestra fe en ella.

Someramente me refiero, a continuación, a varios aspectos de la Administración Pública, en los diferentes Ramos. Los Señores Secretarios de Estado, en la debida oportunidad, os darán los detalles y pormenores de ellos.

GOBERNACIÓN, JUSTICIA, SANIDAD Y BENEFICENCIA

Una de las principales preocupaciones del Poder Ejecutivo ha sido y es la de elevar el nivel cultural de la población hondureña, prestando toda su cooperación a las Municipalidades, con el objeto de que los maestros sean pagados con estricta puntualidad y de que las Comunas mantengan fija su atención en las escuelas de sus respectivas jurisdicciones. Ha tratado este Gobierno de no sufrir el estigma que cayó justamente sobre algunos anteriores, durante los cuales los maestros prestaban gratuitamente sus servicios, en tanto sufrían dolorosas privaciones, porque hubo malos manejos o por desidia de las autoridades. La sociedad hondureña tiene, legal y moralmente, la obligación de contribuir al sostenimiento de los centros de enseñanza y no es un buen ciudadano aquel que protesta por el pago de una suma destinada a tal objeto.

Las Autoridades de Seguridad han prestado sus servicios, con la debida y necesaria eficiencia, siendo digno de consignarse el dato de la disminución de la criminalidad. Sin embargo, el esfuerzo de los encargados de mantener la tranquilidad social ha de ser necesariamente arduo en zonas que, por su extensión, su aislamiento de los mayores centros urbanos y por las difíciles condiciones económicas, que no dan margen para el aumento de resguardos, son terreno favorable a la impunidad de los criminales.

Además de sus tareas específicas, los principales establecimientos de Seguridad contribuyen de modo loable a la educación del pueblo. En la Policía Nacional funciona la escuela de corrección de menores «Camilo R. Reina», con talleres de zapatería, carpintería, herrería y mecánica, encuadernación y otros más. En la Penitenciaría Central ha desarrollado con mucho éxito sus labores la escuela «Marcos Carías Reyes», dotada de talleres similares y con profesores para enseñanza de materias al alcance de la mentalidad de los muchachos recogidos. De esta manera se protege a esos seres que, solos, abandonados en el mundo, fácilmente podrían tomar los caminos de la degeneración moral y física, convirtiéndolos mediante disciplinas sanas y estimuladoras en hombres útiles y de bien.

El Poder Judicial ha funcionado con independencia en sus atribuciones. El Poder Ejecutivo se limita a darle, siempre que el caso lo requiere, la cooperación necesaria para la efectividad de sus providencias y fallos.

Todas las dependencias de este Ramo han seguido su trayectoria normal. Quiero llamaros la atención sobre el de Sanidad, en el cual se han introducido magníficas innovaciones, recibiendo un vigoroso impulso, gracias a la estrecha y constante colaboración entre el Poder Ejecutivo y el Servicio Cooperativo Interamericano de Salud Pública «SCISP», cuyos importantes trabajos en el mejoramiento de aguas potables, construcción de crematorios y batalla contra el paludismo y otras enfermedades endémicas, han prestado un gran beneficio a diferentes poblaciones.

También deseo llamar vuestra atención respecto a los servicios de nuestro Hospital General. Este importante centro ha sido dotado últimamente de modernas instalaciones, y se han construido varios pabellones y salas para distintos usos. El Hospital General es un establecimiento que da inestimables servicios a la gente pobre que carece de recursos para atenderse; la afluencia de enfermos es superior a las capacidades del centro médico, pues no solo llegan a él pacientes de Tegucigalpa, sino de todo este departamento y de los del Sur, Oriente y otros más. Por estas razones me permito llamar vuestra atención respecto al apoyo económico que merece dicho establecimiento, ya que llena fines humanitarios, de modo gratuito.

RELACIONES EXTERIORES

Ha sido norma de mi Gobierno el mantenimiento de sinceras y cordiales relaciones con los países vecinos, con los Estados Unidos de América, los Estados Unidos Mexicanos y las demás naciones que han cultivado su amistad con Honduras.

Con fecha 1.º de abril del año en curso, el Gobierno de la República de Cuba tuvo a bien poner en conocimiento del de Honduras el acuerdo adoptado por el Senado cubano el 22 de septiembre de 1942, y que se refiere a la solicitud que debe hacer el Poder Ejecutivo de aquella República para iniciar con los demás Gobiernos de las naciones latinoamericanas y del Dominio del Canadá gestiones conducentes a dejar constancia permanente del beneplácito con que estos pueblos han observado y observan los esfuerzos del Excelentísimo Señor Presidente Franklin D. Roosevelt y sus principales colaboradores, en la dirección de la política internacional que —concretada en la expresión de Buena Vecindad— se ha traducido en realidades de justicia, de respeto, de comprensión y de ayuda. El Gobierno de Honduras ha visto con singular simpatía tal iniciativa, y giró instrucciones a su Embajador en Washington para que, en las gestiones pertinentes en el seno de la Unión Panamericana, haga patente el entusiasmo con que este Gobierno acuerpa aquella feliz iniciativa.

En atento oficio fechado el 25 de marzo del corriente año, el Excelentísimo Señor Embajador de los Estados Unidos de América, Señor John D. Erwin, informó a la Cancillería hondureña que su Gobierno era de opinión que sería conveniente que las Naciones Unidas y demás asociadas en esta guerra dieran principio a la consideración conjunta de problemas económicos que confrontarán después de que haya sido obtenida la victoria militar completa, y que, en consecuencia, como el primer paso al respecto, el Gobierno de los Estados Unidos proponía convocar una Conferencia sobre Asuntos Alimenticios y Agricultura. Esta Conferencia —que ha sido llamada la primera Conferencia de la Paz o de la Posguerra, dada la excepcional importancia que revistió, pues en ella se estudiaron y abarcaron problemas básicos para la vida de las naciones, que habrán de ser forzosamente enfrentados en un futuro próximo— tuvo verificativo del 18 de mayo al 3 de junio de 1943, en Hot Springs, Estado de Virginia. Honduras envió como Representantes a ella, al Licenciado Marcos Carías Reyes, Presidente de la Delegación; Ingenieros Gregorio Reyes Zelaya y José Augusto Padilla Vega. El Gobierno de la República aprobó la actuación de sus Delegados a la Conferencia de Hot Springs.

La República ha estado representada en todas aquellas Asambleas y Juntas de carácter militar, económico, educacional, etc., que se han celebrado en diferentes lugares, y tiene asimismo representantes en las Juntas Permanentes que sesionan en Washington, con motivo de los problemas creados por la guerra.

GUERRA, MARINA Y AVIACION

Las rudas pruebas a que están sometidas las naciones, en estos años de guerra, durante los cuales parece que sufren un eclipse aquellos principios humanitarios que, aun en medio del fragor de las batallas, sirvieron de norma a los combatientes en épocas pasadas, nos indican con claridad cuál es la importancia del ejército y la necesidad de tener uno bien disciplinado, con elevada moralidad patriótica y dotado de armamento eficiente.

La guerra desencadenada sobre el mundo por la ambición desmedida de los gobiernos totalitarios ha dado ocasión a insospechadas revelaciones en la industria bélica, así como en los métodos y procedimientos de combatir. Los países directamente empeñados en esta gigantesca contienda se afanan por ganar la primacía; y así, hemos visto el aparecimiento de implementos bélicos modernísimos y de una eficacia mortífera. Si un país pequeño desea mantener su integridad territorial, su soberanía y seguridad, no debe olvidar los patéticos ejemplos de aquellas naciones europeas que cayeron repentinamente agredidas; y más aún, de aquellas potencias que habían descuidado, por embrollos de política interna de camarillas e intereses locales, estos aspectos básicos de la defensa nacional.

Afortunadamente, en América no hay Estados conquistadores. La ejemplar política norteamericana da garantías y seguridades a nuestros países; pero para que nosotros correspondamos con amplitud y eficacia, es preciso obtener una organización militar adecuada.

Sujetas a inevitables limitaciones, las unidades del Ejército han cumplido su misión de garantes de la paz y tranquilidad social. Se han introducido muy significativas mejoras en varias de ellas. El cuartel moderno exige del Erario cuantiosas erogaciones que no hemos estado en capacidad de realizar —y a ello se deben, ya que la voluntad sobra, las deficiencias de nuestra Institución Armada—.

Uno de los centros militares de mayor importancia en el país y de mejor preparación es la Escuela Nacional de Aviación, dotada de buenos aparatos y eficiente personal técnico. Nuestros aviadores dieron servicios importantes durante los días de mayor expectativa en el continente, cuando la acción submarina de los alemanes fue un peligro efectivo en los mares vecinos. Tuvimos que lamentar la pérdida de varios pilotos, muertos mientras hacían servicio de patrullaje o desempeñaban otras comisiones importantes. Nuestra marinería mercante ha acreditado su valor y su espíritu combativo en muchas ocasiones. Sin temor a la muerte, los hondureños se han enlistado en los barcos que llevan a las zonas de batalla tropas y alimentos de subsistencia, y la tripulación hondureña del vapor «Contesa» fue citada honoríficamente en los partes de guerra aliados, durante los desembarcos y combates en la costa del África del Norte.

Por otra parte, el Presidente de la República confía en la lealtad del Ejército; y en que siempre ha de cumplir con sus sagrados compromisos de honor y deber.

EDUCACIÓN PÚBLICA

Cohibido por las trabas económicas que el estado de guerra impone al país; frente a la sensible disminución de las rentas, consecuencia inevitable de dicha situación y obligado a hacer gastos de emergencia necesarios y convenientes, el Gobierno ha luchado por atender como en tiempos normales el Ramo de Educación Pública. Los centros universitarios, secundarios y primarios han funcionado con absoluta regularidad. Asimismo han dado sus servicios culturales otros centros sostenidos por el Estado, como la Biblioteca Nacional, el Museo Nacional, el Museo Arqueológico de Copán, la Escuela Nacional de Bellas Artes, que es un establecimiento de primer orden en su especialidad, y otros más.

El Gobierno de Honduras se ha hecho representar en las conferencias y asambleas de carácter educativo que se han verificado durante el presente año; y procura demostrar en toda ocasión su interés por los estudios y problemas de este Ramo.

Para dar cumplimiento a la Convención que, sobre unificación de planes de estudio, suscribieron en San José de Costa Rica los Señores Ministros de Educación de Centroamérica y Panamá, reunidos en Conferencia, el Poder Ejecutivo sometió a la consideración del Soberano Congreso Nacional un proyecto de reformas al Código de Instrucción Pública, que abarca desde la enseñanza primaria hasta la universitaria.

En su afán de obtener de la enseñanza un máximum de resultados beneficiosos e inspirado en el ejemplo de otros países, el Poder Ejecutivo, en uso de las facultades que le confiere el artículo 40 reformado del Código de Instrucción Pública, fundó la Escuela de Ensayo No. 1, por acuerdo No. 582 de fecha 12 de mayo del año en curso. Asimismo, el Poder Ejecutivo ha fijado su atención y mantiene el criterio de que es éste uno de los problemas fundamentales del país, en la escuela rural, olvidada completamente en épocas anteriores. La escuela rural es uno de los instrumentos de mejoramiento patrio; generalmente se acepta esta tesis, pero ni los gobiernos ni la sociedad se han tomado el trabajo de enfocar el problema y de buscarle soluciones. El campesino del país necesita de una educación especial, que lo haga reaccionar en muchos sentidos: necesita cultivar su mente, cuidar de su cuerpo y métodos más adecuados para el desarrollo de sus labores agrícolas; y eso puede lograrse mediante la educación de las nuevas generaciones, por medio de la escuela rural.

Coincidiendo con este importante aspecto, el Poder Ejecutivo ha iniciado una campaña de Alfabetización, que comprende tanto a los niños como a los adultos; y con el objeto de uniformar el criterio y la actividad educativa de las autoridades escolares, se dictó un plan de trabajo.

Por acuerdo de 20 de mayo de 1943, el Poder Ejecutivo organizó la Escuela de Enfermeras.

La República ha sido representada en las siguientes reuniones internacionales: de Ministros de Educación celebrada en San José de Costa Rica; Primer Congreso de Educación Nacional celebrado en México; en la celebración del LXXV aniversario de la fundación de la Asociación de Ingenieros y Arquitectos de México; y en la Cuarta Convención Médico-Dental, celebrada también en México, D. F.

HACIENDA, CRÉDITO PÚBLICO Y COMERCIO

El Presupuesto General de Gastos se liquidó con un déficit de L 467,302.98. Este déficit, mayor que el del ejercicio fiscal anterior, es —sin embargo— uno de los más pequeños en la historia económica del país.

La Renta Aduanera —nuestra principal fuente de ingresos— disminuyó por las condiciones propias del actual estado de guerra en más de un millón de lempiras. Pero tal disminución fue compensada en gran parte con el incremento de la Renta de Monopolios, formada por impuestos de carácter exclusivamente interno. Este es un índice revelador de la capacidad tributaria del país y de la necesidad —imperiosa e inaplazable— de una reforma científica de nuestro sistema impositivo y de una nueva orientación de las oficinas recaudadoras, hasta ponerlas acordes con las exigencias del día y los nuevos principios de la moderna Ciencia Hacendaria.

Durante este período fiscal se continuó pagando la deuda externa. Prosigue así Honduras cumpliendo ininterrumpidamente el compromiso con los tenedores de bonos londinenses, con una religiosidad que mucho le honra, tanto más cuanto que otras naciones de mejor estructura económica, por sus mayores recursos y su organización técnica, se han visto compelidas a decretar la moratoria de sus pagos domésticos e internacionales.

Nuestro país concurrió a la Conferencia Interamericana sobre sistemas de Control Económico y Financiero reunida en Washington, D. C., del 30 de junio al 10 de julio de 1942 y suscribió su Acta Final, sin reserva alguna y con el leal propósito de cumplir, dentro de sus preceptos constitucionales y sus propias modalidades económicas y financieras, todas sus resoluciones. Y de acuerdo con las estipulaciones de la Resolución VII de la citada Conferencia, han sido traspasadas ya —por venta— a hondureños casi todas las acciones que súbditos de las naciones totalitarias tenían en empresas bancarias e industriales del país. En el curso del presente año fiscal se continuará cumpliendo tal resolución para los fines de defensa económica del Continente previstos en la Conferencia.

Honduras se vio seriamente amenazada de quedar sin víveres y otros artículos nacionales de consumo diario e indispensables para la subsistencia, debido a las frecuentes demandas de los mismos en cantidades excesivamente mayores a nuestra producción. Aumentó tal riesgo el hecho de que el recién pasado verano fue el más prolongado que se registra en el país en los últimos cincuenta años. Pero la aplicación del Decreto Legislativo No. 43 del 9 de febrero de este año, que faculta al Poder Ejecutivo para restringir las exportaciones, eliminó el peligro y evitó que el costo de la vida se elevara a un nivel que habría sido inalcanzable para la mayoría de los habitantes de la República.

Sin embargo, y a pesar de que nuestras estadísticas revelan que cada tonelada de ciertos productos naturales que se exporta significa una disminución de las cantidades requeridas para el consumo nacional, el Poder Ejecutivo ha permitido —por razones de cooperación americana— varias exportaciones a países del continente.

Los productos naturales de carácter estratégico y los artículos y materiales usados en las industrias de guerra pueden exportarse sin restricción alguna a los Estados Unidos y a Inglaterra.

En los últimos meses del año económico de 1942-1943 se presentó un grave problema de carácter monetario: la escasez de medio circulante. Esta difícil situación tuvo varias causas hijas del estado anormal por que atraviesan los países.

Ante la necesidad de una medida inmediata para remediar con rapidez los graves males que la falta de medio circulante ocasiona al comercio, a la industria y a todas las actividades económicas en general, el Poder Ejecutivo permitió la importación y circulación temporal hasta de un millón y medio de dólares en monedas de plata de los Estados Unidos, de los valores de medio dólar y diez centavos de dólar. Más tarde se hizo necesario ampliar esta cantidad y dictar otras medidas de emergencia, cuyos resultados han sido satisfactorios.

FOMENTO, OBRAS PÚBLICAS, AGRICULTURA Y TRABAJO

Como en los años anteriores de la actual Administración, durante el presente ha continuado en todo su vigor el Plan de Vialidad. Han sido objeto de vigilancia y reparaciones las carreteras y caminos existentes y se han hecho importantes ampliaciones.

El Gobierno coopera en la construcción de la carretera Panamericana y en la que viene bordeando el Lago de Yojoa, trabajos que tomó a su cargo el Instituto de Asuntos Interamericanos. Esta importante cooperación norteamericana se ha manifestado también con el establecimiento de centros de enseñanza y experimentación agrícola en Comayagua, Danlí y Toncontín, de los cuales egresarán profesionales que más tarde serán, a su vez, maestros de los jóvenes que sientan amor hacia la agricultura. Para facilitar los trabajos del Instituto de Asuntos Interamericanos establecido en el país, el Gobierno, mediante un convenio especial, proporcionó en el Valle de

Comayagua una extensión de 3,480 manzanas y 515 cabezas de ganado; un lote de 72 manzanas en Las Vegas y 7 manzanas en las inmediaciones de Danlí. Representantes del Poder Ejecutivo actúan en colaboración con el Instituto.

El Poder Ejecutivo se ha interesado mucho en incrementar diferentes cultivos cuya explotación constituiría nuevas fuentes de ingresos, dando auge a la economía nacional. Poseemos grandes zonas vírgenes que podrían transformarse en emporios de la agricultura y las industrias. Por desgracia, muchas de las mejores de dichas zonas están aisladas, y la construcción de carreteras hacia ellas impende gastos que el Erario no está, ni remotamente, en capacidad de hacer. Para el desenvolvimiento económico del país, en un plazo racional, precisan estudios serios y constantes, la cooperación de técnicos, el dinero indispensable y un sincero espíritu de amor patrio.

En los últimos años, el Poder Ejecutivo ha dado impulso al cultivo del hule, el abacá y otros productos necesarios para fines de industria bélica. Para que el país progrese en el sentido de su desarrollo agrícola e industrial, no es suficiente la acción del Gobierno; precisa también la de los particulares.

Sin interrupción han continuado las obras de drenaje y pavimentación del Distrito Central. La superficie total pavimentada es de 6,412.92 metros cuadrados, habiéndose construido 1,575 metros lineales de ladrillo de concreto para aceras y 18 tragantes. Se ha mejorado el ornato de la capital, en otros aspectos, como la construcción de jardines y edificios. También han sido terminadas importantes obras locales en San Pedro Sula, Puerto Cortés, Tela, La Ceiba y algunas otras poblaciones.

Honorables Señores Diputados:

Con satisfacción os informo que la paz ha sido inalterable en todo el país. Este suceso constituye la base para nuestra definitiva organización sobre plataformas de verdadero civismo, de progreso y de cultura. Tengo la firme convicción de que el pueblo hondureño —el verdadero pueblo hondureño—, que no lo forman, ni lo interpretan, ni lo ayudan unos pocos inconformes porque no tienen empleo público, se encuentra mejor dentro de un régimen de paz, seguridad y garantías para individuos y propiedades, que dentro de una situación de periódico bochinche, donde vidas y haciendas están expuestas a los caprichos de cualquier matarife.

Millares de vidas hondureñas han sido economizadas durante estos últimos años. Haciendo un recuento de lo que cuestan al país nuestras revueltas domésticas, el saldo causa espanto. Deslumbrados por algunas palabras altisonantes muchos hombres corrimos al campo, en lejanos tiempos, cargando un fusil para derribar gobiernos; pero cuando la reflexión llegó, comprendimos que no es ese un medio de trabajar honestamente por el bien del país. Nuestra cultura, nuestro progreso material, el desarrollo de nuestras industrias, la salud de nuestro pueblo, el respeto que merecemos como nación, todos los aspectos que caracterizan a los países civilizados, han sufrido rémoras, han sufrido mengua, por nuestras revueltas domésticas.

No deseo de ninguna manera hacer alarde de méritos; pero los hondureños de todos los departamentos saben cómo he sido y soy con ellos. Algunos individuos envenenados de odio y despecho, que viven en el exterior por su gusto, sin que el Gobierno se haya preocupado en lo más mínimo de su actuación, ya que no tiene importancia, dicen que el Presidente de Honduras vive rodeado de pretorianos y que a donde va lo siguen compañías de soldados con ametralladoras. Los cargos de ellos no me preocupan absolutamente; el pueblo hondureño puede decir si es merecedor de mi atención y consideraciones. El más humilde hijo de una aldea de Olancho, de Santa Bárbara, de El Paraíso, etc., entra sin molestias al despacho del Presidente de la República y expone sus deseos o sus quejas. El Presidente de la República va por todas partes casi solo y sabe que tiene su mejor garantía en la honradez y la sencilla caballerosidad de ese pueblo. Y si no tiene reparos para tratar con él es porque se considera obligado a servirle, no solo como funcionario, sino también como particular. No puede el actual Gobierno estar exento de errores; pero no son tampoco sus mejores jueces aquellos individuos que han manchado su conciencia con la venalidad o con el crimen.

Tengo la convicción de que el pueblo hondureño apoya al actual Gobierno, agrupándose alrededor de ese gran núcleo político que es el Partido Nacional. Y no podría ser de otra manera, ya que el Gobierno se ha empeñado en el mejoramiento de las condiciones de vida del pueblo, trabajando en todo sentido que a ese objetivo conduzca, pese a las adversas circunstancias. Las diferentes regiones del país han merecido siempre una atención constante: Tegucigalpa, que como capital de la República debió merecer más consideraciones en épocas anteriores y no las tuvo, ha recibido de parte del Poder Ejecutivo un trato distinguido. Casi todas sus avenidas han sido pavimentadas con adoquín, material de indefinida duración; se han modernizado completamente sus servicios de alcantarillado, mejorando desde luego sus condiciones de salubridad e higiene; se han levantado edificios y construido jardines; con la apertura de carreteras y caminos vecinales la vida en la capital se abarató de modo sorprendente, y solo la situación creada por la guerra ha elevado de nuevo, de modo temporal, el costo de la subsistencia. Tegucigalpa será dentro de pocos años, con el ensanchamiento de sus servicios de agua potable y luz y el avance de los trabajos de pavimentación, una ciudad moderna. También San Pedro Sula ha sentido los beneficios de una labor progresista. Y Choluteca, Puerto Cortés, Comayagua, etc.

Yo espero poseer suficientes energías, en los años venideros, para consagrarlas al servicio del pueblo hondureño.

Honorables Señores Diputados:

Séame permitido, en esta memorable ocasión, expresar mis fervientes deseos por el triunfo de las Naciones Unidas en su lucha contra los Estados Totalitarios. Y mis votos de simpatía hacia los Estados Unidos de América, los Estados Unidos Mexicanos, los hermanos países del Istmo, con los cuales nos unen antiguos e indisolubles vínculos, y sus honorables gobernantes. Igualmente deseo hacer presente mi estimación a todas las demás naciones que se hallan hoy agrupadas bajo unas mismas banderas y un mismo espíritu, batallando contra las fuerzas de la injusticia y del terror nazista.

Os ruego, Honorables Señores Representantes, transmitir a los ciudadanos de vuestros respectivos departamentos, mis afectuosos saludos y mis anhelos por su bienestar y prosperidad.

Tiburcio Carías A.

5 de diciembre de 1943.

DISCURSO DE 1944

Honorables Señores Diputados:

Aprovecho la feliz oportunidad que el cumplimiento de un mandato constitucional me brinda, para presentaros mi saludo afectuoso y cordial.

Hace un año estuvimos reunidos en el recinto de esta histórica sala y os di cuenta, entonces, de las labores realizadas durante el período anterior por el Gobierno que presido, así como también de la dirección impresa a su política interna e internacional, habiéndome referido a los sucesos que con ella guardan relación. Animado por la sincera complacencia de encontrarme entre vosotros y con el estímulo que me proporciona la convicción íntima de haber sido fiel a la República, a la Constitución y a las leyes, juramento que presté al recibir el Poder, vengo hoy a referirme a los acontecimientos relacionados con nuestra política interior y a los que, verificándose fuera y a veces lejos de nuestras fronteras, afectan la vida del país, y a presentaros un somero informe de las labores realizadas en la administración pública, durante el lapso comprendido entre el cinco de diciembre de 1943 y el cinco de diciembre de 1944.

Creo que habéis notado, Honorables Señores Diputados, que en todos mis Mensajes anteriores uno de los temas principales, básicos, sin duda el tema central, ha sido el que entraña el magno problema de la paz nacional. Lograr para Honduras una paz indestructible; una paz fecunda, en cuyo seno cobraran poderoso impulso el desarrollo industrial y cultural; en cuyo seno fuesen los principios de dignidad personal y de amor patrio; de respeto a la autoridad y a las leyes; de amor al trabajo y a los anhelos de superación en lo individual y en lo colectivo, los diques invulnerables contra las olas de corrupción; una paz que con los años transformase a nuestro país en Nación segura de sí misma, segura de su porvenir, dueña de su destino; eso ha sido para mí un deseo fervoroso y un motivo de largas meditaciones. En ocasiones anteriores os he manifestado que, persiguiendo su realización, no he vacilado, ni vacilo en afrontar situaciones difíciles y en aceptar responsabilidades históricas. Y colocado en ese mismo plano me encontraréis hoy.

El actual Gobierno, respaldado por el consenso casi unánime del pueblo hondureño, ha sabido defender y conservar dicha paz, luchando contra las fuerzas de un pasado de anarquía; de vergüenza ante el concierto de las naciones; de intereses creados y de ambiciones desmedidas o insatisfechas. De reaccionario ha sido calificado el actual Gobierno. No es reaccionario un Gobierno que trabaja por cimentar el progreso y el prestigio de Honduras, para legar a las generaciones del futuro una vida mejor que la transcurrida durante largos años de guerra fratricida. Reaccionarios son aquellos que pugnan porque el pueblo hondureño vuelva a los aciagos días de la revuelta periódica; a la inestabilidad de las instituciones; al desprecio hacia el principio de autoridad; al abuso de las libertades; al desconocimiento de los valores morales y a la destrucción de los bienes materiales. Reaccionarios son aquellos que intentan retrasar cuanto más puedan el desarrollo de nuestras industrias; la organización de nuestras finanzas y economía en general; la superación del estándar de vida del proletariado; el perfeccionamiento de nuestra Universidad; la estabilidad de nuestras instituciones; la conquista de un lugar honorable en el rol de todos los países civilizados. Reaccionarios son aquellos que en estos días de honrosas rectificaciones pretenden lanzar a la matanza a jóvenes inexpertos y a ingenuos campesinos, sin programas ni idearios renovadores, sin planes de reforma política, económica y social, sin bandera suficientemente limpia para cubrir sus personales ambiciones. Esos son los reaccionarios, Honorables Señores Representantes.

Desgraciadamente, durante el año que está para finalizar han ocurrido penosos sucesos, de los cuales se desprende vergüenza y desprestigio para nuestra tierra en el exterior; animosidades e inquietudes en el interior. La responsabilidad histórica de dichos acontecimientos caerá íntegra sobre sus dirigentes y sus autores. Y si a pesar de los esfuerzos conciliatorios del Gobierno, tendientes a evitar este hecho doloroso, ha sido derramada sangre hondureña, aquellos mentores intelectuales y los ejecutores de sus designios son los responsables de tan lamentable acontecimiento.

Después de algún tiempo de preparación subterránea, un grupo de ciudadanos intentó llegar a las vías de hecho, atentando contra el orden público. Haciendo uso de nuevas tácticas se introdujo durante varias semanas la intranquilidad en la capital y otras poblaciones importantes; y fracasados, los elementos subversivos voluntariamente abandonaron el país. Posteriormente, en un desesperado esfuerzo, lanzaron un sorpresivo ataque contra la población de San Marcos de Ocotepeque, en donde fueron derrotados, viéndose en el caso de refugiarse tras la frontera salvadoreña. El resto de la República ha gozado de completa tranquilidad y —quiero dejar constancia plena— el pueblo ha respaldado eficientemente al Gobierno, mostrando una fría indiferencia ante la propaganda encaminada a desquiciar la tranquilidad social y una vehemente decisión de cooperar con las autoridades, frente a las numerosas incitaciones que se le han hecho para que acuerpe a los enemigos del orden.

La propaganda en pro de la guerra civil desarrollada de muy diferentes maneras dentro y fuera del país, ha sido intensa. No tiene mayor significación el hecho de que, en el exterior, hondureños descontentos del régimen de Gobierno en su patria lo censuren, lo critiquen o lo infamen, ya que esto último es lo que en verdad hacen. Todo régimen, como todo ser, lleva en sí sus imperfecciones, sus vicios y sus lacras. Lo vergonzoso y lamentable es que esos malos hondureños hayan lanzado tanto oprobio sobre su propia patria, movidos únicamente por un despecho incurable y una ambición no satisfecha.

Y, pese a dicha propaganda; pese a todas las incitaciones, a todos los ofrecimientos, el pueblo hondureño se mantiene tranquilo, dedicado a sus labores habituales. No existe ambiente propicio a la matanza; no hay elemento humano para realizarla; no cuenta con simpatías populares. Lo prueba el hecho de que la cantidad de personas que abandonó el país por su propia voluntad, sin ser perseguidas, aunque muchas habían incurrido en responsabilidad penal, constituye una insignificante minoría. Quedó suficientemente probado que la consigna de dicha minoría es la de ensangrentar el suelo patrio y, para abrir un camino a la realización de sus proditorios fines, los agentes subversivos se valieron de muchos expedientes contrarios al orden público, tales como escandalosas manifestaciones realizadas en plena libertad, durante las cuales la provocación a la autoridad dio la pauta de las intenciones de sus autores. En una de dichas manifestaciones, los actos de rebelión fueron notorios, pues se llegó al extremo de asaltar la muralla de la Casa Presidencial. Recurrieron los amigos del desorden a medidas que constituyen un baldón para sus autores: no los detuvo en sus maniobras ni el sacro culto a la soberanía nacional ni a la integridad territorial; el hogar fue profanado y ya no existieron más el respeto hacia la vida privada ni aquellas nobles características que fueron timbre de orgullo de nuestra sociedad en épocas anteriores. Sin embargo, la actitud del Poder Ejecutivo fue de serenidad, de ponderación y de cordura, sin dejar por ello de aplicar, cuando el caso lo requirió, las disposiciones necesarias en favor de la tranquilidad colectiva.

La criminal revuelta fratricida propiciada por una minoría, cuyas ambiciones se desbordaron en los primeros meses del presente año, quedó ahogada en medio de la indiferencia popular.

Con pena me he referido a estos acontecimientos, porque indican una regresión en la vida de nuestro país.

En el Mensaje que tuve el honor de leer ante esta Honorable Cámara el 5 de diciembre de 1942, anuncié la entrada de Honduras en la guerra del lado de las Naciones Unidas, a raíz del ataque japonés contra posesiones norteamericanas situadas en el Océano Pacífico. De conformidad con sus sentimientos, y dando estricto cumplimiento a su palabra empeñada en pactos y convenciones, nuestro país ha hecho patente su cooperación, hasta donde alcanzan sus posibilidades. Posiblemente los Señores Representantes recuerden los términos consignados en aquel documento; y hoy tengo la honra de ratificarlos íntegramente. Honduras ha cooperado, coopera y cooperará con los Estados Unidos de América y con las demás Naciones Unidas y Asociadas con todo lo que pueda para el triunfo de la gran causa que todos, grandes y pequeños, defendemos. El esfuerzo de Honduras no se ha escatimado en ninguna forma, y hasta la sangre de sus hijos ha servido para abonar el árbol de la victoria.

Los Honorables Señores Representantes estarán al corriente de las últimas noticias del gran conflicto bélico de actualidad. Cuando nuestra patria se alineó junto a sus hermanas del continente y las grandes potencias democráticas, la decisión final de la guerra era completamente desconocida. Varios años han transcurrido: años de cruento batallar; años de sacrificio, de luto y gigantescos esfuerzos; años de privaciones que todos hemos sufrido, ya que las necesidades de la guerra ocuparon los primeros lugares y ante ellas había que postergar todo otro interés. Nuestros países han visto disminuir sus ingresos fiscales, reducirse sus presupuestos, languidecer ciertas industrias, menoscabarse su economía. Pero el heroico esfuerzo de las Naciones Unidas ha llegado a obtener magníficas ventajas. Países sojuzgados por los nazis han sido liberados. El poderío del Eje Totalitario se debilita más cada día que pasa y la hora de la victoria parece anunciarse ya no muy lejana.

A continuación informo de modo sucinto sobre varios aspectos importantes de la gestión administrativa durante el período que el presente Mensaje abarca. Los Señores Secretarios de Estado lo harán en su oportunidad, de manera detallada y completa.

GOBERNACION, JUSTICIA, SANIDAD Y BENEFICENCIA

Tal como dejo consignado en líneas anteriores, el Gobierno ha logrado el mantenimiento del orden público, contando con una fuerte base de opinión popular y la lealtad del Ejército, de tal manera que el mecanismo oficial en el Ramo de Gobernación ha continuado normalmente, funcionando todas las oficinas de su dependencia, así como establecimientos penales, escuelas, oficina de estadística, talleres, etc.

El Poder Judicial ha llenado su cometido con entera independencia en sus determinaciones.

En el Ramo de Sanidad se han introducido notables mejoras, gracias a la estrecha cooperación establecida desde hace algún tiempo entre el Gobierno de la República y el Servicio Cooperativo Interamericano de Salud Pública, colaboración decidida y entusiasta de una y otra parte, que ha dado como benéficos resultados la realización de magníficos proyectos sanitarios y la iniciación de otros con muy buenas perspectivas.

En el Ramo de Beneficencia han prestado sus humanitarios e importantes servicios todos los establecimientos destinados a ese fin de gran trascendencia social y que, entre nosotros y por la incuria de nuestro medio, se convierte en imperioso deber que ni las autoridades ni los particulares pueden eludir. En tal sentido, el Poder Ejecutivo ha puesto un gran empeño en la beneficencia pública, tratando de llenar las necesidades del ambiente hasta donde la capacidad económica del ramo lo permite; y es más, haciendo esfuerzos superiores a ellas con el objeto de servir a los hondureños que se ven colocados en penosas situaciones por uno u otro motivo.

RELACIONES EXTERIORES

Invariable en mi actitud de mantener la norma de fraternal amistad de Honduras con las otras Repúblicas de Centroamérica, me he empeñado en fortalecerla mediante una efectiva cooperación en beneficio de los mutuos intereses materiales y vínculos espirituales de estas cinco secciones de un mismo origen y de aspiraciones idénticas.

Honduras solo desea vivir en paz y armonía con los países vecinos y hermanos del Istmo Centroamericano; respetar los sentimientos, los derechos y las determinaciones de sus respectivos pueblos, ya que cada uno debe ser dueño de su destino y resolver sus propios problemas. Por lo tanto, confía en ser ella igualmente respetada. Honduras nunca ha sido, ni es un peligro para la paz de los demás Estados de Centroamérica; y el Gobierno que presido procura ceñirse con la mejor voluntad a la norma de conducta que la Nación hondureña ha observado tradicionalmente, en cuanto se refiere a sus relaciones con las naciones hermanas que surgieron a la vida independiente el 15 de septiembre de 1821.

Las relaciones con los Estados Unidos de América han continuado sobre un plano de perfecta cordialidad y recíproca cooperación. Tuve el placer de hacer presente mis congratulaciones al Excelentísimo Señor Franklin D. Roosevelt con motivo de su triunfo electoral para el ejercicio de un cuarto período, habiendo recibido oportunamente un cordial mensaje de aquel ilustre gobernante.

La creciente simpatía de la Nación hondureña hacia la Nación norteamericana; el interés que los asuntos de esta última despiertan actualmente entre nosotros; el cuidado con que se observan los acontecimientos y las palpitaciones de la vida de aquel país; el desvanecimiento de muchos añejos prejuicios, todo ello débese indudablemente, en primer término, a la prudente y ecuánime política desarrollada en los períodos administrativos del señor Roosevelt, quien, con clara visión del futuro y amplia comprensión del presente, ha dado a los países del continente la certeza de que la igualdad de las naciones es una realidad.

Así también, Honduras ha cultivado su tradicional amistad con México y la ha intensificado con los demás países de América y con aquellos otros que pertenecen al bloque de las Naciones Unidas y Asociadas, haciéndose representar en las conferencias que en diferentes ocasiones y lugares se han celebrado, y acreditando y recibiendo representantes diplomáticos.

GUERRA, MARINA Y AVIACIÓN

El Ejército Nacional ha sido objeto de cuidadosa atención de parte del Poder Ejecutivo, habiéndosele dotado de moderno armamento y procurándose mejorar los servicios adicionales.

Yo he confiado siempre y confío ahora en la lealtad, en el espíritu de abnegación y de sacrificio del soldado hondureño, firme guardián de la paz pública, de la soberanía nacional y de la integridad territorial.

Frente a la ambición de aquellos malos hondureños que no vacilan en traer nuevamente a su Patria las calamidades que las guerras civiles le prodigaron; frente a la obcecación de quienes no quieren someterse al resultado de los comicios en lucha libre, civilizada y legal; frente a las maquinaciones de todos los que pretenden alterar el orden público, socavar el principio de autoridad, desquiciar los cimientos institucionales sobre que descansa nuestra organización democrática, ha de alzarse la disciplina, el valor y la abnegación del soldado hondureño dispuesto a defender los atributos esenciales a nuestra nacionalidad.

EDUCACIÓN PÚBLICA

En el Ramo de Educación Pública, el Poder Ejecutivo ha puesto gran empeño en el desarrollo intensivo de un vasto plan de grandes proyecciones, cuyos resultados, en el devenir del tiempo, habrán de justificar, indudablemente, la energía y el celo empleados en su realización. Como maestro de escuela que fui en algunas épocas de mi vida, tengo la experiencia de ese apostolado; y por tal razón he procurado que el magisterio nacional cumpla con sus obligaciones, recibiendo a la vez, puntualmente, la justa retribución a sus esfuerzos. Y es así que los centros docentes del país han sido atendidos en sus necesidades, sin dilatorias y sin las injusticias que en muchas ocasiones han soportado.

Uno de los puntos esenciales en el programa educativo que el Poder Ejecutivo desarrolla actualmente es la campaña de desanalfabetización emprendida con entusiasmo y cariño y continuada con ahínco. No es Honduras el país de mayor porcentaje de analfabetos en el continente, pero sí es nuestro deber procurar reducir el que tiene, y con tal fin se desarrolla esa tarea. El pueblo hondureño será más comprensivo de sus deberes cívicos, de su destino como nación, de sus derechos, de todo lo que contribuye a estructurar una nacionalidad sana, libre y próspera cuanto mayor sea el grado de educación que logre. Masas analfabetas y paupérrimas son material propicio para los contumaces amigos de la revuelta fratricida. Por ello, a la par de la organización económica del país ha de ir la obra educativa. Guardando estrecha relación con el punto anterior está la intensa campaña pro enseñanza rural que, desde hace tiempo, viene desarrollando el Poder Ejecutivo y que ya principió a dar sus resultados halagüeños.

HACIENDA, CREDITO PUBLICO Y COMERCIO

El Presupuesto General de Gastos para el año económico de 1943 a 1944 se liquidó con un superávit efectivo de trescientos sesenta y dos mil novecientos veintidós lempiras y treinta y cinco centavos (L 362,922.35). Este halagador resultado se debe al esfuerzo hecho por el Gobierno para incrementar las rentas de carácter interno, esfuerzo que tuvo el éxito esperado, pues la mayor parte de las líneas de recaudaciones internas aumentaron en forma apreciable, especialmente la Renta de Monopolios, que produjo el 33.50% de los ingresos fiscales del período económico.

Para el cumplimiento de lo dispuesto en la Recomendación VII de la Conferencia Interamericana sobre Sistema de Control Económico y Financiero, celebrada en Washington, D. C., del 30 de junio al 10 de julio de 1942, el Poder Ejecutivo, en Consejo de Ministros, emitió un Decreto (No. 71) con fecha 19 de mayo de 1944, reglamentando la aplicación del Decreto Ejecutivo No. 57, aprobado por el Congreso Nacional en Decreto No. 9 de 17 de diciembre de 1943. Conforme a esta reglamentación se han vendido en pública subasta —y se continúan vendiendo— los bienes muebles e inmuebles de propiedad de personas de nacionalidad enemiga. En esa forma, Honduras cumple con sus compromisos internacionales y reafirma su propia política de cooperación leal con las Naciones Unidas y Asociadas.

En este año, como en el anterior, la demanda a precios elevados de artículos nacionales para la exportación fue mayor que la cantidad producida, lo que amenazó con elevar a precios prohibitivos los artículos de consumo diario. Pero la aplicación del Decreto Legislativo No. 43 de 9 de febrero de 1943, en el control de las exportaciones, ha evitado en gran parte la carestía de víveres y otros productos de primera necesidad.

Honduras asistió a la Conferencia Monetaria y Financiera de las Naciones Unidas, celebrada en Bretton Woods, New Hampshire, Estados Unidos, del 1° al 22 de julio de 1944. Su Delegado suscribió ad referendum las resoluciones de la expresada conferencia, que oportunamente serán sometidas a la consideración del Congreso Nacional.

FOMENTO, OBRAS PÚBLICAS, AGRICULTURA Y TRABAJO

Del conocimiento de los Honorables Señores Diputados es el empeño que he puesto desde el principio de la actual Administración en el Ramo de Vialidad. Grandes esfuerzos ha realizado y realiza el Gobierno con el primordial objeto de cubrir el país con una extensa red caminera que permita la fácil circulación de productos agrícolas e industriales; dé comodidad y baratura en el transporte de viajeros, y que constituya un principio para el desarrollo del comercio y del turismo en el país.

Con sostenido empeño se ha trabajado en la conservación de las carreteras existentes a fin de mantenerlas en buen servicio y sin interrupciones perjudiciales.

Una importante obra terminada es el tramo entre El Jaral y Pito Solo, moderna sección caminera que ha venido a resolver el difícil problema del tráfico con la Costa Norte. La realización de esta obra se debe, en gran parte, a la cooperación importantísima dada por el Instituto de Asuntos Interamericanos.

También con la cooperación de dicho Instituto han continuado las labores de los centros de experimentación agrícola, situados en Comayagua, Danlí y Toncontín, con muy buenos resultados.

Numerosos puentes de distintos materiales y dimensiones han sido construidos en las carreteras nacionales.

En el hermoso valle de El Zamorano, jurisdicción del Distrito Central, y a treinta y cinco kilómetros de la capital, fue solemnemente inaugurada hace pocas semanas la Escuela Agrícola Panamericana, fundada y sostenida por la United Fruit Company, bajo la dirección del competente señor Wilson Popenoe. Dotado de los más modernos implementos, disponiendo de varios y cómodos edificios, laboratorios, plantas de experimentación, campos para cultivos y personal técnico numeroso, este centro de enseñanza, que ha dado albergue a más de un centenar de alumnos de distintas nacionalidades, es sin duda un índice del progreso agrícola que está alcanzando el país durante los años de paz de que hemos venido disfrutando.

Todas las demás oficinas y establecimientos dependientes de la Secretaría de Fomento, Obras Públicas, Agricultura y Trabajo han continuado funcionando normalmente.

Honorables Señores Diputados:

Estos son, a grandes rasgos, los acontecimientos culminantes que han tenido lugar durante el lapso que este Mensaje comprende. Como os he dicho en muchas ocasiones anteriores, mi único interés es servir a mi país, con todas mis fuerzas, con todas mis capacidades, con todas mis energías, en la medida en que me sea dable. Mi conciencia permanece tranquila ante los denuestos y las acusaciones, porque sé que cumplo mi deber.

Fui electo en los comicios de 1932 con una mayoría de más de veinte mil votos sobre la candidatura adversa; la Nación ha continuado honrándome con su confianza, mediante reformas legalmente realizadas, y yo dejaré el Poder cuando el pueblo hondureño designe a mi sucesor.

Se ha pretendido establecer que mi Gobierno es una dictadura, sin reparar que en Honduras han funcionado y funcionan regularmente, sin un solo día de interrupción, los tres Poderes del Estado, con entera independencia, pero sí dentro de una armonía que ha contribuido y contribuirá al mantenimiento de esta paz que el pueblo hondureño disfruta y en la cual puede encontrar camino seguro hacia un porvenir de mayor bonanza.

Permitidme que, en esta solemne como grata oportunidad, haga votos muy sinceros porque la Nación llegue al pleno convencimiento de que su vida actual y futura, su prosperidad y engrandecimiento, dependen de la mayor o menor comprensión que todos y cada uno de los hondureños tengamos de nuestros problemas fundamentales, y que dicha comprensión impida para siempre el retroceso hacia los aciagos días de la guerra civil.

Os deseo mucho éxito en vuestras delicadas labores, Honorables Señores Diputados, y que vuestras resoluciones se inspiren en el celo patriótico que indudablemente ha de animaros.

Tiburcio Carías A.

5 de diciembre de 1944.

DISCURSO DE 1945

Honorables Señores Diputados:

Al inaugurar hoy las sesiones de la presente legislatura, tengo el agrado de presentaros mi cordial saludo y expresaros los fervientes votos que formulo por el éxito de vuestras labores.

En varios Mensajes, Honorables Señores Diputados, me he referido al problema de la paz en el país. He deseado y deseo que todos mis compatriotas se compenetren en relación con dicho problema, en sus aspectos fundamentales. Que se adquiera el convencimiento de que sin paz permanente, Honduras no logrará organizar, con métodos modernos, sus finanzas y su economía; desarrollar sus vías de comunicación; abrir horizontes más amplios a la cultura; favorecer al proletariado, mejorando no sólo su nivel de vida física, sino también intelectual, transformándose de esta manera en un Estado cuya marcha ascendente hacia las mejores esferas de la civilización se verifique dentro de un orden firme y estable.

Por declaración del Soberano Congreso Nacional, el Mandato Presidencial que he venido y estoy ejerciendo terminará el 1º de enero de 1949. He tratado de corresponder fielmente a la demostración de confianza dada por la Nación. Dentro de la medida de mis capacidades, limitadas como las de todo ser humano y afrontando difíciles circunstancias creadas por motivos diferentes, he querido servir, con lealtad y cariño, a mis compatriotas. Y, en la fecha establecida, haré entrega del Poder a la persona legalmente electa. En anteriores ocasiones he expresado que no aliento personales ambiciones; y, dentro de este aspecto, mi deseo se concreta en la aspiración de que los hondureños tengamos una patria respetada por sus atributos de orden y de honorabilidad.

Es de vuestro conocimiento que el 7 de diciembre de 1941, al recibirse la noticia del inícuo ataque a Pearl Harbor, el Presidente de la República envió un mensaje al Presidente de los Estados Unidos de América, solidarizándose con los sentimientos de aquella gran

167

Nación. Y el 9 del indicado mes, Honduras declaró la guerra al Japón, haciéndolo igualmente con Alemania e Italia, el 13 del mismo.

Nuestra República estaba virtualmente en guerra con el Eje Totalitario antes de la declaratoria oficial, porque el Gobierno que tengo el honor de presidir no permitió ninguna labor de los agentes nazis o fascistas. Y porque eso correspondía a la opinión y al sentimiento del pueblo hondureño, que de modo vibrante y sincero se manifestó.

Durante los años en que la guerra asoló a la humanidad, Honduras hubo de sufrir las inevitables consecuencias. La depresión en las rentas fue notoria. La economía nacional, en aquellas circunstancias, fue gravemente afectada. Y realizando extraordinarios esfuerzos, el Gobierno logró sostener todos los servicios, cumpliendo honradamente los compromisos internacionales creados en épocas anteriores.

No estábamos capacitados para enviar ejércitos a los campos de batalla, que de haberlo estado, lo hubiéramos hecho con el mejor deseo de servir a la causa de las Naciones Unidas. Nuestras condiciones no nos permitieron hacerlo, pero Honduras no omitió esfuerzo alguno que, dentro de sus posibilidades, pudiera ayudar a la defensa de la causa común y al triunfo. Nuestro país sufrió, sin hacer el más mínimo reclamo, todas las consecuencias del estado de guerra, perdiendo su vida muchos hondureños.

Por todo esto, cuando el 8 de mayo de 1945 se recibió la noticia de la rendición de Alemania, hubo en el país un júbilo indescriptible y muy bien justificado.

Durante la contienda, el Gobierno obtuvo comprobación de que un grupo sectarista, en el interior y en el exterior del país, trató de efectuar alianza con agentes nazis y fascistas.

En tal virtud hubo de proceder activamente para impedir la realización de planes que hubieran perjudicado la defensa del continente en la zona territorial, habiendo tenido en todo momento el decidido respaldo del pueblo hondureño. Me siento profundamente emocionado por esa actitud, que hoy, en esta solemne ocasión, aplaudo públicamente.

Habiendo sido decretado el Estado de Sitio en la República el 9 de diciembre de 1941, como una natural consecuencia de la guerra con las potencias del Eje Totalitario, os excito, Honorables Señores Diputados, para que lo levantéis ahora, ya que han desaparecido las causas que motivaron dicho Decreto.

El 26 de junio del año en curso, los representantes de Honduras, señores Julián R. Cáceres, Marcos Carías Reyes y Virgilio R. Gálvez, firmaron la Carta de las Naciones Unidas, que surgiera de las Conferencias de San Francisco de California.

Me permito excitaros, Honorables Señores Diputados, para que deis vuestra aprobación a este trascendental documento, en el cual quedaron concretados los anhelos de los países que se hicieron presentes en aquella gran Asamblea, por un futuro de armonía, de justicia y de mutuo respeto, para bien de la humanidad.

El Poder Ejecutivo ha continuado desarrollando una labor que procura sea lo más eficiente posible, en el vivo anhelo de que el pueblo hondureño obtenga sus beneficios.

EL PROGRESO DE HONDURAS DURANTE LOS AÑOS QUE HA GOBERNADO TIBURCIO CARÍAS ANDINO

RESUMEN DE OBRAS MATERIALES DE ESTA ETAPA
DE PAZ Y PROGRESO

Este folleto contiene un resumen de las obras de utilidad pública que han sido efectuadas en el lapso de tranquilidad y adelanto magnífico en todos los órdenes civilizados que abarca la Administración Presidencial del Doctor y General don Tiburcio Carías Andino, el Reformador de Honduras. Posiblemente se nos haya quedado alguna o algunas obras sin mencionar, pues tanto se ha hecho que no es posible recordarlo todo; y aun cuando en las colecciones de La Época hemos buscado detenidamente todas las informaciones referentes a las obras realizadas, puede ser que hayamos omitido algo, por lo que pedimos de antemano perdón.

Sin embargo, nuestro trabajo ha sido hecho con la mejor voluntad y hemos buscado detenidamente las informaciones precisas para dar una idea exacta, clara y justa de los magnos esfuerzos constructivos verificados en esta época de tanta trascendencia patriótica y de tan poderoso impulso edificador, debido al dinámico y talentoso gobernante que ha conquistado con justicia, por la altura de sus miras y por la magnitud de sus esfuerzos, los títulos de Creador de la Nueva Honduras, Reformador y Benemérito de la Patria.

Cuando era candidato a la Presidencia, el General Carías Andino expuso a la consideración del pueblo hondureño un programa de gobierno espléndido, de vastas proporciones renovadoras, de impulso constructivo y orientación notable. En este programa tenían cabida los más generosos y amplios propósitos de regeneración del país, los ideales más altos, trascendentes y efectivos, el civismo más acendrado y una comprensión cabal de nuestra realidad ambiental.

Elaborado cuidadosamente por el ilustre político y ciudadano egregio, aquel programa fue la bandera de batalla, la insignia de honor del Partido Nacional; y el pueblo hondureño sabía que, al llegar al poder el gran demócrata y patriota, haría gallardamente efectivos todos los puntos de acción, orientación y reafirmación en él contenidos. Era aquel un precioso documento, que ahora es ya un documento histórico lumínico, en el cual estaban definidas las concepciones más grandiosas que han sido dadas a luz por la mente de un estadista que anhela el bien de su patria; pues, en realidad, no se había visto en Honduras jamás un ideario tan vigoroso y trascendental como el que, relacionado con las corrientes futuras de progreso que él promovería, expresaba en su programa el admirado, querido y popularísimo candidato.

Y al ascender a la Presidencia, el noble caudillo se concretó a cumplir su promesa: a realizar en todas sus partes el programa que había lanzado a la consideración del pueblo.

Las obras que mencionamos en este trabajo constituyen una parte de ese amplio y patriótico programa. Es, esa serie de obras trascendentes, de suma utilidad y de ornato, parte de los proyectos de realizaciones materiales que expuso y tiene en mente el insigne Mandatario. Falta mucho que hacer; pero lo que falta lo hará en los años próximos, en este nuevo período que se inaugura con tan excelentes signos de paz y dinamismo internos.

La prestancia de la actuación del General Carías Andino al frente del Gobierno de Honduras está solemne, gloriosa e intensamente demostrada en su labor fecunda que trasciende todos los campos y todas las rutas antes conocidos. La obra moral y material que él ha efectuado, tan afirmativa y amplia, tan hermosa y ejemplar, merece continuos elogios; pero mejor que lo que pueden decir los hombres justos e imparciales, es la voz silenciosa pero elocuente de la materia que, transformada en obras de arte, de utilidad pública y de trascendencia patriótica, habla a todos con la fuerza objetiva de lo real. Hemos expresado una paradoja al decir lo anterior; mas nadie debe olvidar que las obras perdurables hablan un lenguaje eterno, silencioso y magnífico, que se exterioriza en la forma, no en el sonido. Así como las obras de arte de los griegos de la edad heroica y luminosa, del período filosófico y poético, subsisten aún con su reciedumbre milenaria y hablan el eterno idioma del arte y de la ciencia, también las obras notables de todas las épocas históricas efectuadas en distintos pueblos del mundo, hablan por ellas y por sus autores con la lengua inmortal de la materia indestructible.

Por eso usamos un símil y una paradoja al referirnos a la importancia, trascendencia futura y magnificencia de la obra de progreso cultural, moral y material realizada en Honduras por el General Carías Andino en este período de rectificaciones, regeneración, reformas y superación iniciado el día que el eminente Mandatario asumió el poder y sostenido hasta la fecha. Y ya dijimos que se prolongará esta etapa de acción constructiva, cada día con mayores proporciones y con lineamientos gloriosos en los caminos del futuro, siguiendo la ruta que conduce hacia una meta magna de integral superación.

La visión del Gobernante queda plenamente demostrada en su obra. Su dinamismo, su buena voluntad, su civismo, su enérgica intención reivindicativa también han sido manifestadas en su labor; y diariamente vemos que algo nuevo y de suma importancia para nuestro país concibe la mente luminosa del Mandatario. En los tiempos que vendrán, cuando haya mayor serenidad y comprensión, las generaciones libres de pasiones sectarias reconocerán y aplaudirán esta obra de dimensiones magníficas y de fondo vital que, en un esfuerzo, para nuestro medio, gigantesco, ha efectuado el General Carías Andino, teniendo en mente siempre ideales supremos, de capitales beneficios para el país en su presente y en su futuro.

Hay, entre las obras que aquí mencionamos, algunas de trascendental valor, de importancia vital para el presente y el futuro de la Nación. La construcción de carreteras de larga extensión y que van hacia comarcas abundantes en valiosos recursos naturales; la pavimentación y alcantarillado de esta capital; la construcción de edificios magníficos para instalar en ellos oficinas públicas y para fines educativos; el embellecimiento de la capital y de otras poblaciones con nuevos parques o con la reforma total de los existentes, a los cuales se ha llevado gallardamente el impulso artístico mejor, efectuando una transmutación plena de euritmia; el arreglo del Ferrocarril Nacional; la construcción del muelle de Puerto Cortés; la edificación de cuarteles modernos en diferentes ciudades, algunos de tan notable prestancia como el de San Pedro Sula; todas esas y muchas otras representan lo que vale el esfuerzo reformador y constructivo del Mandatario, y dicen claramente lo que significan su visión y sus ideales renovadores.

Las ruinas de Copán, restauradas ya en su mayor parte, pueden ser examinadas y estudiadas detenidamente por los arqueólogos que lo deseen. Y el servicio que ha prestado con esa obra capital a la cultura nuestro ilustre Mandatario, es un servicio que agradecen no sólo los hombres cultos del país, sino todos los del mundo que conocen el valor histórico y científico de la antigua civilización maya y saben que la majestuosidad de aquella cultura milenaria habla con acento pétreo al través de esos monumentos que elevaron nuestros antepasados indígenas con una prestancia rica en motivos de arte superior. Monumentos que vivieron olvidados por siglos, pero que hoy son restaurados gracias a la visión patriótica y cultural de un gobernante enérgico y con la cooperación de una ilustre institución científica norteamericana.

Y como una prolongación de la obra que se realiza admirablemente en Copán, y como expresión devota hacia la cultura del gran pueblo indígena, nuestro Presidente ordenó la reconstrucción total del bello Jardín «La Concordia», de esta ciudad, en el que se levantaron monumentos representando motivos mayas; monumentos que diariamente contemplan con afán admirativo quienes llegan a ese precioso rincón de nuestra capital. Ello es un homenaje a la antigua civilización de aquella raza heroica y laboriosa que, siglos antes de que salieran de la barbarie algunos pueblos de la Europa, hoy dueña de una cultura fuerte y brillante, era ya un hacinamiento luminoso de comunidades con una trayectoria civilizadora espléndida.

El embellecimiento de la capital con edificios nuevos y diferentes obras de ornato y de utilidad pública, como ya dijimos, es una labor magna, hecha a costa de sacrificios, pero con resultados excelentes. El esfuerzo creador y constructivo que ha efectuado el Mandatario ha sido fructífero en todo sentido. El General Carías Andino debe estar seguro de que «no ha arado en el mar» y de que «la posteridad le hará completa justicia». Aunque, para decir verdad, ya desde ahora y en una forma plena y espontánea el pueblo hondureño le ha hecho y le hace justicia al insigne Gobernante, y los extraños que estudian la vida actual de Honduras y comprenden sus problemas vitales, reconocen que la actuación gubernativa del eminente Reformador es de trascendencia magna, tanto en lo moral como en lo material. Su obra es grandiosa y sigue laborando cada día con mayor afán y mejor visión.

Hay que citar entre sus obras notables la reconstrucción económica de la República; mejor dicho, la reforma impuesta a los organismos del Estado que ejercen funciones financieras, la salvación del crédito nacional, la creación de nuevas fuentes de ingresos y el pago de la deuda pública interna y externa. La conversión de la deuda interna, que se efectuó con probidad absoluta, fue un paso de los más acertados dados por el Gobierno en años anteriores; y si se logró satisfacer al pueblo fue debido al esmero puesto por el Mandatario en la ejecución de aquella disposición beneficiosa para toda la colectividad nacional.

La deuda externa, a pesar de las dificultades ocasionadas por la crisis mundial que existe desde 1930, acentuada en los últimos años por los amagos de los regímenes brutales totalitarios y nazi-fascistas, ha sido pagada en gran parte; y luego se efectuará la cancelación de esa deuda contraída en tiempos distantes por un gobierno imprevisor.

Actualmente, y para aliviar la situación de las clases pobres, se ha iniciado la construcción de diferentes obras de suma utilidad y de importancia trascendente. Ello contribuirá a establecer el equilibrio económico y a inspirar optimismo y energía a todo el pueblo hondureño. Se sabe plenamente que el pueblo tiene la mayor confianza y fe en el Gobernante, porque comprende el valor de su actuación, igual que su talento, patriotismo, voluntad dinámica y deseo superativo que lo impulsan gallardamente a realizar todo cuanto sea necesario para la genuina prosperidad, para el buen nombre y para la presente y futura felicidad de Honduras.

Esas obras, cuyo programa es grande y brillante, son parte del vasto y eficaz esfuerzo que lleva a cabo con luminosidad el Mandatario, y en el cual esfuerzo —mejor dicho, programa de acción creadora— va involucrado un acervo magnífico de proyectos, de cosas elevadas y proficuas que habrán de consolidar, mejor dicho, eternizar, si cabe el término, la grandeza de la Nación en todos los aspectos sublimes de la cultura del espíritu y de la materia.

El desarrollo industrial, obedeciendo a un plan trazado de acuerdo con la técnica mejor, es uno de los puntos del programa que ha de convertir en realidad salvadora para el pueblo, el General Carías Andino. Igual diremos de la agricultura, a la que él ama y le presta todo su apoyo y atención; la cual habrá de desenvolverse de acuerdo con la ciencia. Ya vemos muchos adelantos en el país; y ellos son signos alentadores, etapas en la marcha hacia una total renovación de los sistemas de cultivo e industriales, y hacia una superación integral de los mismos, pues ya es tiempo de que todas nuestras colectividades se encaucen, como lo desea el ilustre Gobernante, por las corrientes superiores de la técnica contemporánea que sean adaptables a nuestro medio. Al fin, nuestro ambiente ha encontrado el ritmo civilizador, el acento rotundo del progreso, el alma de las renovaciones y de las reivindicaciones trascendentes; y ello se debe a la orientación excelsa que ha dado a la vida nacional el glorioso Mandatario, cuyo vigor, visión y patriotismo, trascendiendo los planos comunes con suma brillantez, ha efectuado en nuestra tierra cosas que nos parecen milagros; y que lo son, pero no extrahumanos, sino milagros de buena voluntad, fértil acción y acendrado patriotismo.

La mayor parte, y la más valiosa y monumental por cierto, de las obras que aquí detallamos han sido construidas con fondos exclusivos del Estado y se deben a la iniciativa del Jefe Supremo de la República, Doctor y General don Tiburcio Carías Andino, quien no sólo tiene la exclusividad en la concepción del grandioso proyecto edificante, sino que ha puesto todos los medios a su disposición para su realización. Así, pues, el Mandatario no se ha concretado sólo a disponer que se haga esto o aquello, sino que ha trazado planes, ha estudiado proyectos, ha revisado estudios y ha impartido órdenes eficaces y ha dictado las más atinadas disposiciones en todos los casos en que se ha hecho algo de verdadera trascendencia o de modesta pero significativa importancia. En todo ha puesto su energía, su talento, su esfuerzo. Ha iluminado con su visión todos los proyectos y en todo ha dejado con prestancia el sello de su personalidad, la reciedumbre de su ideología y la fuerza de su energía creadora y constructiva.

Su dinamismo es ejemplar. Su caso es el más admirable que conocemos, pues le sobra tiempo para ocuparse de todo; y hasta el mínimo detalle de cualquier obra que se hace en cualquier región del país es atendido por él, y todo lo resuelve con acierto y de acuerdo con la mayor utilidad para las colectividades de Honduras. Su afán es contribuir al bienestar de todos sus compatriotas, y por ello tiene que estar pendiente de lo que se hace en todas partes. Su mirada paternal y sabia abarca todos los horizontes y en todos ellos encuentra algo que rehacer o que construir, algo que reformar ya sea en lo material o en lo moral.

Algunas de las obras que se mencionan aquí han sido construidas por las Municipalidades o Concejos de Distrito; pero todas han recibido el apoyo del Mandatario en una forma segura y amplia, y por eso las consignamos, porque son parte también de la labor que ha ejecutado tan brillante y benéficamente nuestro Presidente. Además, debemos reconocer que él, como Jefe Supremo del país, orienta a todos los funcionarios, y éstos y los pueblos siguen su ejemplo y la trayectoria luminosa que él ha abierto para la República. Siempre está indicando el General Carías a sus subalternos la conveniencia de construir algo provechoso, de hacer todo cuanto pueda hacerse por el bien de la patria, de efectuar una renovación total en todos los órdenes culturales para así ser grandes y vigorosos, puros y nobles, valerosos y abnegados; y todos los que interpretan su leal sentir cumplen con sus indicaciones y siguen los paradigmas que él presenta cada día.

A continuación detallamos esas obras realizadas en este período de salvación nacional, en esta era de renovación y regeneración efectivas, en este magnífico período de paz y de trabajo, de concordia y de labor múltiple, en esta etapa de afirmación de ideales encaminados a estabilizar un orden generoso que logrará establecer definitivamente no sólo una nueva cultura espiritual sino una civilización perdurable que aprovechará todos los recursos naturales del país para afianzar la grandeza de sus hijos en un futuro de realizaciones y de luz.

DEPARTAMENTO DE TEGUCIGALPA

En este departamento se han hecho muchas cosas grandes, especialmente en la capital, que lo es también de la nación y que ahora forma con la ciudad de Comayagüela el Distrito Central. Pero en otras poblaciones también se ha hecho mucho, lo que será brevemente reseñado. Al referirnos a la capital dividimos su etapa de progreso en dos períodos: uno que abarca la actuación progresiva anterior a la creación del Distrito Central, y otro que abarca el lapso comprendido desde aquella creación hasta la fecha. Vamos, pues, a entrar en detalles concretos.

El Estado, por su propia cuenta en muchos casos y cooperando con las Municipalidades y el actual Concejo del Distrito Central en otros, ha realizado felizmente las obras que siguen:

Organización eficiente de Institutos Normales y Escuelas Primarias capitalinas.

Apoyo decidido a la Universidad Nacional para que funcionen activamente todas las Facultades establecidas por la ley.

Organización completa de las Escuelas Rurales.

Mejoramiento efectivo del plan de estudios en la Escuela de Artes y Oficios.

Construcción del magnífico Puente «Carías», una de las obras que enorgullecen a la metrópoli, tanto por su solidez como por su belleza. Esta obra, que en otras administraciones habría sido construida con mucho costo, se hizo en la forma más económica posible, si se toma en cuenta que la obra es monumental y que el gasto hecho en su construcción representa uno de los capítulos de probidad más gallardos de esta progresista Administración, que de manera magnífica realiza obras de prestancia indiscutible y que ejecuta todo cuanto es posible hacer para el buen nombre y para utilidad del país.

Higienización de la capital. Este trabajo merece ser detallado; pero no es posible hacerlo en una obrita sintética como ésta. Sin embargo, preciso es decir que la labor de higienización es de valor vital.

Reparación de calles mientras se pavimentan.

Construcción de cloacas para servicio público.

Se trazan planos para nuevos barrios y se edifican. Ahora son una realidad prometedora. Están ahí Buenos Aires, La Guadalupe y Morazán.

Reforma total de la Plaza Morazán, a la cual se le quitó el viejo aspecto provinciano para convertirla en un jardín moderno, estético y grato, tal como debe ser, puesto que ocupa el centro de la capital.

Construcción del puente sobre el Río Chiquito. A propósito, conviene recordar que este río, con motivo de las fuertes lluvias habidas en 1933, se desbordó dos veces y ocasionó grandes daños a los vecinos del Barrio de La Hoya. El señor Presidente General Carías Andino prestó su cooperación amplísima y su ayuda personal a los damnificados, afanándose por la reconstrucción de los edificios dañados. La Municipalidad de Tegucigalpa estuvo entonces a la altura de su deber y demostró su empeño altruístico. Uno de los edificios perjudicados entonces fue el que ocupan las oficinas de la Empresa de Agua y Luz Eléctrica, el cual fue inmediatamente reparado por el Gobierno.

Construcción de un puente sobre la quebrada «La Orejona».

Ampliación del Mercado de «Los Dolores» y dotación de servicios sanitarios en el mismo. En San Juancito también se amplía el mercado y se instala en él nuevo servicio sanitario. Se exige higiene efectiva asimismo a todos los que tienen puestos en ellos.

Construcción de dos puentes en la avenida principal del Barrio «Morazán».

Mejoramiento de los rastros públicos, introduciendo en ellos innovaciones precisas.

Construcción de un puente sobre el Río Chiquito, en la zona de El Guanacaste.

Compra de automóviles para el transporte de la carne de los rastros públicos a las carnicerías.

Construcción de un puente en la carretera a Suyapa.

Se abren nuevas vías que unen los barrios La Cabaña, La Pagoda, Goajoco, El Edén, Casamata, El Manchén, Morazán y La Guadalupe.

Construcción de dos puentes en la progresista aldea de San Juancito.

Construcción del Palacio del Distrito Central. — Esta obra merece especial mención porque es una de las mejores y más bellas que tiene la capital. Fue comenzado por la Municipalidad de Tegucigalpa, que fungió el año 1937, y terminado el año siguiente. Por su tamaño y por su prestancia arquitectónica se destaca este palacio. Ubicado en el centro de la ciudad, se alza como una gallarda muestra de lo que valen y pueden el dinamismo y el talento unidos por un ideal patriótico de construir obras perdurables.

Ampliación del Cementerio General.

Obtención por el Estado de edificios amplios y cómodos, destinados para escuelas rurales.

Macadamización de todas las calles y avenidas de Comayagüela. En esta obra son notables los trabajos realizados por la Municipalidad de aquella ciudad en 1933, contando con el apoyo del Supremo

Gobierno presidido por el Doctor y General don Tiburcio Carías Andino. También se inauguró en 1937 la Exposición Nacional, en la citada ciudad.

Organización de Exposiciones; la primera local y todas las demás nacionales. Fue inaugurada la primera en 1936. La de 1937 fue realizada por la Municipalidad y las demás fueron patrocinadas por el Concejo del Distrito Central. El éxito de estas exposiciones, reveladoras de la potencialidad hondureña, es bien conocido y cualquier comentario aquí huelga, porque el país sabe lo que representó el esfuerzo nacional en aquellos acontecimientos que fueron una expresión genuina del valer de la patria.

Construcción de un puente sobre la quebrada «Mayangle».

Obtención de automóviles para transporte de basuras.

Construcción de un puente sobre el Río Guacerique.

Se efectúan desviaciones de cauces de algunas quebradas en Comayagüela.

Construcción de un puente sobre la quebrada «Camaguaras».

Construcción de alcantarillas en Comayagüela.

Se amplía la obra del alcantarillado en la capital. Este trabajo representa uno de los más grandes esfuerzos constructivos de esta época renovadora. Por falta de espacio solamente lo citamos sin dar datos de lo hecho hasta la fecha.

Pavimentación de la capital con tragantes y filetes de cemento. Esta obra de progreso, de utilidad y ornato, es otra de las más destacadas de este período de acción trascendente. Realizada con eficacia por ingenieros hondureños, ha merecido aplausos de los extranjeros que han visitado la capital y que entienden de la materia. Se ha usado para la pavimentación adoquines cuadrangulares de piedra granítica que se encuentra en grandes cantidades en los cerros que rodean la ciudad. Y estos adoquines han sido labrados por trabajadores hondureños que han adquirido ya gran experiencia en esta labor. Se adoptó esta clase de pavimento después de largo y juicioso estudio realizado por los competentes ingenieros de la Oficina Técnica de Ingeniería.

Pavimentación de la Avenida «La Paz», que llega hasta el Hospital General, habiéndose plantado numerosos árboles de almendro a los lados en toda su extensión.

Construcción de calles macadamizadas en el Barrio «Buenos Aires».

Apertura y ampliación de la avenida séptima en Comayagüela.

Apertura del ramal de carretera hacia Las Casitas, aldea del Distrito Central.

Apertura de la carretera hacia Lepaterique, obra de mucha importancia.

Construcción de un puente sobre la carretera a Las Casitas.

Reconstrucción de puentes en la carretera que conduce a San Juancito.

Construcción de un puente en jurisdicción de la aldea Río Grande.

Aumento de capacidad de los locales y creación de nuevas aulas en las Escuelas «República Argentina», «Lempira», «Morazán», «José Trinidad Reyes», «Cabañas», «Dionisio de Herrera», «Francisca Reyes» y «Manuel Soto».

Dotación de mobiliario moderno a todas las escuelas capitalinas.

Creación de la Escuela Mixta «República de Panamá».

Compra de pianos para uso de las escuelas públicas.

Construcción de un muro en la margen derecha del Río Chiquito.

Construcción de un muro en los altos del Barrio La Hoya.

Compra de tres automóviles para servicio de comisiones, los cuales pertenecen al Concejo del Distrito Central.

Planificación de la Zona Oriental de la capital (400 hectáreas).

Terminación y acondicionamiento eficiente del hermoso Palacio de los Ministerios, obra notable que prestigia a la capital. Este trabajo fue de los primeros que realizó el Gobierno presidido por el Doctor y General don Tiburcio Carías Andino, al comenzar su Administración. Obra monumental indiscutiblemente.

Amortización de deudas dejadas por Municipalidades anteriores.

Construcción del edificio escolar «Francisca Reyes».

Apertura de la Carretera de Oriente, obra de importancia suma.

Se pavimenta la vía que circunda El Obelisco, bonito paseo de Comayagüela.

Reconstrucción completa del Cuartel «San Francisco», convirtiéndolo en un edificio amplio y elegante, dotado de todas las condiciones esenciales de un centro militar de tal índole e instalando en él todo lo preciso para la higienización de la tropa.

183

Reconstrucción del magnífico Puente «Hernando López». Sabido es que el puente sobre el citado lugar, construido en la Administración del Doctor don Miguel Paz Baraona, fue destruido por una de las grandes crecientes del Río Choluteca, a fines de 1933. Y al General Carías Andino le cabe la gloria de haber hecho edificar el nuevo y soberbio puente que allí existe, el cual por su solidez y arquitectura aventaja enormemente al anterior. Es una obra valiosísima cuya perdurabilidad está garantizada.

Construcción del puente del Cuartel de Veteranos.

Construcción del Jardín «Valle», uno de los rincones más preciosos de la capital.

Reconstrucción del edificio que ocupan las oficinas de la Empresa de Agua y Luz Eléctrica, el cual ha sido ampliado y embellecido.

Construcción del sólido y hermoso Puente «Centenario», inaugurado el 15 de septiembre de este año, en homenaje a la memoria del héroe inmortal General don Francisco Morazán, maestro de la libertad, apóstol de la democracia y mártir de la unión centroamericana.

Reconstrucción, de acuerdo con normas estéticas y con las reglas modernas de la arquitectura de jardines, del antiguo Parque «Herrera» y del Jardín «Soto».

Reconstrucción, en igual forma, del Parque «Colón».

Reconstrucción del Teatro Nacional, excelente y amplio edificio, notablemente embellecido.

Construcción del bellísimo Jardín Maya «La Concordia». Es éste indiscutiblemente el más típico, el más bello, el más poético y el más evocador de los jardines capitalinos. Lleno de monumentos mayas, es decir, de motivos que copian algunos de los más hermosos e importantes monumentos de las Ruinas de Copán, se presta para que el hombre de ciencia, el educador y el poeta encuentren en él inspiraciones propicias para su labor. Es la joya más preciosa que adorna a la capital, también ciudad romántica y ensoñadora; y como joya que es, su valor es muy alto. Para las generaciones venideras será esta obra una de las mejores muestras del afán creador y patriótico que animó siempre y que anima al gran Gobernante, General Carías Andino, a quien debe la patria tantas cosas de valor enorme y de prestancia renovadora.

Construcción del importante campo deportivo «Carías Lindo».

Construcción de un amplio y bellísimo parque en las alturas de El Picacho.

Reconstrucción del Parque «José Trinidad Reyes», otra bella expresión del dinamismo del ilustre Mandatario.

Construcción de un edificio magnífico para Garaje Nacional.

Apertura e inauguración de la Sala de Maternidad y de otra Sala de Operaciones, Sala de Cirugía, en el Hospital General.

Creación de la Fábrica Nacional de Tubos de Cemento, que tan buenos resultados ha dado, pues allí han sido fabricados todos los tubos requeridos para el alcantarillado de la capital.

Construcción del Acueducto de Comayagüela, obra de importancia vital. La presa, a varios kilómetros de distancia de la ciudad, es una obra magnífica. Todo el trabajo en general es excelente y el servicio que presta es, como ya dijimos, de valor vital para el vecindario, pues la introducción del agua potable era urgente.

Construcción de pilas de captación en Comayagüela, obra que es parte del plan concebido cuando se estudió el proyecto de la introducción del agua potable, ya felizmente realizado.

Higienización del Barrio de Concepción y apertura de calles en Comayagüela.

Compra de un laboratorio de química para el Instituto Normal Central de Señoritas.

Reconstrucción del edificio de la Dirección General de Policía, instalando en él nuevos y buenos servicios y otras dependencias, para que con toda comodidad puedan funcionar en él las oficinas, la tropa y la excelente Escuela Correccional de Menores.

Creación del Jardín Botánico.

Reapertura del Museo Nacional.

Dotación de 700 pupitres antropométricos para el Instituto Normal Central de Varones.

Construcción de los hangares de la Escuela Nacional de Aviación.

Reconstrucción del edificio para habitación de los alumnos de la Escuela Nacional de Aviación.

Compra de varios aviones para la Escuela Nacional de Aviación.

Donación, hecha por el Gobierno, de L 18,500.00 para la reorganización del Laboratorio Nacional.

Construcción del departamento especial para la Escuela Correccional de Menores «General Camilo R. Reina», y fundación de dicha escuela, la cual ha prestado y presta servicios notables, pues en ella se reforman y educan muchos jovencitos, quienes al salir de ella van convertidos en hombres de provecho, en hombres útiles, de contextura moral recia y de inquietud laboriosa trascendente. Es ésta una de las obras que, por su importancia moralizadora y edificante, por sus proyecciones laboriosas y sus resultados humanos de valorización de fuerzas espirituales y físicas y de acción constructiva, merece mayores aplausos en esta Administración tan fecunda en realizaciones generosas. Es una obra de alto mérito que siempre será considerada en su justo valor. El citado departamento especial fue construido en el interior del edificio de la Dirección General de Policía.

Refacción del edificio que ocupan los Talleres Tipográficos Nacionales.

Compra de nuevos instrumentos musicales para la Banda de los Supremos Poderes.

Mejoras en la Sala de Sesiones del Honorable Congreso Nacional.

Construcción de un Salón de Recepciones en el edificio de la Dirección General de Sanidad.

Reparación de la calle que conduce desde el Parque «La Leona» hasta la pila central del agua potable.

Fundación de la Escuela de Radio-Telegrafía, con muy buen suceso.

Trabajos de reparación en el edificio de la Biblioteca Nacional.

Reforma de una calle adyacente al Parque «La Concordia».

Dotación de 200 camas de hierro al Hospital General.

Establecimiento de una oficina de Control de Cambios Internacionales y Estabilización del Sistema Monetario.

Reapertura de la Sección de Puericultura y Gota de Leche.

Construcción del edificio para hospital en San Juancito.

Construcción de dos puentes de concreto, mejor dicho de cemento y hierro, en la Carretera del Sur.

Dotación de un dínamo potente a la Empresa de Agua y Luz Eléctrica.

Compra para el Estado y reconstrucción de un elegante edificio frente a la Casa Presidencial.

Contratación de un científico, mejor dicho, de un médico especializado en enfermedades de los ojos para asistencia de los enfermos pobres en el Hospital General y para que haga giras por departamentos de la República en misión humanitaria.

Construcción de un edificio en el occidente de la Penitenciaría Central.

Organización de la Escuela Correccional de Menores «Doctor Marcos Carías Reyes», en la Penitenciaría Central. Es éste un centro excelente en el que se educan numerosos niños y jovencitos. Hay en ella diferentes talleres que funcionan admirablemente, y el grado de adelanto de los muchachos es magnífico y altamente prometedor. Se les da instrucción en varias materias y cada día progresan de acuerdo con el ritmo evolutivo que le imprime a la marcha docente su fundador. Como centro de reforma moral esta escuela realiza una labor de suma trascendencia, igual que como institución en donde se enseña a trabajar con provecho y a utilizar los productos del trabajo.

Instalación de un eficiente taller de hilados y tejidos en la Penitenciaría Central, en el cual se confeccionan diferentes clases de tela. Este taller y los de talabartería, zapatería, carpintería, ebanistería y la sección de pintura y dibujo han dado resultados espléndidos. Las telas para vestidos de los reos y de los soldados son hechas en la Penitenciaría. Asimismo, se fabrican allí colchas de hilo de buena calidad. Estos talleres serán ampliados y otros nuevos serán instalados, de acuerdo con el programa trazado que abarca un ciclo de estudios y de trabajo extenso e intenso.

Compra de equipos completos, eficaces, magníficos, para trabajos de apertura de carreteras.

Compra de dieciséis camiones balastreros de gran potencia, para trabajos en construcción de carreteras.

Instalación de un taller de hilados y tejidos en el Cuartel de Veteranos.

Reformas en el edificio del Instituto Normal Central de Varones y construcción de un escenario para representaciones teatrales.

Organización de una Banda Militar en el Instituto Normal Central de Varones, institución en el mismo de la enseñanza militar, teórica y práctica, y otras innovaciones trascendentes en el plan de estudios y en la disciplina.

Organización de una orquesta en el mismo centro educativo.

Creación de la Escuela de Artillería, centro militar importantísimo que está ya prestando servicios valiosos. Funciona de acuerdo con un programa eficiente. Actualmente cuenta con numerosos alumnos y oficiales y profesores capacitados. Los muchachos de esta escuela son también hábiles y corajudos deportistas.

Creación de la Escuela de Soldados Mecánicos de Aviación, anexa a la Escuela Nacional de Aviación, que tanta significación tiene en este tiempo de inquietudes por las visiones trágicas del panorama mundial. La Escuela de Aviación ha dado ya frutos excelentes y su contingente es desde todos sus aspectos altamente valioso en esta época. Los soldados mecánicos cooperan, igual que los aviadores expertos, en la obra de defensa y seguridad nacional, haciéndolo de una manera patriótica y brillante. Nuestros aviadores recorren todos los rumbos y vigilan nuestras costas para prevenir y evitar toda amenaza de peligro externo. Y cumplen su deber con gallarda intención de significarse en las escalas y lides del genuino civismo.

Creación del Departamento de Vialidad, anexo a la Dirección General de Rentas.

Construcción de la carretera de Casamata hasta la que va a San Juancito, ramal este último que tiene mucho tránsito comercial y turístico.

Envío de estudiantes nacionales a especializarse en diversos conocimientos en famosos centros científicos del exterior o en escuelas industriales.

Protección decidida a la Cruz Roja Hondureña, vigorosa y altruista institución que está haciendo una labor humanitaria trascendente y hermosa. Protección a organizaciones similares cuya finalidad benéfica es reconocida.

Compra de motocicletas para servicio del Estado Mayor Presidencial.

Mejoramiento técnico de los cuerpos militares de la capital y de la República.

Reorganización del Estado Mayor Presidencial y de la Guardia de Honor de acuerdo con los avances de la ciencia militar. Estos dos cuerpos, de mucha importancia, han recibido vigoroso impulso; se ha renovado su programa de acción y estudio, y hoy hacen honor a su misión. Son dos grupos militares excelentes.

Dotación al taller de mecánica del Garaje Nacional de tornos, máquina rimadora, taladros, toda clase de máquinas para reparación y de un equipo de soldadura eléctrica.

Instalación de la Fuente Luminosa en el precioso Jardín Maya «La Concordia».

Contratación de un científico especializado en tratamientos por medio de rayos X y aplicación del radio en la curación del cáncer.

Ampliación de los existentes y construcción de dos grandes pabellones en el Hospital General, para servicios especiales.

Compra de aparatos costosos y de suma utilidad para el departamento de enfermedades de los ojos; obtención de valiosos aparatos de cirugía y otras mejoras o innovaciones en el Hospital General, centro de beneficencia que presta servicios excelentes al pueblo capitalino y al resto del país, pues de todas partes vienen enfermos en busca de salud, los cuales son atendidos gratuita y esmeradamente de acuerdo con el programa humanitario en que se basan las labores de ese notable centro.

Instalación del Observatorio Meteorológico.

Construcción aproximadamente de 12 puentes en el tramo de carretera de esta ciudad a Cofradía (Carretera de Olancho).

Planificación de las zonas que ocupan los barrios Belén, La Granja y El Bosque.

Compra de filtros, pedidos al exterior, para el servicio de agua potable de Comayagüela.

Creación de la Escuela Mixta «Tiburcio Carías Andino», en la aldea El Sauce.

Envío de un funcionario policíaco a los Estados Unidos a cursar estudios científicos para contrarrestar la delincuencia.

Compra de un vaporcito guardacosta, para vigilancia en el litoral Norte e impedir la introducción de contrabandos, y actualmente para evitar desembarcos clandestinos de individuos sospechosos, espías o saboteadores.

Envío de jóvenes a Estados Unidos, México y Guatemala a estudiar materias militares que comprenden cursos de estudio eficientes, después de los cuales obtienen la debida preparación para actuar como oficiales del ejército.

Distribución gratis de semilla de trigo entre el campesinado por medio de los Gobernadores Políticos Departamentales.

Protección y estímulo, mejor dicho ayuda efectiva, al desarrollo de la cultura física en todos sus aspectos.

Creación de la «Hora de Honduras», para divulgaciones de nuestros valores intelectuales, artísticos, morales, económicos y de toda índole, por medio de la estación radiodifusora H.R.N. de esta capital.

Fomento del turismo por medio de propaganda atinada en el exterior.

Creación de la Biblioteca Escolar en la Escuela «Lempira».

Creación de la Oficina de Control de Materiales Estratégicos.

Becas anuales para jóvenes que estudian en los Institutos Normales Centrales de Varones y Señoritas, en la Escuela de Artes y Oficios, en la Escuela Nacional de Aviación, en la Escuela de Artillería, en la Escuela Nacional de Bellas Artes, en las Escuelas Correccionales de Menores y otros centros.

Inauguración de calles y avenidas a las que se han dado nombres de próceres de nuestra historia, entre otras la Avenida «Centenario Morazán», inaugurada el 15 de septiembre de este año.

Concursos literarios nacionales, como un estímulo a los escritores y poetas de Honduras, y ayuda a los mismos editándoles sus obras. Divulgación de nuestros valores intelectuales del pasado y del presente por medio de la edición de sus mejores obras. Todo esto en servicio de la cultura patria.

Instalación de radiocomunicaciones, por medio de potentes estaciones existentes en Tegucigalpa, Amapala, San Pedro Sula, La Ceiba, Roatán, Utila y Guanaja.

Apertura del servicio de radiocomunicación con México.

Protección, por medio de jubilaciones, a los servidores del Estado, imposibilitados para trabajar, ya sean militares o telegrafistas, lo mismo a las viudas de éstos.

Se otorgan varias becas para estudios de telegrafía y radiotelegrafía, en la escuela anexa a la Dirección General de Comunicaciones Eléctricas.

Preferencia y protección al trabajador hondureño en las compañías y empresas extranjeras establecidas en el país. Esto se debe a las gestiones del Gobierno y a disposiciones legales emitidas para favorecer al proletariado. Igualmente se han obtenido algunos beneficios para los empleados de las casas comerciales.

Cooperación con el Gobierno de los Estados Unidos en los estudios especiales hechos en la República, principalmente en las regiones del Norte, sobre la posibilidad de incrementar el cultivo del hule, es decir, de la planta que produce el caucho de mejor calidad y que es la conocida con el nombre de Hevea brasiliensis.

Protección a los propietarios de jardines experimentales, principalmente a los dueños del Jardín Experimental de San Pedro Sula, señores Pérez Estrada.

Protección y ayuda económica a la Escuela Agrícola «Coyocutena», fundada y dirigida en La Libertad, Comayagua, por el Ingeniero don Pompilio Ortega, agrónomo de reconocida capacidad.

Protección a la industria nacional. En la actualidad funcionan en esta capital y otros lugares del país con muy buen suceso diferentes industrias establecidas por sociedades anónimas o por capitalistas particulares, y todas ellas reciben protección adecuada de parte del Estado. Asimismo, las empresas agrícolas, la ganadería y la minería son objeto constante de los cuidados y ayuda del Gobierno. En cuanto concierne a la explotación de tierras, el Estado ha otorgado lotes propios para cultivos diversos y ganadería entre muchas familias hondureñas, propendiendo al desarrollo intenso de la agricultura. En el ramo de minería se ha atendido y protegido solícitamente a los que han denunciado zonas mineras y solicitado concesiones para su explotación; siendo significativo, por cuanto se refiere a la efectividad de los recursos naturales del país, que la mayoría de las zonas denunciadas contengan ricas vetas de oro, plata, hierro, manganeso, estaño, antimonio y otros metales, lo que viene a demostrar que la riqueza potencial de Honduras es positivamente grande. Y precisamente ahora, en esta era de progreso general sostenido en toda la República por el señor Presidente, Doctor y General don Tiburcio Carías Andino, es cuando el pueblo todo obtendrá beneficios de la explotación intensa de esa riqueza que hoy permanece latente todavía, pero que es efectiva y enorme y espera en el seno de la tierra que lleguen la técnica y el trabajo a darle forma útil, trascendentemente útil.

Ampliación del servicio de agua y luz en los barrios nuevos de la capital y cambio de tuberías en varios sectores de la metrópoli.

Creación de talleres de carpintería y mecánica en la Empresa de Agua y Luz Eléctrica.

Construcción de una casa para el guardián de la presa de Jutiapa, pues de allí, como es bien sabido, viene el agua potable que surte a la ciudad de Tegucigalpa.

Mejoras en el servicio de correos tanto en las actividades nacionales como en las internacionales. Innovaciones efectivas en algunas dependencias. Probidad y diligencia en toda la labor que esa institución vital desarrolla.

Atención decidida y apoyo al Ramo de Comunicaciones Eléctricas, de importancia capital para la vida nacional. Ampliación del radio de comunicaciones. Reparación de líneas telegráficas y construcción de algunas para lugares que estaban privados de ellas. Esmero y absoluta honradez en el servicio.

CARRETERAS

El plan de vialidad trazado por el digno Mandatario, Doctor y General don Tiburcio Carías Andino, es grandioso; y hay que decir con orgullo que la mayor parte de ese plan ha sido realizada y que ya falta poco para ver la completa efectividad del magnífico programa delineado por el Gobernante. Hay en el espíritu de cada patriota hondureño plena convicción de que luego tendrá el país una red de carreteras excelentes; vías de comunicación que impulsarán el progreso en todas sus modalidades mejores. La cultura nacional, la agricultura, la industria, el turismo, el comercio en general y otras actividades provechosas tomarán incremento porque habrá facilidad de transporte y comunicación, facilitándose el intercambio espiritual y material.

Las grandes vías que ya tiene Honduras son la Carretera Interoceánica, subdividida en Carretera del Norte y del Sur, la Panamericana, la de Olancho, la de Oriente y la de Occidente, con las cuales conectan diversos ramales importantísimos. De estas grandes vías, las de Olancho, Oriente, Occidente y Panamericana han sido construidas por el Gobierno que tan digna, patriótica y constructivamente preside el Doctor y General don Tiburcio Carías Andino; y asimismo ha hecho notables reparaciones a la Carretera Interoceánica, tanto en la parte Norte como en la región del Sur. Además, todos los distintos ramales, que son numerosos, construidos en la República, en diferentes zonas de intensa actividad agrícola o comercial, han sido posibles por el apoyo decidido que ha prestado el Gobierno, ya sea suministrando instrumentos o equipo de trabajo en cantidad suficiente o bien concediendo eficaz ayuda económica.

NOTA PRECISA

Antes de seguir adelante queremos rogar al lector que nos dispense si hemos omitido la mención de alguna o algunas obras importantes; pero si ello ha ocurrido no debe culpársenos. Ninguna oficina pública nos ha suministrado datos para este trabajo; y para hacerlo hemos tenido que consultar colecciones de los diarios capitalinos, especialmente de La Época, de varios años a la fecha, y es muy posible que se nos hayan escapado datos importantes. Por ello rogamos que se nos disculpe, pues la intención que nos guía es patriótica; mas los medios de que hemos dispuesto quizá no contengan todo lo indispensable para hacer una obra minuciosamente detallada. Sin embargo, esperamos que se tomará en cuenta nuestra buena intención. En todo caso reiteramos nuestra súplica sobre que se nos perdone cualquiera omisión, pues si existe ha sido involuntaria.

En los varios municipios del departamento de Tegucigalpa, en el lapso administrativo del Doctor y General don Tiburcio Carías Andino, Presidente Constitucional de la República, se han hecho las siguientes obras importantes:

SAN JUAN DE FLORES

Instalación de una Planta Eléctrica para servicio público de alumbrado y mejoramiento del servicio de agua potable.

Apertura de la carretera que conduce de aquella ciudad al mineral de San Juancito.

Apertura de la carretera que une dicha población con la carretera de Olancho y de un ramal que conecta con la de Oriente.

Instalación de un radio para utilidad pública en la ciudad.

TALANGA

Relleno de calles; reconstrucción del Cabildo Municipal; reconstrucción de edificios para escuelas; obtención de 25 rollos de alambre para vías telefónicas; refacción del edificio de escuela de Jalaca; inauguración del campo de aterrizaje para aviones militares y comerciales; establecimiento del servicio telefónico con San Juan de Flores; reconstrucción de un edificio para rastro público; reparación del cementerio; reparación de un puente; instalación del servicio de agua potable; instalación de la línea telefónica con Jalaca; dotación de herramientas para fontanería; habilitación de calles en el centro y en el barrio oriental; construcción del acueducto y de la pila de captación de agua potable; instalación de nueva postería de líneas telegráficas y telefónicas; reparación constante del tramo de carretera que conduce a Olancho; construcción de la carretera que conduce de Palmira al río de El Rosario, y construcción de cinco puentes y alcantarillas en la misma.

CEDROS

Refacción completa del edificio que ocupa la Receptoría de Rentas, las oficinas del Telégrafo y la Comandancia Local.

Instalación de 22 kilómetros de líneas telefónicas y telegráficas, de aquella ciudad a La Ermita y a Jalaca, respectivamente.

Reparación de la línea telegráfica hasta Talanguita y Guaimaca, respectivamente.

Apertura de líneas telegráficas con San Ignacio, El Terrero, La Cuesta y Yoculateca, respectivamente.

SANTA LUCÍA

Construcción de aceras, malecón y barandas en el edificio del Cabildo Municipal.

Refacción completa de edificios escolares.

Construcción de calles denominadas «La Estación» y «Barrio Arriba».

Construcción de dos baños públicos.

Construcción de una casa para venta de carnes.

Construcción de aceras en el cementerio.

Construcción de la calle «Los Ángeles» con piedra adoquinada.

LA VENTA

Construcción de la calle «El Calvario».

Reparación completa del Cabildo Municipal.

Ampliación del cementerio.

Construcción de la sacristía y campanario del templo católico. Preciso es advertir que, aunque hay en Honduras completa libertad de conciencia, pudiendo cada persona rendir homenaje al culto religioso que guste, siempre que se ha pedido la cooperación del Estado o de las Municipalidades para obras religiosas, esa cooperación ha sido efectiva, pues no implica compromiso alguno de apoyo a determinada religión, sino que se hace como un acto generoso y necesario porque así lo reclama la fe de las colectividades. Tal es el caso citado y asimismo otros que enumeraremos obedecen al mismo espíritu de condescendencia y ayuda a toda obra moralizadora o cultural que implique algo efectivamente bueno para el pueblo. De igual modo, cualquiera otra institución religiosa puede recibir ayuda oficial siempre que su labor sea positiva, plena de ideales morales y de fines altruistas.

Habilitación de las carreteras «Santa Sofía», «La Ceibita» y tramo correspondiente de la Carretera del Sur.

Instalación de nueva cañería para servicio de agua potable y construcción de casetas en las pilas de captación de agua.

ALUBARÉN

Construcción de un edificio para escuela urbana de niñas.

Construcción de tapias para circundar el campo agrícola escolar.

Construcción de una casa para alojar oficinas telegráficas y telefónicas.

OJOJONA

Construcción de tapias en el cementerio, de un puente en «Las Pavas», de un puente colgante sobre el Río Grande y de seis puentes de madera en el centro del pueblo; apertura del tramo de carretera de aquella población a Santa Ana; construcción de una casa para oficinas públicas; compostura y relleno de las calles del pueblo; establecimiento del alumbrado público; construcción de una casa para escuela rural en Güerisne; instalación de un radio público y suministro de postería para la línea telegráfica y telefónica hasta El Junquillo.

CURARÉN

Obsequio a la Municipalidad y escuelas de 200 portaplumas, 40 tinteros llenos de tinta excelente, 4 cajas de yeso, 100 libros de lectura para primero y segundo grados, 90 reglas, 200 cuadernos de dibujo y caligrafía y L 130.00 en efectivo para la organización de las escuelas, hecho por el ilustre Mandatario hondureño, Doctor y General don Tiburcio Carías Andino. Dicho obsequio fue por cuenta personal del señor Presidente. He ahí uno de los rasgos magníficos del hombre superior que guía sabiamente los destinos de Honduras.

Construcción de la torre del templo católico.

Construcción del artesón, repello y pintura del Cabildo Municipal.

Construcción de una presa para servicio de agua potable.

Proyecto de compra de nueva cañería.

SAN MIGUELITO

Construcción de una pila para captar agua, para servicio público.

Repello y pintura del Cabildo Municipal y construcción de una baranda para el mismo.

Cambio de puertas y ventanas en el Cabildo Municipal.

Relleno y reparación constante de las calles.

SANTA ANA

Apertura de la carretera de aquella población a Ojojona y El Sauce, respectivamente.

GUAIMACA

Construcción de una pared al costado oriental del Cabildo Municipal; construcción del cementerio en la aldea de Río Abajo y de las tapias que circundan el cementerio del pueblo; cambio de la postería de las líneas telegráficas de aquella población a Almacigueras y Linderos; ampliación del cementerio con cerca de alambre; construcción de la línea telegráfica de aquel pueblo a El Rosario; apertura de la carretera de El Rosario hasta Linderos;

construcción de un edificio para escuela; construcción, de otro edificio para alojar las oficinas de la Comandancia Local, del telégrafo y teléfono; instalación del radio público; y construcción, en colaboración con los municipios olanchanos de Campamento y Concordia, de una pirámide simbólica en El Salto, precisamente en el límite de la jurisdicción municipal de los citados municipios, para conmemorar el esfuerzo realizado por el ilustre Gobernante General Carías Andino en la obra vial que tanto beneficia a los expresados pueblos y a los departamentos de Tegucigalpa y Olancho, lo mismo que al país en general, y como una demostración patriótica de reconocimiento al Mandatario.

ORICA

Enladrillado de las oficinas municipales.

Inauguración del campo de aterrizaje para servicio de toda clase de aviones.

Desecación de un pantano que era foco de infecciones.

Refacción y ampliación del cementerio de aquel pueblo.

Apertura de la carretera que conduce de aquella población a la carretera de Olancho, por la que se comunica con la capital de la República.

SABANAGRANDE

Construcción de dos nuevas calles.

Reparación del servicio de agua y luz, haciendo en él importantes mejoras.

MARALE

Construcción de un puente y de una casa para escuela.

VILLA DE SAN FRANCISCO

Apertura de la carretera de aquella población hasta la línea divisoria con Morocelí en el paso de La Lima. Construcción del ramal de carretera de aquella villa a San Juan de Flores y a Guapinol, respectivamente.

ARMENIA

Construcción del campo agrícola escolar y reparación de los edificios escolares.

LA LIBERTAD

Construcción de dos casas: una para alojar la Comandancia Local y otra para la oficina telegráfica.

TATUMBLA

Apertura de la nueva carretera que conduce de aquel pueblo a la Carretera de Oriente y construcción de dos puentes en la mis-ma arteria vial.

SAN ANTONIO DE ORIENTE

Apertura de una carretera que conduce de aquella población hasta la Carretera de Oriente, con una extensión de 20 kilómetros.

LEPATERIQUE

Apertura de una magnífica carretera de aquel pueblo hasta la capital, la cual ya está en servicio, yendo frecuentemente personas de este Distrito Central por ella al citado pueblo, que es uno de los más pintorescos del departamento, propio para temporar en él o para excursiones de placer, de estudio de nuestra flora o simple-mente cinegéticas. Dicho ramal, por haber sido construido sobre terrenos rocosos, por su trazo y por los cortes efectuados en los lugares difíciles en donde hubo que romper la piedra finísima y abundante, es una de las arterias viales más admirables del país. Y es una obra sólida que perdurará.

SAN BUENAVENTURA

Apertura de la carretera de aquella población a El Sauce.
Reparación completa del cementerio.
Refacción del templo católico.

MARAITA

Apertura de la carretera entre Güinope y Lizapa, con una extensión de 16 kilómetros.

VALLE DE ANGELES

Reinstalación de la oficina telegráfica y reparación de lá línea telegráfica de aquel pueblo a Santa Lucía, San Juancito y San Antonio de Oriente, respectivamente.

Reparación constante de todas las calles y atención esmerada a las escuelas urbanas y rurales.

REITOCA

Construcción del cementerio nuevo.

Reparación de la iglesia parroquial.

Construcción del campo de aterrizaje.

Hechura de un malecón para evitar derrumbes en la población y construcción de la calle que conduce hacia el cementerio.

DEPARTAMENTO DE CORTES
SAN PEDRO SULA

En esta importante ciudad se han hecho las obras siguientes:

Construcción de la parte correspondiente de la gran vía «Carretera Occidental», que va de San Pedro a Santa Rosa de Copán.

Construcción del ramal del Ferrocarril Nacional llamado «Kilómetro 86», importante obra que ha dado beneficios efectivos a la colectividad.

Construcción de un hermoso y moderno edificio para alojar las oficinas de la Estación del Ferrocarril Nacional.

Compra de un solar para ampliar el Cuartel. También con el mismo objeto se compraron dos casas, procediéndose inmediatamente a la construcción del nuevo edificio militar. Actualmente el Cuartel de San Pedro es una de las obras que prestigian a la generosa y constructiva Administración del General Carías Andino y enorgullecen al país.

Construcción de un gran edificio para alojar las oficinas de la Gobernación Política y Policía Nacional y Administración de Correos. Esta es otra obra monumental, es decir, de suma importancia y de prestancia estética. Fue hecha con un costo reducido relativamente, porque hubo completa probidad en el manejo de los fondos que sirvieron para aquel fin. A la fecha, ese edificio es uno de los mejores de la bella ciudad norteña.

Construcción de la amplia carretera que conduce de aquella ciudad a la aldea de La Cumbre, la cual carretera está prestando servicios valiosos al vecindario.

Construcción del puente de hierro sobre el Río Chamelecón, obra de mucho mérito y gran utilidad.

Construcción del ramal de ferrocarril de «El Zapote», obra de importancia indiscutible que, lo mismo que los otros ramales construidos en este período de actividad fecunda y al igual que las carreteras, está prestando servicios valiosísimos a la comunidad, y en general a la República.

Construcción de un muro para proteger las casas de los pobladores de Chamelecón.

Compra de una casa y reconstrucción de la misma para alojar las oficinas de la Administración de Rentas.

Pavimentación de 50 cuadras de calles en el centro de la ciudad.

Colocación de una estatua de Lempira y embellecimiento de la avenida que lleva su nombre.

Construcción del acueducto de Cofradía, obra de importancia capital y hecha de acuerdo con los adelantos de la técnica moderna.

Construcción de un arco artístico especial y colocación en el mismo de un reloj público en el Boulevard «Morazán».

Construcción de un pabellón anexo al mercado del Distrito, para ventas de frutas y verduras.

Dotación a la ciudad de un potente y moderno equipo contra incendios. Los servicios prestados han sido excelentes. E indiscutiblemente a la eficacia de este equipo se debe últimamente la total ausencia de desgracias provocadas por el fuego en la floreciente ciudad de los laureles.

Construcción de un Estadio. Este amplio y hermoso campo de deportes presta servicios valiosos a los fanáticos de los diferentes juegos que en él se realizan; y para los jugadores es de importancia trascendental. Por ello dicha obra ha sido y es justamente encomiada, reconociéndose que es uno de los mejores estadios de Honduras.

Construcción del Palacio del Distrito. Esta obra es quizá la mejor de aquella ciudad. Es un monumento arquitectónico, de acuerdo con planos basados en los adelantos de la arquitectura actual. Desde el punto de vista técnico, igual que por su amplitud y por su utilidad, este edificio es motivo de orgullo para aquel Distrito Departamental y para la Nación en general, pues revela lo mucho, grande y bueno que puede hacerse cuando los actos de los funcionarios superiores son guiados únicamente por el patriotismo, la probidad y el talento. Por su belleza y valor, este Palacio del Distrito, gala de San Pedro, joya de este período fecundo y expresión gallarda del afán constructivo de la gloriosa Administración nacionalista actual, está considerado como una de las obras magnas de la Nueva Honduras.

Compra de un equipo moderno para asfaltar calles.

Dotación de servicio de agua potable a la aldea de Lima Vieja, obra también de vital importancia.

Construcción del Boulevard «General Carías», que constituye una de las más bellas atracciones de aquella ciudad. Por su extensión y esmero, se considera esta obra como una de las mejores realizadas allá. Hermosísimo paseo cuya amplitud merece alabanza. Desde él se abarca la ciudad y se contempla un panorama delicioso.

Instalación de alumbrado eléctrico para servicio público en La Lima.

Creación de un Consultorio Médico gratuito, para servir a las clases desvalidas, especialmente a la infancia. Esta y otras obras filantrópicas ponen en relieve el altruismo del Concejo de aquel Distrito Departamental, pues según informes fehacientes, la labor de asistencia social allá es eficaz, efectiva, intensa. Todo ello merece aplausos calurosos. ¡Así se trabaja por el bien de la Patria!

Construcción de un Asilo de Indigentes. Esta obra, de valor excepcional y que constituye un paso avanzado en la obra de servicio social, merece también aplausos, muchos aplausos. En ese Asilo tendrán paz, abrigo y pan los desvalidos. Y este es el mejor comentario que se puede hacer, puesto que en pocas palabras expresa la finalidad grandiosa de aquella obra.

Construcción de un crematorio en lugar adecuado.

Reservar, única y exclusivamente, para el abastecimiento del agua potable de los habitantes de San Pedro Sula, las aguas del Río de Las Piedras y que proceden del terreno llamado La Protección.

PUERTO CORTÉS

Desecación de pantanos y trazo de nuevas avenidas y calles.

Reparación de edificios públicos, de conformidad con principios técnicos adecuados al lugar y al clima, atendiendo a la topografía lo mismo que a la importancia de los servicios que prestan.

Trabajos de utilidad y ornato y labor inteligente con el fin de incrementar el turismo.

POTRERILLOS

Construcción de una casa para la escuela mixta de la aldea de San Miguel.

Construcción de un edificio para Escuela de Varones en la población.

Construcción de un hermoso edificio de dos pisos para Cabildo Municipal; de otro edificio amplio, acondicionado cuidadosamente para mercado público y de un edificio sólido para cárcel.

Construcción de puentes en los siguientes lugares: sobre la zanja de Vindel; en el camino que conduce a San Miguel; en la carretera hacia Nueva Pimienta; sobre el Río Blanco, en el paso llamado Manacal; en el Barrio El Norte de aquella población y en la Calle del Comercio.

Se hicieron asimismo importantes trabajos de alcantarillado y obras de saneamiento para combatir la propagación del zancudo, peligrosa plaga que produce el paludismo, enfermedad endémica de ciertos lugares de la Costa Norte.

Instalación de la Planta Eléctrica e inauguración del servicio de alumbrado.

Introducción del agua potable con buena cañería de hierro.

Apertura de la Avenida «José Cecilio del Valle».

Reparación de todas las calles.

Construcción de un kiosco en la plaza pública.

Dotación de servicios sanitarios a todas las escuelas públicas de la población.

Construcción de una presa para servicio de agua potable en la aldea de San Miguel.

Construcción de una casa para garaje-bodega.

Construcción de una pila de cemento para captación de agua y de varias pilas más para servicio del vecindario y de las escuelas públicas de la población.

Apertura de trabajos para saneamiento de la población, los cuales han adelantado mucho hasta la fecha, habiéndose iniciado con energía y visión certera.

Construcción de alcantarillas.

Compra de camiones para servicio municipal.

Macadamización de las calles más importantes.

SAN MANUEL

Construcción de una carretera que conduce de aquella población a la estación terminal del Ferrocarril de la Tela Railroad Co.

Construcción de un edificio para alojar la oficina telegráfica y de una casa para rastro público.

Apertura de un pozo y colocación en él de un motor de aire, para dotar al pueblo de servicio de agua potable.

Reparación de los caminos vecinales.

Cancelación de las deudas que dejaron rezagadas las Municipalidades anteriores.

Compra de un equipo eficiente para instalación del alumbrado eléctrico.

Construcción de un edificio para alojar las oficinas de la Municipalidad y los Juzgados.

Instalación de un nuevo motor de aire para ampliar el servicio de agua potable.

Construcción de un moderno edificio para las escuelas urbanas.

NUEVA PIMIENTA

La inundación de esta población, causada por el desbordamiento del Río Chamelecón, dejó en completa ruina todos los edificios públicos, mobiliario, etcétera, lo mismo que a los edificios particulares. Puede decirse, sin exageración, que la actual población ha sido totalmente reconstruida; y en cuanto a los edificios públicos, fueron hechos de nuevo, pero en lugar más seguro. Para esta reconstrucción total la ayuda generosamente ofrecida por el Gobierno, presidido por el Doctor y General don Tiburcio Carías Andino, fue activa, eficaz y grande. Los edificios reconstruidos totalmente son los que siguen: Cabildo Municipal, Escuela de Niñas, Escuela de Varones y cárcel pública.

Apertura de nuevas calles y construcción de una carretera que conduce de aquella población a Villanueva.

CHOLOMA

Construcción del importante ramal del Ferrocarril Nacional llamado «Flor del Valle», obra de suma utilidad que ha beneficiado y beneficia a los habitantes de aquel sector y en general a toda la zona de Cortés, que activamente labora y necesita excelentes vías de comunicación. Este ramal es de los más valiosos últimamente construidos. Es una obra de importancia enorme en aquel medio y es de las que prestigian gallardamente la labor renovadora y constructiva del actual Gobierno.

Construcción de una carretera que conduce de aquella floreciente población a zonas de intensa producción bananera, como San Roque y Candelaria, en las que el oro verde ha sido factor capital de progreso. En esta importante vía se hicieron también dos puentes de solidez reconocida.

Reconstrucción del puente en La Lechuga.

Construcción de la carretera que conduce a San Pedro Sula, en la cual se hicieron cuatro fuertes puentes con sus respectivas cunetas, desagües y alcantarillas.

Reconstrucción de todas las calles y construcción de una cerca en el cementerio.

Se compró un terreno para que sea utilizado por los vecinos de la aldea La Jutosa.

Construcción de un edificio para Escuela de Niñas.

Reparación completa del edificio del Cabildo Municipal.

Lotificación de un terreno adquirido por la Municipalidad.

Se han hecho importantes trabajos de canalización y desviación de las aguas del Río Blanco, para evitar nuevas inundaciones.

Apertura de la carretera que conduce a la aldea de La Jutosa.

Construcción de una casa para Guardatura Municipal.

Construcción del nuevo edificio para alojar las oficinas municipales, el cual edificio consta de dos pisos.

Reparación del edificio de las Escuelas de Niñas «Luis Landa».

Dotación de láminas de zinc para la escuela de La Jutosa.

Construcción de dos cementerios: uno en la aldea La Hioaca y otro en El Rancho.

Refacción de la casa de escuela de Río Blanquito.

VILLANUEVA

Apertura de la carretera que une aquella población con San Pedro Sula, Nueva Pimienta y Potrerillos, respectivamente; vía en cuya construcción se puso el mayor cuidado, dándole amplitud conveniente y, en general, realizando un trabajo satisfactorio.

Construcción de cuatro kilómetros de línea férrea atravesando fincas de propietarios nacionales que han derivado grandes beneficios de esta vía, la cual va hasta uno de los campos fruteros de la Tela Railroad Company.

Construcción de una presa para el servicio de agua potable de aquella población.

Instalación del servicio de alumbrado eléctrico.

Construcción de varios puentes y reparación de las calles y de los caminos vecinales.

SAN ANTONIO DE CORTÉS

Construcción de una carretera que conduce al campo Amapa y a Potrerillos. Reparación de edificios públicos y calles de la población.

SAN FRANCISCO DE YOJOA

Reparación constante de la carretera que conduce de El Jaral a Potrerillos. (Este tramo de carretera, por cierto una vía de excepcional importancia, va a ser completamente reparado y ampliado, de acuerdo con el nuevo programa de trabajo que tiene en mente el Supremo Gobierno presidido por el General Carías Andino. Para eso, según las últimas informaciones, se ha enrolado numeroso contingente de trabajadores. A esta carretera la llamaron en otras administraciones que se significaron por el despilfarro, la «vía millonaria», aludiendo irónicamente al derroche inútil, mejor dicho, al despilfarro del dinero, pues en ella se gastaron sumas enormes y jamás quedó buena como para llamársele en verdad carretera. Era la tabla de salvación de todos los vagos antipatriotas y de los que querían medrar a costa del Estado y por obra de la política de farsa y nebulosidad que prevaleció en ese pasado que ya contemplamos lejano y cuya tradición abominable no resurgirá jamás).

Se construyó un puente de cal y canto sobre el Río Blanquito y otro sobre la quebrada Amapa.

Se instaló una línea telegráfica que permite la comunicación con Río Lindo.

SANTA CRUZ DE YOJOA

Se construyeron dos puentes sobre la quebrada Capiro y otros dos sobre la quebrada Cañaveral. Mejoramiento de las calles. Construcción de dos puentes sobre la quebrada El Coco y de tres sobre la quebrada El Cantil. Se construyeron asimismo tres puentes en la aldea de San Antonio y en Loma Larga. Construcción de una carretera hasta conectar con la Carretera Nacional.

Construcción de un surtidor de agua potable para la aldea Subirana. Reparación constante de las carreteras y caminos reales. Construcción de una casa para escuela en El Llano. Reparación de todas las calles de la población. Construcción de un artístico kiosco en el centro de la población para recreo del público; dicha obra es de dos pisos.

DEPARTAMENTO DE COMAYAGUA

De este departamento citamos las siguientes obras:

COMAYAGUA

Construcción de un pabellón anexo al mercado municipal. Reparación completa del Palacio del Distrito Departamental, con instalaciones de moderno servicio eléctrico y buen mobiliario. Reparación completa de la Escuela de Niñas «Rosa de Valenzuela». Dotación de nuevo mobiliario y de una campana a la Escuela de Varones. Se instaló un potente altoparlante. Obtención de un retrato del General don José Trinidad Cabañas, el que fue colocado en el salón del Palacio del Distrito.

Construcción de cuatro copas de cemento, las que fueron colocadas en las columnas del Parque «León Alvarado». Nomenclatura de avenidas, calles y casas de la ciudad. Construcción de aceras en el Parque «León Alvarado». Construcción de otro pabellón anexo al mercado citadino. Reparación de las calles. Compra de un camión para servicio del Concejo del Distrito.

Construcción del bello Parque «Salvador Aguirre». Construcción de dos puentes, uno en el Barrio Arriba y otro en el Barrio Dolores. Apertura del Boulevard «General Carías». Enderezamiento de la Avenida «Manuel Bonilla». Construcción de un puente colgante sobre el Río Chiquito. Fundación de la Biblioteca «Salvador Aguirre». Construcción de dos casas para escuelas, una en la aldea Palo Blanco y otra en la aldea Agua Salada.

Se instalaron seis mil yardas de alambre para extender el servicio de luz eléctrica. Se instaló alumbrado en el rastro, y fue completamente reparado el edificio. Compra de nueve monturas para las bestias que hacen el servicio de acarreo de carnes y del tren de aseo. Ampliación de la calle que conduce al rastro público. Construcción de una pila en el Parque «Salvador Aguirre». Construcción de una pila que surte de agua al vecindario del Barrio Arriba. Construcción de casas para escuelas en las aldeas El Ciruelo, La Jagüita y San Antonio. Introducción de servicio de agua en el rastro público.

Se colocaron foquitos de colores en el frontispicio del Palacio del Distrito. Reparación completa de las casas de las escuelas urbanas, añadiendo a esto la dotación de nuevas mesas, pizarrones, pupitres, colecciones de mapas y cuadros murales con motivos científicos para la enseñanza objetiva.

Construcción de un nuevo departamento para venta de carnes. Ampliación y reparación del mercado, al que también se le hicieron cinco resumideros en el servicio de agua potable.

Embellecimiento de los parques mediante la siembra de plantas preciosas pedidas ex profeso al exterior.

Construcción de una casa para escuela rural en Guacamayas. Reparación de veinte escuelas rurales y dotación de toda clase de materiales de enseñanza a las mismas. Compra de terrenos para utilización agrícola entre los vecinos de la aldea Agua Salada.

Construcción de un puente sobre la quebrada que atraviesa la calle «General Carías». Deslinde jurisdiccional entre las aldeas El Resumidero y La Laguna. Reparación completa del edificio de la

Administración de Rentas y dotación de servicio sanitario y alumbrado eléctrico al mismo.

Fundación del importante Hospital «Santa Teresa», el que ha sido dotado de una moderna sala de operaciones y un arsenal quirúrgico abundante y eficaz, introduciéndose mejoras también en la Farmacia de esta institución filantrópica y haciéndose reparaciones al edificio que ocupa; asimismo se reparó la sala para mujeres y se dio al personal todo lo preciso en cuanto a equipo moderno de esterilización y demás servicios; siendo digno de alabanza el hecho de que a este Hospital, a pesar de la crisis económica, siempre se ha tratado de mantenerlo equipado con todo lo necesario para poder atender en forma debida a los numerosos pacientes que llegan allí de diferentes lugares.

Ampliación y refacción completa del edificio para oficinas de telégrafos y teléfonos. Se estableció comunicación telefónica con las poblaciones de Siguatepeque, La Villa de San Antonio, Lejamaní, Ojos de Agua y también con San Rafael, El Rodeo y La Misión.

Reparación completa de las aceras del Instituto Normal de aquella ciudad, y construcción de una sala y enladrillado de cemento en las demás salas y corredores del mismo edificio.

Reconstrucción completa de la Casa Nacional «La Imprenta», en cuyo trabajo se empleó piedra labrada y le fue construida una moderna cornisa; también se instaló en ella alumbrado eléctrico.

Se amplió y reparó completamente el cuartel militar. Se reparó el edificio que ocupa la Comandancia de Armas, el cual fue embellecido con excelente pintura. Se reparó el edificio de la Corte de Apelaciones.

Reparación constante del tramo de la Carretera del Norte que cruza aquella jurisdicción. Apertura de la carretera que, desprendiéndose de la del Norte, conduce hacia Agua Salada y El Rosario, en la cual se construyeron dos puentes.

Se repararon las líneas telegráficas y telefónicas que comunican con Siguatepeque, Lamaní, El Rosario, La Libertad y Ojos de Agua.

SIGUATEPEQUE

Se instaló el alumbrado eléctrico. Se construyó el Palacio Municipal. Se macadamizaron las calles.

VILLA DE SAN ANTONIO

Se construyó un sólido puente de hierro sobre el Río Tujaca. Se construyó un moderno mercado municipal. Se construyó un puente de hierro sobre la quebrada La Boca de las Vueltas. Se instaló la línea telefónica directa que comunica con La Paz, y se construyó una casa municipal en la aldea de Flores.

MEÁMBAR

Construcción de una iglesia católica. Construcción de dos casas pequeñas para escuelas públicas y de un puente sobre el Río Maragua.

MINAS DE ORO

Apertura del ramal de carretera hacia la capital. Apertura del tramo de carretera que conduce a Esquías. Construcción de un puente en el centro de la población. Compra de terrenos para ejidos.

EL ROSARIO

Apertura de la carretera que conecta con la del Norte. Construcción de un excelente edificio para la Comandancia Local. Se construyeron dos pilas para abastecer de agua a los pobladores de aquella ciudad. Construcción de un puente sobre la carretera. Reparación constante de todos los caminos reales.

SAN JERÓNIMO

Construcción de un cementerio en Ocotes Caídos. Reparación de los edificios de las escuelas. Construcción de una baranda al Cabildo Municipal.

SAN JOSÉ

Reconstrucción completa de la capilla. Se reparó completamente el puente sobre el Río Jaitique. Se repara constantemente la carretera, lo mismo que los caminos reales. Reparación completa del edificio de la Escuela de Varones.

OJOS DE AGUA

Se construyó un puente colgante sobre el Río Humuya, hecho completamente de alambre. Este puente presta importantes servicios, pues por él transitan los que viajan a La Libertad y pueblos circunvecinos, y los que de tales lugares van a Ojos de Agua. Últimamente se han realizado en aquel municipio otras obras de progreso que no detallamos porque no tenemos a la vista completa información sobre ellas, pues solo sabemos que están haciendo algo importante para la comunidad.

HUMUYA

Se dio a este pueblo un subsidio de L 500.00 para compra de un terreno al municipio de San Sebastián, el que fue adquirido por compra o permuta. También se le dotó de un potente radio para utilidad pública.

LAMANÍ

Se construyó una casa destinada para capilla en el cementerio. Se amplió el edificio escolar. Se construyó un puente en la carretera que conduce de aquella población a la gran carretera que viene del Norte a esta capital. Se repararon las líneas telegráficas en una extensión de 17 kilómetros. Se reconstruyó la casa consistorial. Se construyó un edificio para mercado público. Se hizo una casa para cárcel. Se repararon todos los edificios públicos y se construyó un magnífico edificio para la Comandancia Local.

LEJAMANÍ

Apertura de la carretera que conduce de aquella población a Comayagua, La Paz y Ajuterique.

SAN SEBASTIÁN

Construcción de una torre en la iglesia del pueblo.

AJUTERIQUE

Construcción de un tramo de carretera que conduce hacia La Paz y Comayagua. Se construyeron asimismo dos puentes importantes en la carretera.

LA LIBERTAD

Se compró un terreno para utilidad del vecindario. Se construyó una casa para venta de carnes. Se empedraron las calles principales. Se construyó una glorieta para servicio del público. Se reconstruyó un puente en la vía pública. Apertura de la carretera que conduce a Comayagua. Se construyó una casa destinada para rastro público. Apertura de nuevas calles. El 15 de septiembre anterior fueron inaugurados en aquella población la «Calle Carías», la Avenida «Centenario» y el excelente edificio construido para instalar las oficinas de la Comandancia Local.

ESQUÍAS

Se reparó completamente la línea telegráfica hasta San Jerónimo. Se ampliaron las calles. Apertura de la carretera que va hacia Minas de Oro.

SAN JOSÉ DEL POTRERO

Se construyó una casa para Escuela de Varones. Se reconstruyó completamente el puente en el centro de la población. Construcción de una cerca a la plaza situada en el centro del pueblo. Se construyó un cementerio en la aldea Potreritos.

LA TRINIDAD

Se construyó un muro o cimiento para proteger eficazmente dos barrios de la población. Se desecó una laguna y fue rellenada con tierra otra en el barrio La Plazuela. Se construyó una casa para escuela. Se construyó una baranda para el Cabildo Municipal. Construcción de una torre al templo católico. Se construyó una casa para Escuela de Niñas. Construcción del edificio para Cabildo Municipal. Se construyó también una casa para alojar la oficina telegráfica.

DEPARTAMENTO DE CHOLUTECA

En este departamento se han hecho obras de suma utilidad como las que a continuación detallamos:

CHOLUTECA

Se modernizó y reparó el edificio que ocupan la Escuela de Varones «República de México» y el Instituto Normal «José Cecilio del Valle».

Se reparó el edificio de la Escuela «Tomasa P. de Benedetto».

Se refaccionó el nuevo Cabildo Municipal, hoy Palacio del Distrito.

Se le construyó una puerta de hierro a la entrada principal del cementerio.

Se empedró la Calle Chorotega.

Se hicieron trabajos importantes para desviar las aguas del río y evitar inundaciones.

Se reparó completamente el mercado municipal.

Se repararon los puentes «Minerva» y «Federación».

Se le construyó un nuevo pabellón al Mercado San Antonio.

Se construyó un puente sobre el Río Sampile.

Se empedró la Calle Paz Baraona.

Se macadamizó la Calle Bolívar.

Se empedró la Calle Lindo.

Se inauguró el busto del sabio José Cecilio del Valle, en la Plaza Fraternidad.

Se empedró la Calle La Cruz.

Apertura de nueva calle cercana al Río Choluteca.

Se empedraron las Calles Vijil y Colón.

Dotación de un Gimnasio Escolar.

Se construyó un salón anexo al Cabildo Municipal.

Se reconstruyó el puente «Paulino Valladares».

Se le hicieron importantes reparaciones a los edificios que ocupan la Tesorería del Distrito, antes Municipal, los Juzgados de Paz y de lo Criminal.

Apertura de una nueva calle en el Barrio Emilio Williams.

Se construyó un bello parque que lleva por nombre «Parque General Carías», en el centro del cual se colocó un busto del ilustre Mandatario.

Se construyó un campo para jugar tenis.

Se colocó un nuevo reloj público en la torre de la iglesia.

Se instaló una fábrica de tubos de cemento.

Ampliación del servicio sanitario en el Palacio del Distrito, antes Cabildo Municipal.

Construcción del gran «Puente Choluteca» en la Carretera Panamericana, obra notable, una de las más importantes del país.

Se procedió a los trabajos del alcantarillado de la ciudad.

Se reparó el puente «Abarca».

Se construyó el Puente de Piedra, o sea el de la Sociedad de Amigos.

Se reparó el Parque Valle y su kiosco respectivo.

Reparación efectuada sobre la Quebrada del Muerto.

Dotación de cuatro globos para servicio eléctrico en el puente y Parque «General Carías».

Construcción de puentes sobre la carretera que conduce de aquella ciudad a San Lorenzo.

Reconstrucción de los puentes El Ahorcado, Guanacastales, Istoca, Las Tunas y Guanacastillo.

Se repararon las calles Rosa y Zerón.

Se instaló servicio de alumbrado en el Mercado San Antonio.

Se reparó el puente colgante del Río Choluteca.

Reparación del Parque Centenario.

Se dotó de nuevo mobiliario a las Escuelas «República de México» y «Tomasa P. de Benedetto».

Construcción del aeródromo, el cual es excelente.

Reparación completa de las calles Morazán, Cabañas, Chorotega, Minerva y la del Rastro Público, lo mismo que las calles Guardiola y La Esperanza.

Se cambió la postería de las líneas telegráficas.

Se rellenaron varias zanjas.

PESPIRE

Embaulamiento de la pila principal del servicio de agua potable.

Se empedró la Calle «Herrera».

Se construyó un cementerio.

Se macadamizó la Avenida «Morazán».

Se construyeron tres torrecillas en la pila de captación de agua potable.

Construcción de un puente sobre la quebrada «Las Ortiz».

Se construyó una casa destinada para escuela en la aldea Cacautare.

Se abrió una calle que conecta con la Carretera del Sur y con el panteón nuevo.

Construcción de un rastro público.

Relleno y explanación de calles y avenidas.

Apertura de la calle que conecta con El Higuito.

Se macadamizaron las calles que circundan el Parque Central.

Se refaccionó la casa del cementerio general.

Se construyó un cimiento en el mercado.

Se compraron dos casas para uso de la Municipalidad.

Se empedró y dotó de alcantarillas a la Calle «San José».

Se le construyeron tapias al solar de la Escuela «Angelina Cruz Z.».

SAN MARCOS DE COLÓN

Se construyó un rastro público, con el respectivo servicio de agua potable.

Se construyó el mercado público.

Se instaló el servicio de alumbrado eléctrico en toda la población.

Construcción de dos puentes, uno en la población y otro en el lugar denominado El Paisaje.

Apertura de tres calles en la ciudad.

Se construyó un edificio que aloja las oficinas de correos, telégrafos, Receptoría de Rentas y Comandancia Local.

Construcción del «Fuerte Pérez», importante fortaleza militar sólidamente edificada y dotada de todos los elementos modernos necesarios para la mayor eficacia defensiva y ofensiva, cual conviene a una verdadera fortaleza militar.

Se construyó un importante ramal de carretera que conecta con la gran vía Panamericana.

Construcción del jardín público de la ciudad.

Se reparó el salón de recepciones del Palacio Municipal.

EL CORPUS

Se construyó un edificio para la Escuela de Varones Número 2.

Construcción de una carretera que une aquella población con San Marcos de Colón y Choluteca.

Atención esmerada a las escuelas urbanas y rurales.

Se construyó un edificio que fue destinado para Escuela de Varones y otro destinado para Escuela de Niñas, siendo ambos de suficiente amplitud para los fines indicados.

Se construyó una casa para que sirva de cárcel.

Construcción de una pila del acueducto para mejorar el servicio público de agua potable.

Reconstrucción de una pila distribuidora de agua potable.

Se refaccionaron todas las calles.

Se reconstruyó el rastro público.

Se dotó de nuevo mobiliario a las escuelas urbanas y rurales.

OROCUINA

Se compró una hermosa casa y su respectivo mobiliario, la que fue destinada para la Escuela de Niñas «Florentino Rodríguez N.º 1».

Se reconstruyó el edificio de la Escuela de Varones «Isidro Carranza N.º 2».

Apertura de la carretera de aquella población a Choluteca.

Se empedró la Calle «Bolívar».

Se reparó el cementerio y se construyó una casa en el mismo.

Se le hicieron importantes mejoras, es decir, reparaciones valiosas al Cabildo Municipal.

Se reparó también el edificio de la cárcel.

Instalación de un radio público.

Fundación de una Biblioteca Municipal, con su respectivo mobiliario.

Se repararon las líneas telegráficas.

Siembra de numerosos y diversos árboles frutales en la plaza del pueblo.

Apertura de labores en el hermoso campo de experimentación agrícola escolar, cuidadosamente preparado para que sirva eficazmente a la enseñanza de los alumnos de las escuelas urbanas.

APACILAGUA

Construcción del campo de aterrizaje, grande y cómodo, tanto para aviones de guerra como comerciales.

Instalación de un radio público.

Construcción de un templo católico.

El Gobierno dio un subsidio de L 300.00 para la construcción de un edificio destinado para la Escuela de Niñas que lleva por nombre « APACILAGUA ».

MARCOVIA

Construcción de un moderno edificio destinado para alojar las oficinas de la Municipalidad.

Apertura de un pozo, con su respectiva bomba, para extraer agua para servicio público; cerca del cual se construyó una pila recibidora del líquido precioso.

Construcción de una casa para proteger la pila captadora de agua potable, para cuya obra dio el señor Presidente de la República, Doctor y General don Tiburcio Carías Andino, la suma de L 500.00, e hizo cuanto fue preciso para facilitar la edificación.

Fue obsequiado aquel municipio con una potente lámpara de gasolina para servicio público, generosamente donada por el señor Vicepresidente de la República, Ingeniero y General don Abraham Williams.

El señor Presidente, General Carías Andino, donó la cantidad de L 317.36 para la construcción de una casa destinada para la escuela rural de la aldea Monjarás.

Se reconstruyó el templo católico.

CONCEPCIÓN DE MARÍA

Donativo de L 100.00 hecho por el Gobierno para ayudar a la construcción del Cabildo Municipal.

Se instaló una nueva línea telefónica de aquella población a la aldea San Benito Nuevo, con sus respectivas oficinas.

Se empedraron las calles.

Se refaccionó el edificio para escuela de niñas.

SANTA ANA DE YUSGUARE

Se construyó un puente sobre el Río Sampile, para cuya obra dio el señor Presidente General Carías Andino la cantidad de L 200.00.

Se reparó completamente el edificio del Cabildo Municipal.

Reparación de la casa para escuela.

Construcción de una torre en la que se colocó un reloj público.

Se reparó completamente el cementerio.

DUYURE

Apertura del campo de aterrizaje en el lugar llamado La Laguna. Se ampliaron las avenidas y calles de la población. Se construyó una casa para cuartel militar y para alojar la oficina telegráfica. Se le hicieron importantes mejoras al templo católico.

MOROLICA

Se construyó una casa destinada para Escuela de Varones de la localidad. Se repararon las calles. Se construyó una casa destinada para mercado público.

SAN ANTONIO DE FLORES

Construcción de la carretera que conecta con el pueblo de San Lucas. Construcción de un sólido muro en el lugar llamado Mala Laja, en el cual se grabó esta inscripción: «Obras son amores. Construido por el Reformador de Honduras, General Tiburcio Carías Andino». Se construyó un malecón en el lugar llamado La Lucía, que tiene grabada la inscripción que dice: «Aquí se ve la mano fuerte del Gral. Carías A., Reformador». Se reconstruyeron todos los puentes y alcantarillas. Construcción de un malecón en el lugar denominado El Paso Real. Construcción de una casa destinada para las escuelas públicas de la población. Reconstrucción del templo católico.

EL TRIUNFO

Construcción de un edificio destinado para alojarlas oficinas de la Municipalidad. Construcción de una casa para escuela pública. Construcción de otra casa destinada para rastro público. Construcción de nuevas puertas para el templo católico.

SAN JOSE

Reparación constante de los tramos de carretera que parten de aquella población. Se instaló una oficina telegráfica.

SAN ISIDRO

Construcción de un edificio destinado para. escuela pública. Introducción del agua potable a la población.

NAMASIGÜE

'Se le construyó una cerca al Cementerio General. Se reparó la carretera que une a dicha población con el lugar denominado Las Lajas y con Choluteca, El Triunfo, La Flor, San Bernardo, hasta llegar a la frontera con Nicaragua. El señor Presidente de la República dio la suma de 200.00 lempiras para la construcción del nuevo Cabildo Municipal, generoso donativo que mucho agradece aquel municipio. Creación de una nueva escuela rural. El General Carías Andino, ilustre Mandatario hondureño, dio asimismo un subsidio de 1.000.00 lempiras destinado a la compra de terrenos para utilidad de los vecinos de San Jerónimo, que requieren intensificar sus importantes labores agrícolas.

DEPARTAMENTO DE OCOTEPEQUÉ

Citamos de éste las siguientes obras:

SINUAPA

Esta población es actualmente la cabecera del departamento, pues como bien sabido es, una arrolladora inundación destruyó a la antigua población de Ocotepeque. Esta catástrofe sumió en dolor profundo a la República; pero la energía y el afán filantrópico del Mandatario se manifestaron inmediatamente, ayudando amplia y eficazmente a los damnificados.

Con motivo de aquel acontecimiento nefasto, se dispuso trasladar la capital del departamento a Sinuapa, en donde se ha hecho lo siguiente:

Se construyó un puente sobre el río La Laborcita.

Construcción de una casa destinada para rastro público.

Se construyó un puente que la une con Nueva Ocotepeque y una caseta en el mismo.

Apertura de un campo de experimentación agrícola escolar.

Refacciones a la Escuela de Niñas.

Apertura del Parque Central.

Construcción de una casa para escuela rural en la aldea Veracruz.

Construcción de un edificio destinado para las oficinas de la Municipalidad; este edificio es de dos pisos.

Se le construyó una cerca al cementerio.

Construcción de una casa para escuela en la aldea La Laborcita.

Apertura de la carretera que parte de Las Cuevitas hasta el Río Cacalhuapa, de aquella jurisdicción.

NUEVA OCOTEPEQUE

Construcción de cunetas en todas las calles de la población.

Apertura de una calle que conduce de la Gobernación Política al cuartel.

Construcción del edificio destinado para las oficinas de la Dirección Departamental de Enseñanza Primaria.

Construcción de un edificio destinado para oficinas de telégrafo, teléfono y correo.

También se construyó un edificio para alojar las oficinas Municipales y Juzgados.

Construcción de un edificio para la Escuela Urbana Mixta «Julián Mejía H.».

Construcción del Parque «General Carías», en cuyo centro se destaca el busto del señor Presidente de la República.

Macadamización de las avenidas y calles de la población.

Construcción de tapias que circundan el Cementerio General.

También se construyó una capilla anexa.

Construcción de un edificio para las oficinas de la Comandancia de Armas y Mayoría de Plaza.

Se construyó asimismo otro edificio para la Gobernación Política.

Construcción de la casa para la Administración de Rentas.

Se construyó un edificio para presidio.

Apertura de una importante carretera que conduce hacia el interior del país.

Introducción del agua potable y del alumbrado eléctrico.

BELÉN GUALCHO

Construcción de un edificio destinado para la Escuela de Niñas «Manuel Bonilla», casa amplia y de estilo moderno.

Construcción de una casa para la Escuela de Varones «Julián Mejía H.».

Se construyó un edificio para oficinas de telégrafo y correo.

Construcción de una tapia que circunda el campo de experimentación agrícola.

Se construyó una pila captadora de agua para servicio público.

MERCEDES

Se amplió el cementerio con su respectiva cerca y se construyó una casa en el mismo.

Construcción de una pila captadora de agua para servicio público.

Se construyó una casa destinada para escuela en la aldea Plan del Rosario.

Refacción completa del Cabildo Municipal.

Construcción de un edificio para la Comandancia Local.

SANTA FÉ

Se construyeron dos puentes, uno en el lugar llamado El Paso y otro sobre el Río Cececapa.

Construcción de un puente sólido sobre el Río Lempa.

Se construyó una casa para escuela en la población.

Construcción de un edificio de dos pisos para Cabildo Municipal.

SENSENTI

Reconstrucción del Cabildo Municipal.

Construcción de un edificio escolar en la aldea Azacualpa y de una casa nacional en San Antonio.

Se reconstruyó el puente colgante sobre el Río Sixe.

Construcción de dos pilas de captación para el servicio de agua potable, una en la población y otra en la aldea de Azacualpa.

Se reconstruyó un edificio escolar en la aldea Gualtaya.

Apertura de la línea telegráfica que va a San Marcos y Cololaca.

Se construyó un edificio escolar en San Francisco Conen.

Construcción de una casa adecuada por su amplitud y demás condiciones para la escuela de la población.

LUCERNA

Se construyó un edificio para la Escuela de Varones Urbana.

Construcción de dos puentes, uno sobre la Quebrada de la Cruz y otro en la Quebrada de Los Zorros.

Se construyó también un puente-hamaca sobre el Río Alaz.

LA LABOR

Se construyó un edificio para Escuela de Niñas Urbana.

Instalación de una línea telegráfica de aquella población a San Isidro y de otra a El Zorzal.

CONCEPCIÓN

Construcción de un puente que une dos barrios de la población.

Introducción del agua potable.

Se construyó una pila de captación de agua.

Se han reparado constantemente las líneas telegráficas y telefónicas.

FRATERNIDAD

Refacción completa del edificio escolar de San Francisco.

Construcción de un salón anexo al Cabildo Municipal.

Se construyó un puente sobre el Río Sixe y dos más en la localidad.

Se refaccionó completamente el Cabildo Municipal.

SAN MARCOS

Se construyó una casa para venta de carnes.

Se empedraron las calles.

Se reparó el edificio del Cabildo Municipal.

Se hizo la instalación de la línea telegráfica que comunica con Cololaca.

Construcción de un puente-hamaca sobre el Río Grande.

Se construyeron tres puentes sobre la quebrada que cruza la población.

Se construyó un campo de aterrizaje.

Se refaccionó el Salón de Actos del Cabildo Municipal.

Se construyó una casa destinada para la escuela de la aldea El Refugio.

Construcción de una plaza pública en lugar adecuado de la población.

Se instaló el servicio de alumbrado eléctrico.

Construcción de un puente en la población.

Se refaccionó el edificio que sirve de cárcel.

Se reparó la casa que ocupa la Receptoría de Rentas.

Reparación del edificio de la Escuela «Cándido Mejía».

Introducción del agua potable.

SAN FRANCISCO DEL VALLE

Refacción completa del Cabildo Municipal.

Se construyó una casa para venta de carnes.

Se empedraron las calles.

Se hicieron reparaciones en el cementerio.

Se amplió y reparó la Escuela de Niñas.

Se refaccionó la casa de Escuela de Coloal.

Refacción de los campos agrícolas escolares de las aldeas Santa Teresa, Coloal y Cile.

Se construyeron los muros del cementerio.

SAN JORGE

Se reconstruyó un puente sobre el Río Negro.

Refacción del edificio de la Escuela Urbana Mixta.

Se reparó la iglesia del pueblo.

Se construyó un edificio para Cabildo Municipal, que consta de dos pisos y donde también se alojan las oficinas del telégrafo y juzgados.

Construcción de un edificio para la Comandancia Local.

SAN FERNANDO

Se construyeron dos puentes en la población.

LA ENCARNACIÓN

Se construyó un magnífico puente sobre el Río Jocomico.

Se hicieron tapias para circundar el campo de experimentación agrícola de la Escuela de Niñas.

Se empedraron las calles.

Se construyó una casa destinada para escuela en la aldea El Bacoval.

Se construyó un edificio de dos pisos para Cabildo Municipal.

DEPARTAMENTO DE ATLÁNTIDA
LA CEIBA

Se reconstruyó la Escuela de Varones «Francisco Morazán».

Se construyó una escuela en el Barrio de La Isla.

Construcción de una casa para escuela en el Barrio de Mejía.

Se hicieron importantes mejoras a los edificios municipales con construcción de piezas anexas al Palacio Municipal, hoy del Distrito Departamental; entre esas piezas están las que ocupan las oficinas de la Tesorería y de la Secretaría.

También se le construyó al Palacio un nuevo techo; se repararon las puertas y ventanas del mismo; se mejoraron los zócalos, pintándolos convenientemente, y se colocaron vidrios en las ventanas.

Se mandó a retocar los retratos de los próceres que adornan el salón principal del Palacio.

Mejoramiento del Hospital Atlántida con la construcción de nuevos pabellones e inauguración de servicios para ampliar la misión filantrópica que aquel centro desempeña satisfactoriamente.

Se hicieron refacciones importantes a los edificios de las escuelas siguientes: «Guadalupe Quesada», «Cristóbal Colón», «Atenea», «Francisco Morazán» y en la escuela de la aldea Piedra Pintada.

Apertura de la Calle «Rufino Solís» y de la Avenida «La Independencia».

Se repararon las avenidas y calles siguientes: «La República», «San Isidro», «14 de Julio», «Colón», «Morazán», la que conduce al Hospital D'Antoni, la avenida que conduce al Río Cangrejal y la avenida «Cabañas».

Se repararon asimismo las calles siguientes: números 1, 3, 7, 10, 11, 13 y 14; la que conduce a Julia; las del Barrio Nuevo, las del Barrio La Isla y del Barrio La Independencia.

Se nivelaron las calles para dar más belleza a la población.

Se arreglaron los caminos vecinales que conducen a Yaruca, El Porvenir, La Ausencia, La Julia, Playa de Venado, Bonito y Satuyé.

Se hicieron importantes mejoras al Parque Morazán, tales como la reparación completa del kiosco con sus respectivos atriles; se aumentó el número de bancas y se reparó el surtidor.

Al cementerio nuevo se le refaccionó la verja, lo mismo que una caseta; se hizo también una cerca y se reparó la tubería del servicio de agua.

Al cementerio viejo se le construyó una cerca.

Importantes reformas se hicieron también al mercado nuevo, entre las cuales citamos el servicio sanitario, cambio y reparación de puertas y ventanas; se cambió y pintó la tela metálica de las piezas y se colocaron placas para numerar los departamentos.

Al mercado viejo se le hizo reparación de importancia y se mejoró el servicio sanitario.

El edificio del rastro fue reparado completamente; se arreglaron los hornos; se le hizo un cercado y se mejoró convenientemente el servicio hidráulico.

Se hicieron importantes trabajos de limpieza en el estero.

Fueron reparados los puentes Cangrejal, La Isla, 1ª Calle, Naco, de la Calle 7ª, Adán y el que cruza la Avenida San Isidro.

Muchas familias pobres fueron favorecidas con lotes de terreno que la Compañía Standard Fruit Co. devolvió al Estado; inmediatamente después de lo cual el Gobierno mandó lotificarlos para repartirlos equitativamente entre las citadas familias, que mucho provecho han obtenido de esas tierras ahora utilizadas para diferentes fines ventajosos.

Estos terrenos comprenden el lugar denominado «de Reynolds»; son excelentes para cierta clase de cultivos en pequeño y en ellos se ha edificado también, pues sus actuales dueños han sabido sacarles provecho.

Se instaló una maquinaria trituradora de piedra.

Se efectuaron importantes trabajos de pavimentación en las avenidas y calles de la ciudad, y actualmente se proyectan trabajos en grande escala de saneamiento y ornato.

Otras obras que no detallamos han sido hechas allá, pues se ha trabajado con actividad y patriotismo durante este magnífico lapso de paz y de reformas trascendentales que debemos al Benemérito de la Patria, Doctor y General don Tiburcio Carías Andino, cuya preocupación constante es el bienestar de todos los hondureños, bienestar que ha de obtenerse por el sostenimiento de la paz, por la cultura, por la moral, por el trabajo dignificador y fecundo, y por todos los demás factores favorables que pugnan por mantener a Honduras en un plano superior de honor y civilización, de luz y democracia.

TELA

Refacciones importantes al Puente «Manuel Bonilla».

Se hicieron instalaciones de energía eléctrica para servicio diurno.

Construcción de un puente llamado «Lempira».

Se reparó y pintó el Cabildo Municipal, hoy Palacio del Distrito Seccional.

Se macadamizó la Avenida Cabañas, desde el Puente Bonilla hasta el Lempira.

Apertura de un tramo de carretera que conduce al rastro.

Se construyó el Salón de Actos «Alonso A. Brito».

Construcción de dos edificios destinados para escuelas en las aldeas La Fortuna y San Juan.

Se amortizaron las deudas municipales.

Se compraron camiones para servicio del Tren de Aseo.

Se abrió la nueva calle que conecta el telégrafo con la Estación del Ferrocarril.

Apertura de un tramo de carretera que conduce de la ciudad a la aldea Piedras Gordas.

Se hicieron trabajos de relleno y nivelación en la Plaza Lempira.

En el Parque Cabañas se erigieron dos bustos: uno al General Trinidad Cabañas y otro al General don Tiburcio Carías Andino; y se construyó también un kiosco de cemento armado que vale mucho como obra de ornato y de utilidad.

Trabajos de relleno y drenaje en las partes bajas de la población.

Se construyó un moderno rastro público.

Al mercado municipal se le hicieron nuevos servicios sanitarios y se le construyó un pabellón anexo para cocinas.

Saneamiento y reparación de todos los edificios escolares.

Construcción de un importante tramo de carretera que conduce de la ciudad a Puerto Arturo.

Se amplió y mejoró la carretera hasta la aldea San Juan y se extendió más la vía que conduce a Piedras Gordas.

Se repararon las calles y se hizo la apertura de una más en el cerrito «Lempira».

Importantes trabajos de pavimentación en la Avenida Cabañas y las calles que circundan el Parque Cabañas.

Asimismo, se pavimentó la Calle Nacional y la Calle Yoreña.

Se construyó un edificio destinado para garajes y bodegas.

Construcción de un edificio destinado para la Escuela Rural «Carlos Izaguirre».

Importantes trabajos del acueducto.

Pavimentación de las calles «José Cecilio del Valle», «Morazán» y «22 de Febrero».

LA MASICA

Reparaciones al Cabildo Municipal.

Reparación a la Escuela «Ramón Rosa» y dotación de nuevos servicios sanitarios.

Se reparó el Cementerio General.

Construcción de un puente en el camino que conduce a la aldea Tierra Firme.

Se hicieron trabajos de reparación en el mercado y rastro público.
Se reparó el camino real de Cuero, lo mismo que el de El Naranjal.
Reparación de la escuela de San Juan Benque.
Fue reparado el puente en la carretera de San Juan Benque.
Se dotó de una balanza al mercado.
Se le construyó una puerta al Cementerio General.
Reparaciones de varios puentes.
Se reparó la calle-camino que conduce al Cementerio General.
Constante reparación de las líneas telegráficas de la jurisdicción.

ESPARTA

Importantes trabajos de drenaje de pantanos inmediatos a la población.

Ampliación de la Escuela Mixta Urbana «Lempira».

Reparación completa del Cabildo Municipal.

SAN FRANCISCO

Para evitar inundaciones, se construyó un malecón en la orilla de la población.

JUTIAPA

Construcción de un puente en el centro de la población.

Se habilitó una calle hacia el Barrio Lempira.

Trabajos de ampliación del mismo Barrio Lempira hacia el oriente.

Trabajos de reparación del tramo de carretera de San Manuel, de Jutiapa a Armenia.

Distribución de lotes de terreno útil a los vecinos de la localidad.

Se mantiene en buen estado todos los caminos vecinales.

Se fomenta en forma amplia la agricultura.

Este pueblo recibió un obsequio del señor Presidente de la República, consistente en una maquinaria para despulpar arroz.

DEPARTAMENTO DE COPÁN
SANTA ROSA

Se construyeron dos lavaderos públicos.

Construcción de un departamento destinado para cocina en el mercado.

Edificación de otro departamento media agua en el mercado, con instalación de agua potable en el mismo.

Se empedraron las calles que conducen al cementerio viejo.

Se instalaron teléfonos en la Alcaldía Municipal, en las escuelas urbanas y en el mercado.

Se repararon todos los edificios de las escuelas urbanas.

Se construyó un puente sobre la Quebrada Las Juntas.

Se repararon los bancos, atriles y verjas del parque y se mejoró el servicio de agua potable que lo abastece.

Se hicieron importantes mejoras al edificio del Cabildo Municipal.

Se construyó una casa municipal en la aldea Quezailica.

Construcción de una cerca en la Escuela de Niñas «Manuel Bonilla».

Se construyó una casa municipal en la aldea Oromilaca, a la cual se dotó de mobiliario.

Construcción de un kiosco.

Se empedraron las calles en el Barrio El Calvario.

Se le hicieron reparaciones al Puente «Minerva».

Pintura de escaños, reparación de verjas y obelisco.

Reconstrucción del mercado con dotación de nuevos servicios sanitarios.

Se inauguró el puente sobre el Río Higuito, en el paso denominado Las Tecolotas; dicho puente lleva el nombre de «Dr. Jesús María Rodríguez H.».

Empedrado de calles.

Se hicieron importantes mejoras en el servicio de acarreo de carnes.

Se compraron varios equipos de herramientas.

Se reparó el Puente Marín.

Instalación de un radio público.

Medidas de saneamiento mediante canalización de quebradas.

Se construyó un puente sobre la Quebrada Galjagua.

Se construyó un puente que fue bautizado con el nombre de «General Williams» en el Barrio de El Carmen.

Se construyó otro puente en el lugar llamado Miraflores.

Apertura del campo de aterrizaje.

Apertura de una calle que conduce al campo de aviación.

Nomenclatura de barrios y calles de la ciudad.

Se construyó un puente en Las Corbinatas.

Magnífica construcción del puente Pajapas.

Se construyó una cloaca en el basurero público.

Construcción de una galera en el mercado.

Se construyeron aceras en la Escuela de Varones.

Se amplió el puente del Barrio de El Calvario.

Protección y ayuda económica a los expositores, agricultores e industriales.

Se construyó un baño público en el lugar llamado El Salto.

Se construyó una casa destinada para escuela en la aldea Oromilaca.

Se hicieron reparaciones al Puente El Chorrerón.

Reparación de la verja y jardín de la Escuela de Niñas.

Refacción y empedrado de la calle de El Salto.

Construcción del empedrado en la calle frente al Palacio Episcopal.

Construcción de un pabellón anexo al rastro público.

Se construyó un puente en el Barrio Santa Teresa.

Reparación del edificio que ocupa la Biblioteca Pública.

Construcción de un puente en el Barrio El Calvario.

Construcción de cloacas en el cuartel nuevo.

Se construyó un puente en el rastro.

Construcción de un puente de cal y canto en Miraflores.

Importantes reparaciones en el edificio de la Escuela de Niñas.

Reparaciones en la carretera que conduce al rastro.

Reparaciones a la capilla del cementerio nuevo.

Construcción de otro puente en el Barrio El Carmen.

Se reparó la calle que conduce al cementerio nuevo.

Amplia cooperación en la construcción de la Carretera de Occidente.

Se amplió un puente hacia Miraflores.

Construcción de cloacas en la Carretera de Occidente.

Construcción de un edificio amplio y hermoso para alojar las oficinas del Concejo del Distrito Departamental.

Construcción del magnífico cuartel.

DULCE NOMBRE

Construcción de una casa destinada para Escuela de Niñas.

Construcción de un baño para señoras anexo al llamado «La Salud».

Se construyó un puente de mampostería y madera.

SAN JUAN DE OPOA

Construcción de una casa destinada para Escuela de Niñas.

Construcción de dos puentes.

CONCEPCIÓN

Construcción de un edificio destinado para Escuela de Niñas.

COPÁN

Reconstrucción total del edificio destinado para rastro público.

Construcción de un magnífico puente colgante.

Construcción de una ermita en El Calvario.

Un terremoto hizo estragos el 2 de diciembre de 1934, destruyendo los mejores edificios públicos de la localidad, tales como las casas escolares y municipales, que poco después fueron reconstruidas.

Se construyó un nuevo puente en reposición del que anteriormente existía y que fue destruido por una impetuosa inundación del Río Copán; a este puente se le puso por nombre «Payaquí».

Construcción de un amplio campo de aterrizaje capacitado para todo uso aeronáutico.

Iniciación de importantes trabajos de la Carretera Internacional en la frontera con la República de Guatemala.

Reparación total del edificio que aloja las oficinas de la Comandancia y telégrafos.

Se construyó una casa en el campo de aviación con su respectiva instalación de línea telefónica y servicio sanitario.

Construcción del Cabildo Municipal, que consta de dos pisos.

Se construyó una casa destinada para servicio municipal en la aldea «El Sesesmil».

Inauguración de un tramo de carretera hacia Guatemala, que comprende una extensión de 10 kilómetros, bautizado con el nombre de «Salvador Aguirre».

Reparaciones en el templo católico de la población, que fue arruinado por el terremoto de 1934; se reparó también la torre del mismo y se colocó nuevamente el reloj público que tuvo que repararse.

Restauración de las Ruinas de Copán, obra en la cual desde que inició su Gobierno el General Carías Andino, se ha preocupado por dar toda clase de apoyo a dicha obra valiosa, trabajando en colaboración con la Institución Carnegie y gastando anualmente considerable suma de dinero en la restauración de esos tesoros arqueológicos; y como es sabido, al frente de esa labor, dirigiéndola con actividad, cuidado y técnica magnífica, está el eminente arqueólogo norteamericano, Dr. Gustavo Stromsvick.

Construcción de un edificio destinado para Museo Arqueológico, compuesto de una sala para exposición de objetos arqueológicos y otra para alojar las oficinas, bodega y servicio sanitario.

Se inauguró dicho Museo Arqueológico con exposición de curiosos e interesantes objetos.

Se construyó un tramo de carretera que conduce desde la población hasta empalmar con la carretera «Vicente Ayala» en jurisdicción de Santa Rita; a esta carretera se le construyeron dos puentes.

Se hicieron trabajos de alcantarillado partiendo desde el Museo.

Se construyó una casa destinada para el resguardo militar en la frontera con Guatemala, en el lugar llamado El Salto.

Se construyó una casa municipal en la aldea Las Flores.

Se construyó una casa también para servicio municipal en la aldea San Cristóbal.

Se instaló servicio telefónico hasta la Guardatura de El Salto.

Apertura de trabajos de alcantarillado para la introducción del agua potable, para lo cual fue hecho un fuerte pedido de cañería.

Inauguración del acueducto.

Trabajos de desviación y desagües en la Carretera Internacional, la cual llega hasta la Villa de Esquipulas, Guatemala.

EL PARAÍSO

Apertura de una carretera que conduce de esta población a la cabecera departamental.

Apertura del camino que conduce a la aldea Santa Cruz, en la frontera con Guatemala.

Se refaccionó completamente el Cabildo Municipal.

Se construyó una casa municipal en la aldea Las Flores.

Creación de la aldea llamada Manacalito.

Reparación de los edificios municipales y de los escolares urbanos.

Apertura de trabajos en el camino que conduce a San Antonio y Santa Rosa, trabajo este hecho sobre terreno rocoso.

SAN NICOLÁS

Se construyó en la localidad un puente de cal y canto.

Dotación de pesa pública en el mercado.

Construcción del rastro público.

Construcción de dos puentes en dos de las calles principales de la población.

Construcción de una preciosa glorieta en el centro de la plaza.

Se arreglaron y empedraron las calles.

Se construyó un malecón.

Construcción de un jardín escolar.

CABAÑAS

Apertura de los trabajos de la carretera hacia Santa Rita.

SAN PEDRO

Empedrado de las calles y construcción de un puente en una de ellas.

Construcción de un puente de cal y canto sobre el Río Catapa.

VERACRUZ

Construcción de un puente colgante sobre el Río Gualsara.

Empedrado en el camino que conduce a Santa Rosa.

Construcción de un puente sobre la Quebrada El Manzanal.

Construcción de una calle por donde se extenderá la Carretera Occidental.

FLORIDA

Se instaló la línea telefónica entre esta población y la aldea de Jigua.

Empedrado de las calles.

Instalación del servicio de alumbrado público a base de lámparas de gasolina.

Construcción de una casa destinada para servicio municipal en la aldea Jigua.

Construcción de un rastro público para servicio de la localidad.

Construcción de cornisa al Cabildo Municipal.

CORQUÍN

Construcción de un bello parque que fue bautizado con el nombre de «General Tiburcio Carías Andino», al cual parque se le construyó también un bonito kiosco.

Instalación de un radio público en el kiosco citado.

Se compró una casa destinada para mercado.

Se construyó un puente que comunica con el municipio de San Pedro de Copán; dicho puente fue construido sobre el Río Soruco.

Construcción de un puente-hamaca sobre el Río Aruco, que comunica con Gracias.

Se enladrillaron dos calles que circundan el Parque «General Carías».

Apertura de trabajos para construcción del edificio para alojar la Biblioteca Pública y los Juzgados de Paz.

Se construyeron asientos de cal y canto en el Parque «General Carías».

Construcción de un puente en la avenida Sur, llamado «Puente Lempira».

SAN JOSÉ

Construcción de un edificio para Escuela de Varones.

Construcción de un lavadero en la aldea Vivistorio.

Construcción de otro lavadero público en la aldea Buena Vista.

Se construyó un parque en la población, llamado «Jardín Social Josefino».

Construcción de un baño público que lleva por nombre «El Arco Iris» y que es muy concurrido por los vecinos de aquella villa.

Construcción de un rastro público.

Dotación de una pesa pública.

Empedrado de las calles de la población.

Trabajo de construcción del acueducto, sistema llamado de «Taujía», para el agua potable de la localidad.

Construcción de un malecón en la aldea Vivistorio.

Dotación de tres campanas para servicio de las oficinas municipales.

Construcción de dos puentes, uno sobre la Quebrada La Serpiente y otro sobre Quebrada Grande.

Reparación de los edificios municipales.

TRINIDAD

Construcción de un edificio de dos pisos destinado para alojar las oficinas de la Municipalidad.

SAN JERONIMO

Empedrado de las calles. Construcción de un edificio escolar en la aldea de La Esperanza.

LA UNIÓN

Construcción de dos edificios destinados para escuelas en la aldea de San Andrés.

Se construyeron dos malecones en el puente que se encuentra sobre la Quebrada La Muligua.

Construcción de un puente sobre la Quebrada Malcinca.

Construcción de un puente-hamaca sobre el Río Alax, en el camino que conduce a Cucuyagua.

Se construyó una tapia en el Cabildo Municipal.

Construcción de dos pilas de captación de agua potable para servicio público de la población.

Se compró una caballería de terreno destinado para servicio de los vecinos de la localidad.

Reparaciones en la vía telegráfica que comunica con Comayagua.
Instalación de un teléfono.

Se han reparado todos los edificios municipales y caminos vecinales.

CUCUYAGUA

Reconstrucción completa del edificio destinado para Cabildo Municipal, que tiene dos pisos y está circundado por una buena baranda.

Instalación del servicio de alumbrado eléctrico.

Reparaciones a los departamentos anexos al Cabildo Municipal, donde se alojan las oficinas del Juzgado.

SANTA RITA

El Gobierno ayudó con la cantidad de setecientos cuarenta y nueve lempiras, para la construcción de un edificio destinado para alojar las oficinas municipales, Comandancia Local y Juzgados.

Se construyó un puente colgante sobre el Río El Jaral; este puente lleva el nombre de «El Estribo» y está situado en el paso del mismo nombre; para esta construcción el Gobierno ayudó con trescientos lempiras.

Se construyó un tramo de carretera que une a este municipio con el de Copán, para la cual construcción el Gobierno dio L 128.75; esta carretera lleva por nombre «Carretera Internacional General Vicente Ayala».

Se reconstruyó el puente colgante sobre el Río Grande, que une a este municipio con el de Cabañas.

SAN ANTONIO

Construcción de un tramo de carretera hacia el pueblo de El Paraíso, frontera con Guatemala.

En esta carretera se construyó un puente.

Construcción de otro puente en el camino que conduce al cementerio de esta localidad.

Reconstrucción y embellecimiento del edificio que ocupan las oficinas municipales.

Construcción de una casa destinada para escuela en la aldea de Concepción.

Construcción de una pila captadora de agua potable en la misma aldea.

Construcción de otra pila captadora de agua potable en la aldea de San Raimundo.

DEPARTAMENTO DE SANTA BÁRBARA
SANTA BÁRBARA

Refacción de dos puentes, uno en los suburbios de la ciudad y otro en el lugar llamado Vado Ancho.

Construcción de alcantarillas en la conexión de las carreteras que conducen al Barrio El Conejo, en el lugar llamado La Curva.

Construcción de un hermoso edificio destinado para alojar las oficinas de la Administración de Rentas; este edificio fue construido y acondicionado con todos los adelantos precisos, entre ellos buenos servicios higiénicos.

Se refaccionó completamente el edificio que aloja las oficinas de la Comandancia de Armas.

Reparación del edificio del Cabildo Municipal, con dotación de nuevos servicios sanitarios.

Se repararon las presas y depósitos de agua potable.

Se construyó un tramo de carretera que conduce al llano El Conejo.

Se construyó el segundo piso al edificio que actualmente aloja las oficinas de la Gobernación Política y las aulas de la Escuela de Varones.

Habilitación del edificio que sirve para mercado público, al que se le construyeron dos pabellones anexos para servicio de venta de carnes; también se construyeron dos cloacas, se le introdujo el servicio de agua potable y finalmente se le construyó otro pabellón para cocina.

Apertura de una calle al norte de la ciudad.

Empedrado de la Calle La Democracia.

Se hizo techo a la pila de depósito de agua potable de la población.

Construcción de un edificio destinado para Escuela de Niñas.

Dotación de nuevas bancas para el parque.

Se proveyó de servicio de agua potable al Barrio El Conejo.

Reformas importantes para el embellecimiento del parque.

Construcción de un puente sobre el Río Cacique, en el paso de Gualcimaca.

Construcción de un puente en Los Cerritos, en el camino que conduce a La Zona.

Construcción del alcantarillado al occidente de esta ciudad con desagüe en la Quebrada de Cataquilas.

Reconstrucción del alcantarillado al oriente de la misma ciudad.

Construcción de una pila captadora de agua potable para servicio de los vecinos de Galeras, en el lugar llamado Los Naranjos.

Reparación del rastro público de la aldea de Gualjoco.

Importantes reparaciones al Asilo de Indigentes San Vicente de Paúl.

Introducción del agua potable a la aldea de Gualjoco.

Construcción de una casa destinada para cárcel en la aldea de La Cuesta.

Construcción de una casa destinada para escuela en la aldea de Santa Rita.

Construcción de un elegante kiosco en el centro del parque de la ciudad, cuyo hermoso aspecto produce grata impresión al ánimo de quien lo contempla.

Reapertura de la Calle La Paz, en la que se construyó un muro para reforzarla.

Ampliación del Cementerio General.

Construcción de un edificio para escuela pública.

Reconstrucción del presidio.

ILAMA

Se construyó la cerca del Cementerio General.

Construcción de un puente sobre la Quebrada de Umigua.

Construcción de un Parque Infantil en la plaza de la población.

Instalación de la línea telefónica entre la población y la aldea de San José de Oriente.

Instalación de un radio público.

Construcción de un puente en la población frente a la residencia de doña Petrona Ríos.

Arreglo de calles utilizando balasto.

Habiendo destruido una creciente del Río Ulúa el puente sobre la Quebrada del Agua Sucia, se procedió a la construcción de uno más sólido en el mismo lugar.

Construcción de un puente en esta localidad frente a la residencia de doña Julia V. de Reyes, sobre la vía nacional.

Empedrado de la calle denominada San Cristóbal.

Construcción de un puente colgante sobre el Río Cececapa en el camino nacional que conduce a San Buenaventura (Cortés).

Refacción completa del Palacio Municipal.

Refacciones importantes al edificio que sirve de cárcel pública.

Se le construyó una verja al edificio de la Escuela de Varones.

Refacciones a la casa de escuela situada al sur del Palacio Municipal.

Se enladrilló toda la extensión de los corredores de la misma.

Construcción de zócalos de cemento al Palacio Municipal y a las escuelas urbanas.

Se construyó una ermita o capilla en el cementerio de la localidad.

Construcción de un puente sobre la Quebrada Honda.

Construcción de un tramo de carretera de la sección de Quebrada Honda sobre la Carretera Nacional.

Construcción de una ermita en la aldea de Cececapa.

Dotación de una campana destinada para servicio municipal.

Dotación de escritorios para las oficinas municipales.

Dotación de nuevo mobiliario para el Palacio Municipal y refacción del salón de sesiones del mismo.

También se repararon las oficinas del Juzgado y bodega.

Instalación de un radio público.

El Excelentísimo señor Presidente de la República, Doctor y General don Tiburcio Carías Andino, dio para estas obras seiscientos cincuenta lempiras.

Proyecto de introducción de agua potable.

PETOA

Construcción de una importante carretera que conecta con la de Occidente; carretera que ha sido ampliada y refaccionada en todos sus detalles.

Proyecto de obtención de un hermoso edificio que se destinará para alojar la oficina telegráfica de Pueblo Nuevo.

Construcción de un amplio y elegante edificio destinado para escuela pública.

Obtención de un edificio para escuela pública en el barrio de Pueblo Nuevo.

En este mismo barrio se construyó un puente sobre el Río Cholulo.

Construcción de una casa destinada para cárcel en El Paraíso.

En este lugar también se construyó un puente.

Construcción de un templo católico en la aldea de Santa Clara.

También se le construyó una cerca al cementerio de dicha aldea.

Apertura de los trabajos de edificación de un templo católico en la aldea de San Antonio de la Majada, lo mismo que construcción de una casa destinada para cárcel.

Se construyó una casa destinada para cárcel en la aldea de San José Majada.

Construcción de dos edificios municipales, uno de ellos para escuela, en la aldea de Mezcalitos.

Amortización completa de las deudas municipales.

Dotación de nuevo mobiliario a las oficinas municipales, lo mismo que a las escuelas urbanas.

Reparación de los edificios municipales y escolares.

Construcción de un gran puente entre este municipio y San Marcos; este puente está situado en el lugar llamado La Lumbana.

Creación de una aldea en el lugar llamado Palmarejo.

Creación de una línea telefónica entre esta población y San Francisco.

Refacciones en los edificios de cárcel de este lugar y Pueblo Nuevo.

Construcción de un cementerio en el barrio Pueblo Nuevo.

SAN NICOLÁS

Introducción del agua potable a esta localidad utilizando magnífica tubería.

Apertura de la Calle 39.

Refacciones al segundo piso del Cabildo Municipal.

Dotación de nuevo mobiliario a las oficinas de la Municipalidad.

Empedrado de las calles de la población.

Construcción de un puente en esta con techo de zinc.

Construcción de un puente sobre la vía de Occidente.

Construcción de alcantarillas en la Calle 39.

Construcción de un campo de experimentación agrícola.

Construcción de un puente en el centro de esta población.

Amortización de las deudas municipales.

Organización de equipos de basketball y football.

Organización de la Cruz Roja Infantil con su respectivo botiquín.

Organización de una escuela nocturna.

Refacción del rastro público, al que se le introdujo servicio de agua potable.

Refacción de la casa municipal de la aldea El Porvenir.

Ampliación del servicio de agua.

Construcción de una cerca al jardín de la iglesia católica.

Reparación del mobiliario y dotación de varios muebles nuevos a las escuelas urbanas.

Nivelación de la plaza.

Construcción de varios malecones para reforzar las calles.

Reparación de todos los caminos vecinales, inclusive el de Remolino.

Se compraron equipos de herramientas para atender los trabajos municipales.

GUALALA

Construcción de un santuario destinado para el Santo Patrón de este pueblo e institución de la Feria de la Cruz.

Reconstrucción del malecón de Chimaltepeque, que fue destruido por la inundación del Río Ulúa.

Construcción de empedrado de vías públicas y de algunas tapias necesarias en obras locales.

Construcción de un edificio destinado para alojar todas las oficinas de la Municipalidad.

Continua reparación de los tramos de carretera que corresponden a este municipio.

Pago de la deuda municipal.

CHINDA

Construcción completa del edificio destinado para alojar las oficinas de la Municipalidad.

Se construyó asimismo un anexo al Cabildo, destinado para cárcel.

Reparaciones de enladrillado y repello a la escuela mixta de la aldea de San Rafael.

Reconstrucción del edificio que sirve para Escuela de Varones.

Reparaciones a la Carretera Nacional del Norte y otras refacciones beneficiosas para los vecinos de esta localidad.

SAN LUIS

Construcción de un edificio que consta de dos pisos, destinado para alojar las oficinas municipales.

Construcción de un puente de cal y canto en el centro de esta población.

Reparación de las calles de la población.

Reparaciones a la presa del acueducto.

Construcción de cimientos al edificio de la Escuela de Varones.

Reparación de los edificios que alojan las oficinas del cuartel y telégrafo respectivamente.

Reconstrucción del puente colgante sobre el Río Pescado, en el trayecto hacia Protección.

Se reparó también el puente colgante sobre el Riachuelo Azacualpa.

Construcción del puente colgante sobre el pequeño Río Naranjo.

Se reparó el puente colgante sobre el arroyo La Chorrera.

Reparaciones al puente colgante sobre el Río Pescado, en el trayecto hacia Macuelizo.

Se reconstruyó una cerca en los terrenos destinados para cultivo de algodón.

TRINIDAD

Se construyó un buen edificio destinado para escuelas públicas de esta población.

Reparación constante de los edificios públicos.

Se han hecho mejoras a la carretera que une a esta con Santa Bárbara.

Instalación de teléfonos en las aldeas El Tigre, El Diviso y La Unión.

Se instaló un radio público con su respectivo altoparlante en el centro del parque de esta ciudad.

QUIMISTÁN

Construcción de un edificio destinado para Cabildo Municipal.

Se instaló una línea telefónica entre esta y Pinalejo.

Importantes reparaciones hechas al templo católico de esta cabecera municipal.

Instalación de una línea telegráfica entre esta población y San Pedro Sula.

Instalación de otra línea telegráfica que une a esta con Azacualpa y Santa Bárbara.

CEGUACA

Reparaciones a los edificios escolares.

Se construyeron cimientos para reforzar las paredes de la iglesia católica.

Se construyó un puente en la Carretera Nacional.

Se construyó una pila de captación de agua potable.

Construcción de un puente-hamaca sobre el Río Salado, en la Carretera Nacional.

Reparación completa del Cabildo Municipal.

Reconstrucciones hechas a los edificios municipales de las aldeas de San Juan y La Libertad.

Reconstrucción de los muros que circundan al cementerio.

Refacciones a las tapias que protegen los patios de recreo de la Escuela de Niñas «Minerva».

Estudio y proyecto de introducción del agua potable a la población.

SAN FRANCISCO DE OJUERA

Se construyó un puente sobre el Río Güince.

Construcción de una torre de cal y canto destinada para colocar un reloj público.

Construcción de una pila de captación de agua potable.

ATIMA

Construcción de una torre e importantes reparaciones al templo católico de esta población.

En la aldea de Berlín se construyeron dos edificios, uno destinado para escuela pública y el otro para servicio municipal.

Construcción de una casa municipal en la aldea El Nance, en donde se construyó también otra casa destinada para escuela.

Construcción de un edificio municipal en la aldea de San Pedrito; también allí se construyó una buena casa para escuela pública.

En la aldea de Talanga se construyó una casa municipal, en uno de cuyos departamentos funciona la escuela del lugar.

Construcción de dos puentes-hamacas, uno en las orillas de esta población sobre el río denominado Atima, en el camino que conduce al pueblo de El Naranjito, y otro en el mismo río, en el camino que conduce a Lepaera, departamento de Gracias.

NARANJITO

Se construyó una torre en la iglesia de esta población.

Se construyó en el centro de la plaza de esta una hermosa glorieta. Empedrado de las calles.

Se construyeron las tapias que circundan al Cementerio General.

También se construyó una capilla anexa al cementerio.

SAN PEDRO ZACAPA

Se construyó un templo católico de cal y canto con sus respectivas torres.

Se construyeron dos puentes-hamacas, uno sobre el Río Zacapa y otro sobre el Río Jaitique, en el camino que conduce a Jesús de Otoro.

Reparación constante de las líneas telegráficas y telefónicas de esta jurisdicción.

Refacción constante en el tramo de carretera que cruza este municipio de sudeste a noroeste.

CONCEPCIÓN DEL NORTE

Se construyó un puente en la aldea de Las Flores, en el camino que conduce al pueblo de Chinda.

También se construyó otro puente entre esta y la misma aldea.

Construcción de un edificio destinado para rastro público.

Compra de una barca que hace el servicio de transporte de orilla a orilla del Río Ulúa, en el paso de El Pital.

Asimismo, se compró una canoa para servicio también en el mismo paso del citado río.

Construcción de un puente de cal y canto en una de las calles de esta población.

MACUELIZO

Construcción de una casa destinada para rastro público.

Refacción con pavimento a la cárcel pública de esta población.

Construcción de escaleras con sus respectivas barandas y protección de zinc en la parte que da al interior del Cabildo Municipal.

Construcción del segundo piso del Cabildo Municipal.

Reparación constante de todos los caminos vecinales.

Reparación de las líneas telegráficas y telefónicas.

Construcción de un campo de aterrizaje en Llano Grande.

Inauguración de una casa para escuela en Azacualpa.

Apertura de cuatro escuelas.

Dotación de servicios sanitarios al Cabildo Municipal.

Construcción de once puentes en la carretera y caminos vecinales.

Amortización de las deudas municipales.

Se rellenaron los suampos de la localidad y de Azacualpa.

CONCEPCIÓN DEL SUR

Se construyó una casa destinada para escuela de niñas en la aldea de Nueva Esperanza.

Se construyó una pila de captación de agua potable para servicio público en esta población.

Se construyó un puente sobre la Quebrada Agua Blanca, en la Carretera Nacional.

Se empedró un tramo de carretera en las proximidades de esta población.

Se hicieron trabajos de empedrado en las calles.

Se edificaron varias tapias en edificios municipales de la localidad.

Se construyó una casa destinada para capilla en el cementerio de esta población.

Construcción de una casa destinada para escuela en la aldea Nueva Esparta.

PROTECCIÓN

Construcción de una iglesia católica.

Se construyeron dos puentes de cal y canto en el centro de esta población.

Reparación de la línea telegráfica de esta jurisdicción.

Reparación constante de los caminos de este vecindario.

Construcción de un corredor en la casa de escuela de esta población.

EL NÍSPERO

Se construyó un puente sobre el Río Palaja, en el camino que conduce al departamento de Gracias.

Refacción de la baranda que protege el campo de experimentación agrícola escolar de la localidad.

Edificación de una casa destinada para la Escuela de Niñas de esta población.

SANTA RITA

Trabajos de reparación de un departamento anexo al Cabildo Municipal, destinado para la oficina de telégrafos.

Empedrado de las calles de la localidad.

Se construyó una pila de captación de agua potable para servicio público de esta población.

Apertura de la carretera que conduce de esta a Santa Bárbara.

ARADA

Se empedraron las calles.

Importantes trabajos de reconstrucción al edificio del Cabildo Municipal.

Refacción al departamento que aloja la oficina telegráfica.

Reparaciones a la casa que aloja la guardatura militar.

Se construyeron dos pilas de captación de agua potable para servicio de los vecinos de esta localidad.

COLINAS

Se construyó un edificio destinado para la Escuela de Niñas de la población.

Reparación del edificio de la Escuela de Varones.

Trabajos de reparación en el Cementerio General.

SAN VICENTE DEL CENTENARIO

Se construyó una pila captadora de agua potable para beneficio de los vecinos de esta población.

Trabajos de reparación en el Cabildo Municipal.

DEPARTAMENTO DE GRACIAS
GRACIAS

Se construyó una extensa cloaca para conectar servicios sanitarios a las dependencias del cuartel y del presidio, respectivamente.

Obtención por el Gobierno de una casa destinada para alojar las oficinas telegráficas de la localidad.

Se edificó un departamento anexo a la casa de la Escuela de Varones, el cual está destinado para salón de actos públicos y fue bautizado con el nombre de «Salón Minerva».

Se macadamizaron las más importantes calles de la ciudad.

El Castillo «San Cristóbal» se encontraba en estado ruinoso desde el terremoto de 1915; el Supremo Gobierno se preocupó por mandarle hacer los reparos precisos, mejor dicho la total reconstrucción; dicho castillo está situado al occidente de la población.

Construcción de un edificio para rastro público.

Se construyó el Parque «Lempira», con su respectivo kiosco, que es de forma elegante.

Se construyeron las torres del templo católico La Merced, que también había quedado en ruinas desde el terremoto de 1915.

Se construyó un cementerio al occidente de esta ciudad, en el lugar llamado La Villa.

Construcción del Palacio Municipal, considerado por las personas que han visitado Gracias como el mejor Palacio Municipal de la zona de Occidente.

Se construyó un salón anexo al Palacio Municipal, bastante amplio, y que fue bautizado con el nombre de «Salón Azul».

Se edificó una casa destinada para alojar las oficinas del Juzgado de Letras.

Se construyó la portada de la iglesia San Marcos.

Introducción del agua potable a la población.

Importantes trabajos de reconstrucción de un edificio denominado «Casa Nacional», que fue destruido en el terremoto de 1915; este edificio tiene capacidad para alojar las oficinas siguientes: Gobernación Política, Dirección Departamental de Enseñanza Primaria, Administración de Rentas y Administración de Correos.

Se construyeron tres edificios en la aldea Ojo de Agua: uno para escuela, otro para servicio municipal y el restante para iglesia.

En la aldea El Zapote se edificaron dos casas de buena construcción, una para escuela y otra para iglesia.

En la aldea de Campuca se construyó una casa destinada para iglesia.

Construcción de una casa destinada para servicio municipal en la aldea de Qualacasque.

Se fundó un museo llamado «Museo General Carías».

Construcción de una iglesia en San Rafael.

Construcción de un cementerio en San Sebastián.

Se construyó un puente sobre el Río Mejocote, en la aldea del mismo nombre.

Se construyeron tres puentes sobre el Río Arcagua.

Apertura de un campo de aterrizaje.

Construcción de carreteras y caminos vecinales.

Los edificios coloniales, reliquias de un pasado inolvidable, han sido reconstruidos por disposición del Gobierno presidido por el dinámico e ilustre Doctor y General don Tiburcio Carías Andino, quien se preocupa siempre por mantener magníficas las obras que representan valores históricos o científicos, o que son de gran utilidad para la nación.

Los vecinos de Gracias, interpretando el sentir general y en un acto de gratitud y espontánea admiración y lealtad, han dispuesto condecorar el primero de enero del año próximo a nuestro eminente y patriota Mandatario, General Carías Andino; la condecoración que le ofrecerán, y que es un símbolo de la adhesión y reconocimiento del pueblo graciano, consiste en una medalla espléndida, artísticamente trabajada.

ERANDIQUE

Construcción de un puente sobre el Río Macate.

Refacción completa del Cabildo Municipal.

Se construyó una casa destinada para escuela en el lugar Guaguirre, denominado Tierra Colorada, lo mismo que un campo de experimentación agrícola.

Construcción de tapiales a la Escuela Urbana Mixta.

Se construyeron dos puentes en el centro de esta ciudad.

Construcción de tres puentes sobre los Ríos Guamí, Lepacile y Agua Caliente, respectivamente.

Apertura del campo de aterrizaje en el lugar denominado El Llano, que ahora se llama Coyocutena.

Construcción de un muro que circunda la población.

Se construyó un nuevo cementerio en la población.

Se construyó un cancel que divide la Sala Consistorial del Juzgado de Paz de esta localidad.

Apertura del Parque «Lempira», con su correspondiente estatua del héroe indígena y con un hermoso kiosco.

En el centro de la localidad fueron construidos dieciséis puentes de madera, con sus respectivas barandas.

TOMALÁ

El señor Presidente de la República dio ciento cincuenta y nueve lempiras para la construcción de un puente colgante sobre el Río «Cuyapa».

Se instaló un potente radio público en el centro de esta localidad.

Reconstrucción del Cabildo Municipal, lo mismo que de dos puentes.

TAMBLA

Se edificó una casa destinada para rastro público.

Se hicieron importantes trabajos de empedrado en las calles de esta población.

SAN JUAN GUARITA

Construcción de cimientos de piedra en el recinto del local de la escuela.

Construcción del puente intermunicipal «La Sacadera».

Trabajos de empedrado de las calles de esta población.

Se construyeron las murallas de los terrenos denominados «Barcal» y «Montañita».

Refacción completa del edificio que aloja las oficinas municipales.

Se construyó una pila de captación de agua potable en El Paterno.

Trabajos de amurallamiento en el recinto del Cabildo Municipal.

Se edificó una casa destinada para cárcel pública.

Apertura de los trabajos de construcción de una casa destinada para iglesia.

Construcción de un edificio destinado para alojar la Subcomandancia Local.

Se construyó una casa destinada para las oficinas del Juzgado de Paz.

Amurallamiento del recinto de la escuela urbana de esta población.

No existen deudas municipales.

SAN SEBASTIÁN

El señor Presidente de la República, Doctor y General don Tiburcio Carías Andino, empeñado siempre en adelantar el progreso de los pueblos, dio a esta localidad la cantidad de cien lempiras para la construcción de un puente colgante sobre el Río Mocal, en el camino que conduce a la cabecera departamental.

Se edificó una casa destinada para escuela en el cantón El Matasano, con su respectivo campo de experimentación agrícola.

Se construyeron varios puentes que prestan actualmente magníficos servicios a esta comunidad.

Como patrimonio, este municipio ha tomado el cultivo del trigo, que ha sido fuente de mejoramiento para los vecinos de aquella comarca occidental.

Importantes reparaciones al templo católico colonial de esta localidad.

GUALCINCE

Construcción del artesón de una casa municipal de hospedaje en esta localidad.

Construcción de una casa para servicio municipal.

Trabajos de reparación al templo católico de esta población.

Refacciones importantes al edificio del Cabildo Municipal.

Construcción del artesón a una casa destinada para escuela en el caserío de Tixila.

Se edificó una casa para escuela en el caserío de Gualna.

Se construyeron departamentos anexos al Cabildo Municipal, destinados para alojar las oficinas de la Subcomandancia y del telégrafo.

La Municipalidad de esta localidad, de acuerdo con la de San Andrés, construyó un monumento al Cacique Lempira en el centro del Congolón; sobre este monumento se colocó el busto del héroe.

Reconstrucción del puente sobre el Río Patio.

SAN ANDRÉS

Se edificó una capilla en el Cementerio General, la cual presta servicios importantes.

Se construyó una casa destinada para mercado público.

Construcción de una casa para la Escuela «Lempira» en la aldea de Santiago.

Se construyó una pila de captación de agua potable para servicio de la localidad.

Construcción del acueducto que surte a la población.

Refacción completa del templo católico.

Se construyeron muros y paredes al Cabildo Municipal.

Refacciones importantes al edificio que aloja la Escuela Urbana «José León Castro».

Reparaciones a la casa de la Escuela Mixta «Dr. Genaro Muñoz Hernández», de la aldea de San Simón.

En el templo católico de esta misma aldea se hicieron varias importantes reparaciones.

Se empedraron las calles de la población.

TALGUA

Reconstrucción del puente-hamaca sobre el Río Higuito, en el paso La Canoa; este puente fue arrasado por inundación del río en 1934.

Se construyó un puente-hamaca sobre el Río Caspa.

Como importante obra de ornato se construyeron sólidas murallas que circundan el Cementerio General.

Construcción de un edificio destinado para cárcel.

Reconstrucción de la casa para la escuela de El Matasano y dotación a la misma de todos los útiles necesarios para la labor docente.

Construcción de otro puente-hamaca sobre el Río Caspa, en el paso llamado El Cirín.

Construcción de puertas para el Palacio Municipal de esta localidad.

Reconstrucción del edificio destinado para la escuela de El Lemanal.

VIRGINIA

Refacción completa del artesón de los edificios escolares de esta población.

Reparación del Cabildo Municipal.

Reparación de la casa que aloja las oficinas de telégrafos.

CANDELARIA

El Gobierno dio un subsidio de cien lempiras para la construcción de un puente de cal y canto sobre el Río Pichigual, en las inmediaciones de esta población.

Inauguración del edificio nacional que aloja las oficinas de la Comandancia Local, Receptoría de Rentas, correo y telégrafo; a este edificio se le construyeron murallas y se le hicieron importantes dotaciones, de modo que preste servicio de cuartel.

Construcción de un puente sobre el Río Chiquito.

PIRAERA

Se construyó un puente sobre la Quebrada Honda, en la ruta que conduce de esta localidad a Erandique.

Se edificó una casa destinada para escuela mixta en la aldea de San Felipe.

Se edificaron dos piezas anexas a las escuelas de niñas y de varones para ampliar los servicios de las mismas.

Se construyeron los tapiales que circundan el Cementerio General.

Se construyó una pila de captación de agua potable para servicio del vecindario, en el lugar llamado «Coguá».

Se construyó la portada de la iglesia de esta localidad; y al mismo tiempo se hizo el blanqueamiento de este edificio.

COLOHETE

Construcción de un edificio destinado para alojar las oficinas de la Alcaldía Municipal, del telégrafo, Juzgado de Paz y cárcel, respectivamente.

LA IGUALA

Se reconstruyó un puente sobre el Río Masica.

Reconstrucción de un puente colgante sobre el Río Conchagual.

Se edificó una casa para servicio municipal en la aldea o cantón de Lagunas; esta casa sirve a la auxiliaría del citado lugar.

Se construyó un edificio para alojar la Subcomandancia Local.

Asimismo, se construyó una casa destinada para la escuela del cantón Matasano.

BELÉN

Se construyó un puente sobre el Río Curicunque, en el paso hacia el cementerio y camino hacia La Esperanza, departamento de Intibucá.

Se le construyeron nuevas puertas a la iglesia de esta localidad.

A esta misma iglesia se le hizo el repello exterior y se le dotó de baranda.

Se repararon las cercas de los campos de experimentación agrícola de las montañas denominadas «Cerro Azul», «Cololepa» y «Afuera».

Se construyó un puente sobre el Río Curicunque, sobre el camino que conduce a Gracias.

Se construyó una cerca en el campo de experimentación agrícola de la escuela de El Naranjo.

Apertura de un tramo de carretera en el camino que conduce a Gracias, en el lugar denominado «El Cile».

Se hicieron reparaciones al artesón del segundo piso del Cabildo Municipal.

Se construyó una cerca en esta localidad para evitar la vagancia del ganado.

Se reparó la casa que ocupa la oficina telegráfica.

Construcción de un puente-hamaca sobre el Río Curicunque, en el paso que conduce al camino hacia La Esperanza.

Se enladrilló la casa de escuela de El Naranjo.

Se construyó una capilla anexa al Cementerio General.

SANTA CRUZ

Construcción de un edificio destinado para mercado.

Construcción de un edificio para alojar las oficinas de la Comandancia Local.

VALLADOLID

Construcción de una capilla anexa al cementerio de esta población.

GUARITA

Se edificó una casa destinada para alojar las oficinas de la Comandancia Local.

Trabajos de empedrado de las calles de esta población.

Apertura de un tramo de carretera entre esta y San Juan Guarita.

LA UNIÓN

Se construyó una iglesia en esta población.

SAN FRANCISCO

Construcción de una amplia pila de captación de agua potable para servicio del vecindario.

SAN RAFAEL

Construcción de un edificio escolar en la aldea de San Antonio.

Se construyó un edificio destinado para escuela en la aldea de Concepción.

Construcción de un puente-hamaca sobre el Río Cárcamo.

Se construyeron dos puentes en el centro de esta población.

Construcción de una iglesia.

MAPULACA

Se construyó un edificio destinado para alojar la Subcomandancia Local y la oficina de telégrafos.

Apertura de un tramo de carretera en la salida de esta población, hacia Candelaria.

Construcción de una casa municipal.

COLOLACA

Se construyó un puente sobre el Río La Hamaca.

Construcción de una casa destinada para rastro público.

Se instaló una línea telegráfica que une a esta localidad con San Marcos de Ocotepeque.

LEPAERA
Se construyó una casa destinada para rastro público.

LAS FLORES
Construcción de un edificio destinado para escuela pública.
Se reconstruyó un puente sobre el Río Grande.

LA VIRTUD
Se construyó un edificio destinado para Juzgado de Paz.
Se construyó una casa destinada para mercado público.
Construcción de una sala anexa a la Escuela de Niñas, para ampliación de la misma.
Se hicieron refacciones al templo católico de esta población.

LA CAMPA
Construcción de una casa destinada para Escuela de Varones.
Refacción completa de la portada de la iglesia de esta población.

SAN ANDRÉS
Se construyó un edificio destinado para alojar la Comandancia Local.

DEPARTAMENTO DE INTIBUCÁ
LA ESPERANZA
Se construyó un puente de piedra en la entrada oriental de esta ciudad; dicho puente fue costeado por el Gobierno.

Construcción de la fachada artística del edificio que ocupa la Gobernación Política, Comandancia de Armas y Administración de Rentas.

Se cubrieron las calles con balasto y se hicieron las respectivas cunetas y alcantarillas.

Se hicieron importantes trabajos de explanación de calles con construcción de puentes en todos los lugares que impedían el tráfico.

A la casa que ocupa la oficina de telégrafos y teléfonos se le dotó de servicios sanitarios.

Se construyó un puente sobre el Río Negro.

Se reconstruyeron los caminos y puentes vecinales.

Se hicieron reparaciones al edificio del presidio.

Se sostiene con toda regularidad el servicio de agua y luz eléctrica.

Se hicieron reparaciones al alumbrado y se refaccionó todo el servicio de pilas, canales y tuberías, y también se dotó de materiales destinados para la planta por valor de L 550.00.

Se construyó una gruta tallada en roca.

Se construyó un torreón en el cuartel militar de esta localidad y se le hicieron importantes mejoras al edificio del mismo.

Se reparó la calle que conduce a los baños.

Arreglo de la calle que conduce al campo de aterrizaje.

Ampliación del campo de aterrizaje.

Se repararon todos los edificios públicos.

El Gobierno otorgó una subvención para la construcción de un edificio para mercado.

Construcción de una casa destinada para rastro público, con dotación de servicio sanitario.

Se construyó un puente y se reparó otro.

Se le hicieron importantes mejoras a la casa del molino.

Reparaciones al Cementerio General.

Refacciones a la muralla de la ciudad o a los fortines.

INTIBUCÁ

Se repararon los edificios públicos.

Se construyó una casa destinada para escuela de varones.

Mejoras en la casa del molino.

Se construyó una torre al templo católico.

Se construyó el Parque «General Carías».

YAMARANGUILA

Se compró el Potrero Grande, terreno para utilidad municipal y para los vecinos.

Se construyó un edificio para la Subcomandancia y oficina telegráfica.

Se construyó un edificio destinado para mercado.

SAN MIGUELITO

Se repararon completamente los edificios públicos.
Se construyó un edificio destinado para escuela de niñas.
Se construyó una casa destinada para Comandancia.

SAN MARCOS DE LA SIERRA

Refacción completa de los edificios públicos.
Construcción de un edificio destinado para escuela de niñas.
Se construyó una torre en el templo católico de esta población.

SAN JUAN

Se construyó una casa para mercado.
Se construyó un puente sobre el Río Azacualpa.
Se compraron dos carretas para servicio de la población.
Se macadamizaron las calles de la localidad.
Se repararon los edificios públicos.

DOLORES

Se repararon los edificios públicos.
Se construyó una casa destinada para escuela de niñas.
Se construyó una iglesia.

CAMASCA

Construcción de aceras.
Apertura de un tramo de carretera.
Se repararon todos los edificios públicos.
Se construyó una casa destinada para Comandancia con su respectivo torreón.

SAN ANTONIO

Reparación de edificios públicos.
Se hicieron reparaciones al Cementerio General.
Se construyó una casa destinada para rastro público.
Se repararon las calles.
Apertura de un tramo de carretera que conecta con Camasca.

COLOMONCAGUA

Se construyeron edificios públicos y se repararon los que estaban en mal estado.

Se construyó una casa destinada para mercado.

Se hicieron reparaciones a la iglesia de San Pedro.

Apertura del campo de aterrizaje.

MAGDALENA

Se repararon los edificios públicos.

Construcción de un edificio para escuela.

Se construyó un cementerio.

Se edificó una casa destinada para rastro público.

SANTA LUCÍA

Se repararon los edificios públicos.

Se construyó una casa destinada para rastro público.

Construcción de un edificio municipal.

Construcción de una casa destinada para escuela.

CONCEPCIÓN

Se construyó un cementerio.

Refacción a la iglesia.

Se construyó una casa para servicio público.

Se introdujo el servicio de agua potable.

JESÚS DE OTORO

Se construyó una casa destinada para oficina telegráfica y cárcel, respectivamente.

Se construyó el frontispicio de la iglesia, lo mismo que una torre de la misma.

Se repararon los edificios públicos.

Se reconstruyó el edificio de la escuela de niñas.

Se construyó una casa destinada para alojar la oficina del telégrafo.

Construcción de un puente-hamaca sobre el Río Grande.

Se cooperó eficazmente en la construcción del tramo de carretera de Curinca hacia el Valle.

Se refaccionaron las calles de esta población.

Apertura de una carretera que conduce de esta localidad a Siguatepeque.

Instalación de la línea telegráfica que une a esta localidad con San Isidro.

MASAGUARA

Construcción de un puente-hamaca sobre el Río Grande.

Construcción del puente sobre el Río Sasagua.

Construcción de una casa para la auxiliaría de Lagunetas.

Apertura de una zona agrícola y ganadera.

Se repararon los edificios públicos.

Se refaccionaron las calles de esta localidad.

DEPARTAMENTO DE LA PAZ
LA PAZ

Apertura de la carretera que une a esta cabecera con Comayagua, pasando por Lejamani y por Ajuterique.

Construcción de un edificio destinado para alojar varias oficinas gubernamentales.

Se construyó un bello parque que lleva por nombre el de la Primera Dama de la República, doña Elena de Carías; el cual parque fue una de las obras más valiosas del General Raimundo Guevara Fuentes, dinámico funcionario que, al frente de la Comandancia de Armas, supo significarse durante un lapso de actividad que duró más de tres años, en el cual probó que comprendía y seguía los ideales del señor Presidente, Doctor y General don Tiburcio Carías Andino.

También se construyó otro parque en el Barrio de San Antonio.

Se instaló el servicio de alumbrado público.

Reparaciones importantes al edificio del cuartel militar.

Se construyó un edificio destinado para cabildo, el cual es de dos pisos y reúne todas las características de una obra de su naturaleza que debe servir para especiales funciones.

Se construyó un edificio destinado para escuela de niñas, el cual también reúne las condiciones indispensables.

MARCALA

Se construyó un amplio y cercano campo de aterrizaje, llamado «Campo Colón», considerado por aviadores extranjeros y nacionales como uno de los mejores con que la República cuenta.

Se hicieron importantes trabajos de relleno en la plaza de esta ciudad.

Esta misma plaza ha sido convertida en campo de recreo últimamente.

Se construyó un amplio parque llamado «Parque San Miguel».

Se construyó una casa con todas las comodidades higiénicas destinada para pesa pública.

El Gobierno cedió a esta población el terreno llamado «Testega».

Se construyó un magnífico y elegante edificio, donde fueron alojadas con toda amplitud las oficinas de la Receptoría de Rentas, del telégrafo y teléfonos, y también de la Administración de Correos.

Apertura de los trabajos de la carretera que conduce de esta población a Jesús de Otoro, pasando por Masaguara, rumbo a La Esperanza.

Estudio y proyecto de reunión de fondos para la instalación del servicio de alumbrado eléctrico a la población.

SANTA ELENA

Se construyó un amplio y cómodo edificio destinado para alojar las oficinas de la Municipalidad, Juzgado de Paz y cárcel.

Se construyó una casa destinada para mercado municipal.

CANE

Se construyó un amplio y cómodo edificio nacional donde se alojan todas las oficinas gubernamentales.

Se dotó de todos los materiales a las escuelas de la localidad.

Se hicieron mejoras a las escuelas rurales.

Fueron reparados todos los edificios escolares urbanos.

Se ha protegido y se ha ensanchado la agricultura, experimentándose con nuevos cultivos importantes, como el algodón, el tabaco de Sumatra, el arroz, etc.

Esto se ha hecho en un esfuerzo generoso para mejorar la vida de los agricultores de aquella región.

Introducción del agua potable a la población, utilizando las aguas de las quebradas de Ubaldo, Yampa y Guangololo; para esta obra el Supremo Gobierno donó la cantidad de L 200.00.

Se instaló un potente radio público.

PURINGLA

Se construyó un edificio destinado para cabildo municipal y también se construyó una pieza anexa al mismo para alojar la oficina del Juzgado de Paz; para esta obra el Gobierno ayudó con la cantidad de L 250.00.

Se construyó una casa para mercado público.

En el centro de esta población se han construido numerosas casas que han mejorado mucho el ornato de esta población.

Se hicieron reparaciones a la casa destinada para cárcel pública.

Refacciones importantes al puente sobre el Río Grande, en la vía que conduce a Santa María.

Reparación de la línea telegráfica.

Reparaciones constantes a los caminos vecinales.

CHINACLA

Se repararon los edificios públicos.

Reparación de las líneas telefónicas y telegráficas.

Reparación constante de los caminos de esta jurisdicción.

SANTA MARÍA

Se construyó un puente sobre el Río Sasagua.

Construcción de un puente sobre el Río Santa Rosa.

Se construyó un amplio y cómodo campo de aterrizaje, el cual es considerado como uno de los mejores de la República.

SAN ANTONIO DEL NORTE

Se le construyó una baranda de hierro al edificio del Cabildo Municipal.

Apertura del campo de aterrizaje.

Apertura de un pozo en esta población con su respectiva bomba para extraer agua para servicio del vecindario.

Se construyó un amplio cementerio.

Se construyó un edificio escolar para varones.

Dotación de nuevos muebles a las oficinas municipales, lo mismo que a las escuelas.

Trabajos de empedrado de las calles de la población.

Estudio y proyecto de construcción de un mercado público.

Se edificó una amplia casa para alojar las oficinas del telégrafo, de la Comandancia Local y de la Receptoría de Rentas.

Se construyó un puente colgante sobre el Río Goascorán, en el paso «Mal Aire», entre Aguanqueterique y esta población.

MERCEDES DE ORIENTE

Se construyó una casa amplia destinada para alojar la Escuela de Niñas y la de Varones, respectivamente.

Se hicieron importantes reparaciones al Cabildo Municipal, a la cárcel, a la oficina telegráfica y a la iglesia de esta población.

CABAÑAS

Se instaló una oficina telefónica que comunica a esta población con Yarula.

Se construyó una casa destinada para la escuela rural mixta que presta servicios en el cantón de Azacualpa.

Se construyó un edificio destinado para la escuela urbana.

Se construyó una casa destinada para Escuela de Niñas en la población.

Se reparó completamente el templo católico de la localidad.

Se construyó un edificio para mercado municipal.

TUTULE

Se construyó un puente llamado «Lempira», sobre la Quebrada de Tutule.

Se construyó un mercado con su respectiva baranda.

Se refaccionó completamente el Cabildo Municipal.

Se compró un terreno en el barrio de San Pedro para instalar allí las cocinas públicas.

Se construyeron las cercas del cementerio de esta población y se edificó una casa anexa al mismo.

Se hicieron reparaciones a los edificios escolares.

Se construyeron tres puentes: uno sobre el Río Lepasale, otro sobre el Río Lepaguare, y el tercero sobre el mismo Río Lepaguare, en ruta que conduce a la aldea de San Miguel.

Se hicieron importantes mejoras al camino que conduce de esta población al Sur.

Se construyó una iglesia.

Construcción de un departamento destinado para venta de carnes, con todas las facilidades higiénicas posibles en aquel medio.

Se construyeron tres puentes sobre el Río El Achiote, en la ruta que conduce a Santa María —uno de ellos— y los restantes en el centro de la población.

Se hicieron reparaciones en la vía que conduce de esta población a La Paz.

Apertura de nuevas calles y reparación de las demás.

Se reparó la línea telegráfica de esta población hasta el lugar denominado La Mora.

YARULA

Trabajos de ampliación del edificio del Cabildo Municipal.

Se hicieron otras importantes obras cuyo detalle omitimos porque en los diarios de donde tomamos estos datos solamente dice que se inauguraron obras de utilidad pública, sin esclarecer cuáles son dichas obras.

AGUANQUETERIQUE

Se hicieron reparaciones al mercado público, entre ellas algunas que se aproximan por su valor a las ampliaciones hechas con construcción de cuatro departamentos anexos al mismo.

Construcción de un cementerio en la aldea de Barrancaray.

Se reparó la línea telegráfica de la jurisdicción.

Se construyó una torre al templo católico de la población y se le hicieron reparaciones al mismo.

Se le construyeron tapias al edificio del Cabildo Municipal.

Construcción de una casa destinada para escuela.

No se ha descuidado en ningún detalle la enseñanza primaria, siendo significativo el interés de las autoridades y del público en general por el sostenimiento de las escuelas.

Las escuelas rurales han sido tan bien atendidas como las urbanas.

Construcción de un campo de experimentación agrícola en la Escuela de Niñas «Antonio C. Rivera».

Se empedraron las calles de la población.

SAN JUAN

Se construyó la portada del cementerio de esta población.

Construcción del Cabildo Municipal.

SANTA ANA

Construcción del Cabildo Municipal.

Se construyó un edificio destinado para alojar el resguardo militar de esta población.

OPATORO

Se construyó un edificio destinado para Escuela de Varones.

GUAJIQUIRO

Se construyó una casa para mercado público.

También se construyó una casa para la Comandancia Local.

Construcción de una casa para alojar la oficina telegráfica.

Se construyó una casa para escuela.

Se hizo una ermita o capilla en la aldea de Santa Rosita.

Se reparó completamente la iglesia de la localidad.

LAUTERIQUE

Construcción de un edificio destinado para Cabildo Municipal.

Construcción de una casa para mercado público.

Construcción del edificio destinado para la Comandancia Local.

A este edificio se le construyó un departamento anexo para alojar la oficina telegráfica.

Construcción de una casa para escuela en la aldea de Minitas.

Construcción de una iglesia.

Construcción de una casa destinada para la escuela de niñas en esta localidad.

Construcción de un cementerio en la aldea de Minitas.

SAN JOSÉ

Construcción de un edificio destinado para escuela.

NOTA. —También encontramos una mención de otras obras importantes en el departamento; pero no se dan detalles sobre ellas. Algunas parecen haber sido construidas en la cabecera departamental y otras en municipios que se distinguen por su laboriosidad y patriotismo.

Lamentamos de verdad que no hayan concretado en qué consisten esas obras; pero habrá que repetir lo dicho al principio: no hemos tenido otras fuentes de información que las colecciones de varios órganos de prensa de la República, y muy especialmente las de La Época.

Mas, en muchos mensajes telegráficos, los corresponsales y funcionarios no detallan las obras ni menos el valor de ellas, siendo imposible para nosotros obtener todos los datos que deseábamos obtener. En algunos casos hemos recurrido a funcionarios que no pudieron darnos con exactitud el cúmulo de detalles que solicitamos, porque ellos mismos no han recibido datos concretos de algunos lugares.

Entre las obras que suponemos no han sido mencionadas en este modesto trabajo, quedan tal vez las que fueron hechas en el primer período gubernativo del General Carías Andino, pues de aquel lapso hemos encontrado menos datos por falta de información de parte de corresponsales y funcionarios.

DEPARTAMENTO DE EL PARAÍSO
YUSCARÁN

Se construyó una carretera importante que empalma con la que va del Distrito Central, mejor dicho, con la carretera de Oriente; esta carretera ha producido mucho movimiento a la ciudad de Yuscarán tanto por la afluencia de turistas que llegan de distintos lugares de la República, como por la facilidad de transporte que ha hecho ganar mucho al vecindario, porque ahora todos los productos agrícolas pueden ser enviados a los mercados capitalinos y a los de otras poblaciones con mucha facilidad.

Se hicieron trabajos de rehabilitación de una calle en el Barrio San Juan, con sus respectivos malecones y cunetas; para la reapertura de esta calle se obtuvo por compra el terreno necesario adyacente a la mencionada vía.

Se construyó una pieza de casa anexa a la Escuela de Varones de esta población, en la que está alojada la Biblioteca Popular obsequiada por el señor Presidente de la República, Doctor y General don Tiburcio Carías Andino.

Se reconstruyeron las tapias que circundan los edificios escolares de la población.

Se rehabilitó, quedando en buen servicio, la piscina o baño público, situada en el lugar denominado El Molino, en las cercanías de la población.

Reparaciones importantes al edificio que ocupa la Comandancia de Armas.

Reconstrucción del cuartel.

DANLÍ

Construcción de la magnífica carretera que une a esta localidad con la capital de la República, es decir, se construyó la parte correspondiente a la jurisdicción de Danlí, con lo cual ha sido favorecido el patrimonio de los vecinos en diferentes modalidades; esta carretera, que es la que conocemos con el nombre de Carretera de Oriente, ha beneficiado a todos los lugares que cruza en su importante extensión.

Reparaciones al campo de aviación cercano a la ciudad.

Reconstrucción total de los edificios que alojan las oficinas del telégrafo, correo, Comandancia de Armas, Receptoría de Rentas y Juzgado de Letras.

Se construyó un pabellón anexo al mercado público.

Refacciones al acueducto por medio de encesamiento.

La enseñanza primaria pública no es descuidada en ninguno de sus aspectos.

Instalación de una amplia red telegráfica de esta población a Cifuentes, Las Trojes, El Paraíso, San Matías y Alauca.

EL PARAÍSO

Se construyó una importante vía carretera que conecta a esta población con el Distrito Seccional de Danlí, habiendo construido en esta vía tres puentes con sus respectivas cunetas y desagües.

Trabajos de relleno de las calles de esta población.

Construcción de un fuerte militar con su respectivo torreón y mirador para centinelas, en una cima cercana a esta población, el cual fuerte servirá para alojar al resguardo militar.

Se introdujo el agua potable, obra que ha favorecido mucho a los vecinos de la población.

Construcción de un amplio y cómodo edificio destinado para alojar todas las oficinas públicas.

GÜINOPE

Apertura del campo de aterrizaje, el cual fue construido en el lugar llamado «Loma de Argeñal».

Compra de una casa destinada para oficina telegráfica en la población.

Apertura de la carretera que conduce a esta localidad y que parte de El Zamorano; con esta carretera el municipio de Güinope ha obtenido grandes beneficios, pues ha aumentado el movimiento comercial y las rentas municipales, y la condición económica de los vecinos ha mejorado notablemente.

Se construyeron dos puentes: uno en Lizapa y otro sobre la Quebrada Grande.

Inauguración de la carretera que conecta a esta localidad con la aldea de Mansaragua.

Últimamente se han hecho trabajos de ampliación y reparación del importante tramo de carretera de esta jurisdicción en la curva denominada «Galeras», lo mismo que se ha llevado a cabo la construcción de muros en la vuelta de «El Matasano», y finalmente en la Quebrada Grande.

Apertura de los trabajos para la introducción del servicio de agua potable.

VADO ANCHO

Se repararon los edificios escolares y los que alojan las oficinas municipales.

OROPOLÍ

Se construyó una casa nacional.

YAUYUPE

Construcción de un campo de aterrizaje.
Introducción del agua potable a esta población.

SAN MATÍAS

Instalación de la línea telegráfica con su respectiva oficina en esta población.

JACALEAPA

Apertura de la carretera que conecta con la que va de Danlí al Distrito Central.

ALAUCA

Se construyó una amplia casa destinada para escuela.
Refacciones al edificio Escuela «Honduras».
Construcción de una casa destinada para alojar el resguardo militar de esta localidad.
Construcción de un malecón al lado exterior del Cabildo Municipal.
Se le cambió el artesón al mismo Cabildo.
Debido al crecimiento de la población se construyeron nuevas casas destinadas para alojar las oficinas públicas.
Apertura de la carretera que conduce de esta población a El Paraíso.

SAN ANTONIO DE FLORES

Construcción de una carretera desde esta población hasta San Lucas.
Se macadamizaron las calles de esta población.

Reparación completa de la línea telegráfica desde esta población a San Lucas y Duyure.

Apertura de los trabajos para introducción del agua potable.

SAN LUCAS

Introducción del agua potable.

TEUPASENTI

Inauguración del campo de aterrizaje en esta población.

Refacciones al Cabildo Municipal.

Apertura de los trabajos de construcción de un puente colgante en esta localidad.

Este puente, según informes, fue construido por don Miguel Medina Laínez.

TEXIGUAT

Reparación del puente-hamaca sobre el Río Texíguat.

Se construyó una casa para utilidad municipal.

Se empedraron las calles de la población.

Se construyó una casa destinada para rastro público.

Se construyó la baranda del Cabildo Municipal.

También se hicieron mejoras al mismo edificio.

MOROCELÍ

Apertura de la carretera que conduce de esta población a Danlí.

Refacciones al Cabildo Municipal.

Acopio de materiales para construcción de una casa destinada para Juzgado.

POTRERILLOS

Empedrado de calles.

Ampliación y reparación del Cementerio General, al cual se hizo el repello de las tapias.

Reparación del puente sobre el Río Grande.

Cambio y reparación de la cañería que conduce el agua potable a esta población.

Trabajos de repello y construcción del nuevo artesón del Cabildo Municipal.

LIURE

Reconstrucción de los edificios públicos.
Reparaciones al Cabildo Municipal.

DEPARTAMENTO DE VALLE
NACAOME

Importantes reparaciones al edificio que aloja las oficinas de la Gobernación Política.

Se construyó un sólido y amplio edificio con toda comodidad y servicios higiénicos, destinado para la Escuela de Varones «Tiburcio Carías Andino».

Se refaccionó completamente el edificio que aloja las oficinas de la Alcaldía Municipal.

Importantes mejoras a las calles de la población.

Se construyó un puente en el lugar llamado «Playa Grande», en la aldea de La Montaña.

Se construyó una casa destinada para escuela en el Valle de Tular, en la aldea de La Montaña.

Se construyeron tres casas destinadas para escuelas en el Valle de Moropocay, en los cantones Torrecilla, Caraguay y Zúniga, respectivamente.

Se reparó completamente la vía que conduce de esta población al campo de aterrizaje.

Se refaccionó completamente el edificio que aloja las oficinas de telégrafos y teléfonos.

Reparación completa del templo católico de esta población.

Se construyó un cobertizo amplio y sólido a las pilas y canales de captación del agua potable de esta población.

Importantes refacciones al edificio del cuartel de esta localidad.

Inauguración del edificio de la Comandancia de Armas, uno de los mejores con que cuenta la ciudad.

Reparación completa del edificio que ocupa la Administración de Rentas.

Reparación completa y ampliación de la carretera que conduce a Jícaro Galán.

Apertura de un tramo de carretera que conduce a El Salvador.

Se hicieron reparaciones al edificio de la Planta Eléctrica, lo mismo que al edificio de la Escuela de Niñas de esta localidad.

GOASCORÁN

El Excelentísimo señor Presidente de la República dio la cantidad de L 300.00 para la construcción de un elegante y cómodo edificio que fue destinado para alojar las escuelas públicas de esta población.

Se refaccionaron los edificios públicos.

Se construyó un malecón en el mercado público de esta población.

CORAY

Se terminaron los trabajos de la construcción de la iglesia de esta población.

Se construyó un edificio destinado para alojar las oficinas del telégrafo y del Juzgado de Paz.

Apertura de un tramo de carretera de esta localidad hacia La Libertad.

LANGUE

Se repararon las líneas telegráficas y telefónicas de esta jurisdicción.

Se dio una disposición en extremo beneficiosa para el progreso rentístico de la jurisdicción, consistente en la orden terminante de acabar con los contrabandistas que estaban extinguiendo las rentas.

Reparaciones al Cabildo Municipal.

Se le construyeron los muros al Cementerio General de esta población y se construyó una galera anexa.

Se construyeron las tapias que circundan la Escuela de Varones de la población.

Se hicieron arreglos a la plazoleta del costado norte de la iglesia de la localidad, a la cual plazoleta se la embelleció lo mejor posible.

También se mejoraron las calles adyacentes.

El Supremo Gobierno donó la cantidad de L 200.00 destinada para la construcción de un mercado público.

Intervención del Poder Ejecutivo en formalidades amistosas para el deslinde y amojonamiento de la línea divisoria entre este municipio y el de Coray.

Se refaccionaron las calles de la población.

Se construyó un nuevo zaguán al edificio de la Escuela de Niñas.

Trazo y apertura de una nueva calle que fue bautizada con el nombre del paladín centroamericano, General Francisco Morazán.

Ampliación y lineamiento de las calles para el mejor ornato de futuras edificaciones.

Se habilitó completamente la calle que conduce hacia el cementerio.

Se construyeron las tapias que circundan el edificio de la oficina telegráfica de esta población.

Se construyó un pabellón anexo al mercado público.

Se construyó una vía pública que parte del lugar llamado Ojo de Agua hacia los valles de Luminapa y Las Marías.

ALIANZA

El Gobierno donó a las autoridades municipales la cantidad de L 200.00 destinada a la construcción del edificio para escuelas en el puerto menor de El Aceituno.

Total reconstrucción de la fachada del templo católico de la población.

Se construyó un cómodo edificio para mercado público.

Se hicieron importantes trabajos de ampliación y aplanamiento del tramo de la Carretera Panamericana que corresponde a esta jurisdicción.

Se construyó un malecón contiguo a la guardatura marítima.

Proyecto y acopio de materiales para la construcción del muelle en El Aceituno.

ARAMECINA

Apertura de amplio y cómodo campo de aterrizaje situado en el lugar llamado «El Llano del Pueblo».

Se construyó una casa destinada para escuela de varones, la que fue bautizada con el nombre del señor Presidente de la República, Dr. y Gral. don Tiburcio Carías Andino.

Construcción de un mercado público.

Instalación de un potente radio público.

CARIDAD

El señor Presidente de la República, Dr. y Gral. don Tiburcio Carías Andino, dio un subsidio de L 300.00 para la construcción del edificio que aloja las oficinas de la Comandancia y del telégrafo.

Reparación completa del hermoso edificio que ocupa la escuela de varones de esta población.

DEPARTAMENTO DE YORO
YORO

Se hizo la instalación del servicio de alumbrado público, obra meritísima para esta cabecera departamental.

Importante trabajo de construcción de la nueva presa que propulsa el servicio eléctrico.

Construcción de un edificio que aloja la planta eléctrica; dicho edificio reúne todas las condiciones precisas para servir al fin para el que ha sido destinado.

Para ampliar el servicio de luz eléctrica se construyó otra pila de captación para impulsar energía más potente.

Compra de un amplio edificio destinado para alojar la escuela de varones de esta población.

Importantes reparaciones al edificio que aloja el cuartel y el presidio.

Ampliación y reparaciones del Cementerio General.

Se construyó un hermoso edificio, con todos los adelantos modernos, destinado para mercado público.

OLANCHITO

Construcción de un amplio y cómodo edificio para alojar e inaugurar la Planta Eléctrica.

Construcción de un edificio destinado para cárcel.

Construcción de un Cementerio General en esta población.

En este lugar ha tenido auge la instrucción primaria en una forma que podríamos calificar de portentosa, pues además de la atención que merecen las escuelas urbanas, se construyeron edificios excelentes para las escuelas de las siguientes aldeas: San Lorenzo, Juncal, Calpules, Teguajinal, Coyoles, Las Flores del Oeste, El Nance, Sabanetas, Nombre de Jesús, Chorrera, Puerto Escondido, Agua Caliente, Tepusteca, Armenia, Medina y Maloa.

EL PROGRESO

Se construyeron dos edificios destinados para alojar escuelas de ambos sexos.

Adquisición de un amplio edificio destinado para escuela de párvulos.

Ampliación y relleno de las calles y avenidas de esta población.

Se construyó un amplio e higiénico edificio destinado para departamentos de venta de carnes.

Adquisición de algunos edificios contiguos al mercado y arreglo de los mismos para pabellones que servirán para ampliar los servicios del mercado.

YORITO

Se construyó un amplio edificio destinado para alojar las oficinas municipales, el Juzgado de Paz y la cárcel.

SULACO

Reedificación de la casa del Cabildo Municipal.

Reconstrucción del edificio destinado para la Escuela de Varones.

Refacciones al edificio de la Escuela de Varones de la aldea de San Antonio.

Construcción de una calzada que facilita la bajada hacia el río y conecta con la calle principal.

Para llevar a feliz término todas las obras enumeradas, el señor Presidente de la República donó la cantidad de L 2,399.50.

ARENAL

El Gobierno dio la cantidad de L 1,600.00 destinada para la construcción del Palacio Municipal, con dos departamentos anexos destinados para alojar la oficina telegráfica y la cárcel.

Construcción de un puente que une a dos caseríos de esta jurisdicción.

Construcción de una casa destinada para venta de carnes.

Reparación de las líneas telegráficas y telefónicas.

Ensanche de la población y protección efectiva a la instrucción primaria.

EL NEGRITO

Se construyó un amplio edificio destinado para Cabildo Municipal.

MORAZÁN

Reparaciones a la carretera de esta jurisdicción.

Reparaciones a la línea telegráfica.

Construcción de un edificio destinado para Cabildo Municipal.

Construcción de una casa destinada para escuela.

Se construyó un puente que une dos barrios de esta localidad.

Apertura de dos calles.

Se empedraron las calles de esta población.

Apertura de un campo de aterrizaje en el lugar llamado «Sabana del Aguacate».

VICTORIA

Introducción del agua potable.

Construcción de una casa destinada para escuela.

JOCÓN

Construcción de un edificio magnífico destinado para la Escuela de Varones.

Construcción de un cementerio.

Se construyó también una casa destinada para rastro público.

DEPARTAMENTO DE OLANCHO
JUTICALPA

Reconstrucción del edificio del Concejo del Distrito Departamental, modernizándolo en todos sus aspectos.

Se dotó de mobiliario moderno, pedido al extranjero, al Instituto Normal «La Fraternidad», al cual se añadió un buen gimnasio.

Se construyeron cómodos y elegantes asientos de cemento en el Parque «Flores», situado en el centro de la población.

Instalación de una línea telegráfica que une a esta cabecera departamental con el municipio de San Francisco de Becerra.

Instalación de la línea telegráfica que comunica la aldea de Azacualpa con San Francisco de Becerra.

Apertura de la oficina telegráfica de la floreciente aldea de Jutiquile.

Se construyó una casa en el campo de aviación.

Construcción de un cementerio en la aldea de Las Trojes.

Construcción de una casa para escuela en la aldea de Punuare.

Ampliación del cementerio de Jutiquile y construcción de paredes de piedra que circundan el mismo.

Construcción de la importante carretera que une a esta ciudad con la capital de la República.

Esta, que es la gran Carretera de Olancho, es una de las vías de mayor valor para el país, no solo por lo que significa para el desarrollo de numerosas fases de la economía nacional, sino también porque es una vía estratégica de alto mérito.

Es una de las obras magníficas del señor Presidente, Doctor y General don Tiburcio Carías Andino, y representa un esfuerzo magno, tal vez mucho más intenso y valioso que como se le ha calificado hasta hoy.

Durante mucho tiempo se pensó en la construcción de esa carretera, antes del advenimiento al poder del actual Mandatario.

Parece que fue el Dr. Bertrand quien comenzó trabajos que apenas cubrieron una extensión de pocos kilómetros, allá en sus dos administraciones de 1913 a 1919.

Durante el régimen del Gral. López Gutiérrez nada se hizo.

En la administración del Dr. Paz Baraona, llevaron la carretera hasta Talanga.

Durante el gobierno del Dr. Mejía Colindres, se dieron contratas numerosas y se gastaron decenas de millares de lempiras; pero todo sirvió solo para favorecer, mejor dicho, para enriquecer a vividores de la camarilla del mandatario; y aun lo que estaba construido quedó en ruinas, por descuido, cuando aquel mandatario entregó el poder.

Toda la gloria de haber construido esta obra corresponde, pues, al Doctor y General don Tiburcio Carías Andino.

Parece que hasta la naturaleza quiso que fuera el Reformador de Honduras el autor de esa obra; ya que se vio que, a consecuencia de desperfectos habidos por el copioso invierno de 1933, hubo que reparar completamente todo el tramo construido.

El puente sobre el río Hernando López, que fue construido en la administración de Paz Baraona, arrancado y totalmente destruido por una de las grandes inundaciones del citado río, lo reconstruyó el General Carías Andino y es ahora una obra notable y de solidez magnífica.

Muchas personas, comprendiendo la magnitud de la obra, dudaron que la carretera fuera construida en tan corto lapso; pero la voluntad y visión del Mandatario, su energía ejemplar y su anhelo ferviente de progreso lo realizaron todo.

Y la gran vía es ahora una realidad que beneficia a numerosos pueblos y a muchos millares de personas.

La agricultura olanchana ve en esta carretera la mejor promesa de su futura intensificación, e igual puede decirse del comercio y de la industria.

Tierra de notable exuberancia, el departamento de Olancho, cuando haya pasado la presente crisis originada por la guerra, será un emporio excelente.

Y por otra parte, el fácil intercambio ideológico y económico, la afluencia de viajeros y otros factores producirán un mejoramiento cultural de dimensiones espléndidas.

Esas personas que ayer dudaron, hoy bendicen al General Carías Andino, porque él ha hecho por aquel departamento cosas tan grandes, tan importantes, tan trascendentales que jamás serán olvidadas.

Otros mandatarios, entre ellos dos que fueron hijos de aquella tierra, muy poco se preocuparon por ella.

Y es por ello mucho más significativo y mucho más loable el esfuerzo del General Carías por ayudar a aquella región que cuenta con tan abundantes recursos naturales.

Los olanchanos jamás olvidarán lo que el actual Mandatario ha hecho por ellos; y esa deuda de gratitud sabrán corresponderla con lealtad a toda prueba y con decisión.

En todo momento que el General Carías Andino necesite el concurso de los olanchanos, todos estarán de pie y le rodearán con inmenso respeto y cariño, con determinación de seguirle a todas partes y, si preciso fuere, sacrificar su vida por los ideales que sustenta.

En esta carretera, sobre el caudaloso Río Guayape, ha sido construido un gran puente de hierro, que es una obra de notable solidez y elegancia.

CATACAMAS

El Gobierno donó la cantidad de L 4,000.00 destinados para la introducción del agua potable.

Construcción de un hermoso campo de aviación.

Reparación completa del edificio de la Escuela «Policarpo Melara».

Se construyó una casa destinada para escuela en la aldea de San José de Río Tinto.

Instalación de un potente radio público.

Mejoras al ornato de la población mediante la reparación y empedrado de las calles.

Se reconstruyó la portada del Cementerio General.

Subsidio de L 100.00 para la construcción del hermoso y amplio edificio de la Escuela de Niñas.

Se construyó un muro para seguridad del edificio de la Escuela Mixta «Policarpo Melara».

MANTO

Importantes reformas y ampliación del cementerio de esta población.

Construcción de un puente en el barrio El Calvario.

Construcción de un edificio destinado para Escuela de Niñas.

Se empedraron las calles céntricas de la población.

Se construyó un cementerio en la aldea de San Antonio.

Construcción de la línea telegráfica entre este pueblo y el de Guata.

Construcción de un cementerio en la aldea de Jimasque.

Mejoramiento de los caminos vecinales.

CAMPAMENTO

Fue cedido a este municipio un lote de montaña virgen para utilidad ejidal, consistente en 7,007 hectáreas.

Se construyó un nuevo cementerio y se reconstruyó el viejo.

Creación de zonas ganaderas, agrícolas y mixtas.

Se instaló una oficina telegráfica y se reparó la línea.

Apertura de un tramo de carretera hacia el pueblo de Concordia.

Edificación de una pirámide, monumento erigido en homenaje al ilustre Mandatario, General Carías Andino, por la construcción de la gran carretera olanchana, obra que, como ya expresamos, tiene valor excepcional para el departamento y para la República.

Reformas importantes a la iglesia de esta población.

SAN FRANCISCO DE LA PAZ

Construcción de un amplio y adecuado campo de aterrizaje.

Se construyó nueva portada al Cementerio General.

Construcción de una casa destinada para venta de carnes.

Dotación de servicios sanitarios al Cabildo Municipal.

Reparaciones importantes a la casa que ocupa el rastro público.

Reparaciones a la casa de la escuela de la aldea de Guacoca.

Construcción de una casa anexa al cementerio de la misma aldea.

Refacciones importantes al Cabildo Municipal.

Instalación de la línea telegráfica que comunica esta población con la de Gualaco.

Ampliación del cementerio de Guacoca, mediante construcción de tapias; a este mismo cementerio se le ha construido también una portada.

DULCE NOMBRE O CULMÍ

Se construyó un campo de aterrizaje bastante amplio.

Reparación completa de la iglesia católica.

LA UNIÓN

Ampliación y reconstrucción del Cementerio General.

Construcción de un edificio destinado para Escuela Pública de la población.

Se construyó también otro edificio público.

CONCORDIA

El Excelentísimo señor Presidente de la República, Doctor y General don Tiburcio Carías Andino, dio la cantidad de L 200.00 destinados para la construcción del actual Cabildo Municipal.

Se construyó el Cementerio General.

Construcción del rastro público.

Reparaciones a la escuela urbana.

GUAYAPE

Reparación de la línea telegráfica y telefónica de este pueblo hacia Orica y hacia Santa Cruz, respectivamente.

Construcción del campo de aterrizaje.

Se construyeron dos casas públicas.

Construcción de una casa destinada para escuela pública de la población.

SAN FRANCISCO DE BECERRA

Construcción de un edificio destinado para Cabildo Municipal.

Reparación de la casa de escuela de esta población.

Reparación completa del rastro público.

Instalación de la línea telegráfica de este pueblo a la aldea de Azacualpa.

EL REAL

Construcción de un nuevo Cabildo Municipal.

Construcción de un puente en el lugar llamado «La Pimienta».

Construcción de un puente en el lugar denominado «El Guanábano».

MANGULILÍ

Se construyó un edificio destinado para Cabildo Municipal.

Construcción de un cementerio en el caserío de «Los Montes».

Se construyó otro cementerio en el caserío «El Águila».

YOCÓN

Se dio un subsidio de L 500.00 destinado para la construcción de un edificio apropiado para alojar las oficinas públicas de la localidad y para la completa reparación del edificio escolar de la población.

Se hicieron reparaciones importantes al cementerio del pueblo.

GUALACO

Instalación del servicio telegráfico (la línea que va directamente a San Francisco de la Paz fue instalada en 1938 y 1939, permitiendo la comunicación rápida de aquel municipio con el resto de la República).

Se construyó una iglesia.

SALAMÁ

Construcción de un edificio destinado para la Comandancia Local.

Se construyó un campo de aterrizaje.

Construcción de una casa destinada para rastro público.

GUATA

Se construyó un edificio destinado para Cabildo Municipal.

Construcción de una casa cural.

Se construyó una torre para campanario de la iglesia de la población, y se le construyó un coro a dicha iglesia.

Instalación de la línea telegráfica que comunica con Jano.

JANO

Instalación de la línea telegráfica que comunica con Guata.

SILCA

Reparaciones al edificio que sirve de Cabildo Municipal.

DEPARTAMENTO DE COLÓN
TRUJILLO

Se construyó una casa para escuela en la aldea de Bonito Oriental.

Se construyó un puente de cemento y de hierro en el barrio de Cristales, de esta localidad.

Se hicieron importantes reparaciones a la presa.

Apertura de la calle denominada «La Calzada».

Construcción de dos casas para escuelas en las aldeas de Chapagua y Tarros, respectivamente.

Refacciones a la avenida Buena Vista.

Apertura de la calle que conduce al cementerio.

Instalación de una Planta Eléctrica.

Apertura de un tramo de calle frente a la iglesia y reparación del Parque Colón.

Trabajos de excavación de la calle denominada «La Barranca» y construcción de la misma.

Construcción de cloacas de cemento en la avenida que pasa contigua al cementerio.

Apertura de la carretera que conduce de la aldea de Ilanga al caserío de Monte Abajo.

Construcción de un buen puente de cemento armado sobre el Río Cristales, en el barrio de este mismo nombre.

Construcción de otro puente igual en la primera calle, al norte del barrio de Río Negro.

IRIONA

Construcción de casas para las escuelas de las aldeas siguientes: Cusuna, La Punta, Sangrelaya, Tocamacho, Plaplaya y Batalla.

Apertura de caminos de Cusuna al Venado, de Iriona Viejo a Sico y de Sico al departamento de Olancho, siguiendo la ruta hacia El Dorado, y de Sangrelaya a Cocalito.

Se construyeron dos puentes en el camino real de Iriona a Giriboya.

Construcción de una casa para escuela en la población.

Construcción de un camino de Sico a Corocito.

Trabajos de relleno en una zona de esta población.

Construcción del edificio para la Comandancia y sus anexos.

Se construyeron edificios para alojar las Comandancias de Brus Laguna, Caratasca, Cauquira, Puerto Lempira y Cruta, respectivamente.

Se construyó una casa destinada para alojar la oficina de la Receptoría de Rentas de este distrito.

Apertura del camino que une las aldeas de Claura y La Victoria.

Construcción de dos casas destinadas para escuelas en las aldeas de Cocobila y Plantinriver.

Se refaccionaron y construyeron los puentes entre esta población y la aldea de La Punta.

SONAGUERA

Se construyó un edificio destinado para mercado público.

Apertura de una calle balastada que conduce del centro de esta población a la estación del ferrocarril.

Se construyó una casa destinada para escuela en la aldea de Savá.

Se construyó un puente sobre la Quebrada de La Pava, en la misma aldea, en la cual se construyó también una casa destinada para la venta de carnes.

BALFATE

Se construyó una casa destinada para la venta de carnes.

Se reconstruyó completamente el edificio destinado para la Escuela de Niños.

Construcción de una casa para la escuela de la aldea de Río Esteban.

TOCOA

Instalación de una maquinaria despulpadora de arroz, para servicio de los vecinos que tienen como patrimonio el cultivo del arroz; dicha maquinaria ha sido utilizada con provecho en esta población.

Para evitar inundaciones que ocasionaba el Río Tocoa, se construyó un sólido y extenso dique y muros de calicanto.

Relleno y reparación de las calles de la población y saneamiento de las mismas.

Reconstrucción constante de los edificios públicos y de los escolares urbanos y rurales.

Creación de la aldea de Salamá, de esta jurisdicción, en la que se construyó una casa destinada para escuela.

También en la aldea de San Isidro se construyó una casa destinada para escuela.

LIMÓN

Se construyó una hermosa casa destinada para alojar el resguardo militar.

Apertura de la carretera que va de la aldea de Piedra Blanca al Río Miel.

SANTA ROSA DE AGUÁN

Se construyó una hermosa casa destinada para escuela.

Construcción de un Cabildo Municipal.

Construcción de un muelle.

Adquisición de un lote de terreno para el aumento de la población.

Se construyó un puente en la vía que conduce de esta población a la línea férrea; y en esta misma vía se construyó otro puente.

Se construyó un puente en la vía que conduce a la aldea de Vuelta Grande.

Construcción de una casa cural.

Se hicieron importantes trabajos de reconstrucción de la iglesia católica de esta población.

Trabajos de limpieza en las rutas que se ocupan para el tráfico por agua en el Río Aguán.

SANTA FE

Se construyó un edificio destinado para Cabildo Municipal.

Se construyeron dos puentes en los esteros de Santa Fe y Guadalupe, respectivamente.

Se construyó un edificio para alojar la Comandancia Local.

Construcción de una casa destinada para alojar la oficina telegráfica de esta localidad.

DEPARTAMENTO DE ISLAS DE LA BAHÍA

En este departamento se ha realizado una magnífica campaña de nacionalización espiritual, como podríamos llamarla; es decir, se han hecho esfuerzos magníficos para desarrollar la enseñanza del idioma español en todas las escuelas e instituciones, ya sean éstas católicas, protestantes o de otra índole.

Como es bien sabido, durante mucho tiempo esas Islas fueron pobladas por ingleses, y cuando hizo prevalecer Honduras su dominio y soberanía, en ellas se hablaba generalmente el inglés.

Esto dificultó durante bastante tiempo la labor educadora desarrollada por las autoridades hondureñas y también fue factor molesto en otra clase de relaciones.

Pero en esta fértil y luminosa administración del Doctor y General don Tiburcio Carías Andino se ha procedido con suceso feliz y con tino ejemplar a ejecutar esa «nacionalización espiritual» de que hablamos nosotros.

En todo ello se ve el patriotismo, la visión y el talento de nuestro ilustre Mandatario, a quien llamamos con razón el Autor de la Nueva Honduras.

Esa campaña de nacionalización, de tan fecundos resultados, debe ser considerada en toda su significación trascendental para el futuro de la patria.

Esta es una de las obras morales del gran Reformador; y en cuanto a obras materiales citaremos las siguientes efectuadas en este período de paz y de intenso progreso:

ROATÁN

Instalación de una planta eléctrica.

Instalación de la estación de radio nacional.

Se construyó una casa nacional para alojar oficinas.

Apertura del campo de aterrizaje.

Apertura de la carretera de esta población a Sandy Bay.

Trabajos de reconstrucción del edificio de la Escuela «Minerva».

Reparaciones a los edificios que alojan mercados de carne en las aldeas siguientes: Flowers Bay, Oak Ridge y French Harbor.

Reparación a los servicios sanitarios públicos.

Trabajos de reconstrucción en el canal de French Harbor.

Se construyó un mercado público en la misma aldea.

Se construyó también un mercado público en Oak Ridge.

Reparación completa del mercado de la ciudad.

GUANAJA

Relleno de calles.

Reparación de puentes en esta población y en las aldeas de su jurisdicción.

Refacciones a la escuela pública.

Importantes trabajos de apertura de un canal que divide esta isla de Norte a Sur.

Inauguración de un muelle en el Cementerio General de esta población.

Importantes mejoras al servicio de alumbrado público y reparación de la cañería del servicio de agua potable.

Inauguración del acueducto de esta población.

Reconstrucción del muelle principal de este puerto.

Apertura de un importante tramo de calle que dificultaba el tránsito en esta población.

Reparación del acueducto en Sabana Bight.

Se construyeron doce puentes en Sabana Bight y East End.

UTILA

Se le construyó un nuevo piso al Cabildo Municipal de esta localidad.

Construcción de tres calles a base de cemento, dos en el Barrio de Cola de Mico y otra en el Barrio de Sandy Bay.

Se construyó un bañadero público para ganado en esta población.

Apertura de una calle en el Barrio de Punta Caliente.

Reparación de una casa municipal en Los Cayitos.

Reparaciones al rastro público de la población.

Se repararon todos los puentes en las calles de esta población y también los de la jurisdicción.

LOS ASTILLEROS DE ESTE DEPARTAMENTO

En los últimos años ha logrado auge magnífico la construcción de embarcaciones en las Islas de la Bahía.

Los astilleros existentes allá son famosos.

De ellos han salido barcos de bastante tonelaje que prestan servicios en el Mar Caribe.

Naves grandes y pequeñas han sido construidas en esos astilleros y todas ellas reúnen las condiciones esenciales que debe reunir todo barco moderno; tanto así es que dichas naves han sido solicitadas de países vecinos, y muchas que ahora surcan aguas del Atlántico y llevan banderas de naciones hermanas, han sido hechas en las Islas de la Bahía.

Las necesidades producidas por la guerra han limitado los servicios de las compañías extranjeras de vapores, pues actualmente solo las norteamericanas realizan un servicio regular de transporte y pasajeros con nuestros puertos; y por ello se ha pensado intensificar la construcción de barcos en los astilleros de las Islas.

La prensa nacional y centroamericana habló hace algunos meses de la urgencia de incrementar la industria naval; y al respecto se dijo que expertos norteamericanos vendrían a los astilleros hondureños con el objeto de hacer realidad benéfica ese deseo de la colectividad nacional.

Posiblemente el porvenir de la industria de construcción de barcos sea mucho más halagüeño de cuanto nos imaginamos hoy, pues si lo que se ha hecho ya es mucho, lo que se hará en días venideros colmará las aspiraciones patrióticas de los iniciadores y sostenedores de esa gran industria.

Actualmente se construyen numerosas naves, según informes suministrados por personas que están al tanto de las actividades de los astilleros; y ello es un buen signo, una promesa, una clara indicación de que la intención de los organizadores de esta industria es llevarla adelante, proseguir la lucha sin descanso hasta lograr los objetivos de superación que persiguen.

También se ha despertado en nuestro pueblo el interés por la navegación.

Sabido es que numerosos jóvenes hondureños se han enrolado en la marina mercante de los Estados Unidos.

Los que de estos jóvenes sepan aprovechar el tiempo serán más tarde los integrantes de un núcleo alrededor del cual ha de constituirse la marina mercante netamente hondureña.

Este es un ideal que se ha de realizar tal vez en día no lejano.

Nuestro país y todos los países centroamericanos precisan tener una marina propia.

La posguerra planteará problemas que habrá que resolver con acertada intención; entre ellos está el de la intensificación del comercio, el intercambio interamericano, y para ello necesario es disponer de una marina eficiente, aunque no sea numerosa.

PALABRAS FINALES

Como hemos expresado en el curso de este trabajo, hemos procurado dar una idea clara de lo mucho que se ha hecho en Honduras, en cuanto a obras materiales concierne.

Indudablemente hemos omitido muchas cuyos datos desconocemos.

Repetimos que para preparar esta obrita solo hemos contado con la información tomada de las colecciones de la prensa nacional, especialmente del diario La Época.

Al terminar, queremos repetir lo que hemos dicho: jamás Honduras había tenido un lapso de paz constructiva como este en que tan acertadamente gobierna el Doctor y General don Tiburcio Carías Andino.

Por doquiera encontramos la acción dinámica del Mandatario.

Cada obra que se ha hecho o que se hace representa la cristalización de una idea suya.

Él atiende hasta los detalles más pequeños y a todos los municipios ayuda con amplitud, aun en estos días críticos en que la situación económica del país ha sufrido tropiezos por causa de la guerra y por otros motivos de sobra conocidos, los cuales perjudican también a toda la economía mundial.

Basta ver lo que se ha hecho, por ejemplo, en esta ciudad capital.

¡Solamente aquí se ha hecho tanto!

Resumamos: además de otras obras citadas al principio, recordemos la construcción total del Palacio de los Ministerios; la completa reparación del Cuartel San Francisco con anexos nuevos; la construcción del Parque «La Concordia»; de la Avenida de «La Paz» asfaltada; de los nuevos pabellones dentro del Hospital General San Felipe; del alcantarillado para aguas negras y pluviales; la instalación de la red telefónica subterránea reparada y acondicionada lo mejor posible; el cambio total de la tubería ordinaria por la que durará cien años, y sobre todo la pavimentación que tanta belleza le está dando a la colonial Tegucigalpa, sin olvidar las reformas hechas a la Tipografía Nacional; a la Escuela de Artes y Oficios; a los salones y frontispicios del viejo Palacio Ministerial; la rehabilitación del Antiguo Cabildo Municipal de Comayagüela para Palacio de la Escuela Nacional de Bellas Artes; la construcción del campo de emergencia aéreo en la falda occidental del cerrito de Juana Laínez; las reformas introducidas en la Universidad Central, en el Instituto Normal Central de Varones y en el Instituto Normal Central de Señoritas; la construcción del hermoso y sólido «Puente Carías»; la ampliación del aeródromo de Toncontín.

También, la terminación de los hangares nacionales; la construcción del edificio para los alumnos de aviación; la construcción del Garaje Nacional; del puente sobre el Río Chiquito en el Barrio de El Guanacaste y de los nuevos pabellones para niños y salas de radioterapia en el Hospital General; la reconstrucción total de los Parques Herrera, Colón y Reyes, este último próximo a terminarse; los puentes construidos de cemento y hierro en la carretera sobre Nueva Aldea; el mejoramiento de la presa del agua potable de Comayagüela, en donde se hicieron nuevas pilas y se colocó un filtro; la construcción de edificios para secciones de Policía en los barrios; la construcción del campo deportivo «Carías Lindo»; la adquisición de materiales abundantes y de toda clase de artículos útiles y valiosos para diferentes usos prácticos que se encuentran listos para servir a los fines destinados en los almacenes de la Dirección General de Comunicaciones Eléctricas, de la Dirección General de Correos, de la Escuela Nacional de Aviación y los muchos que hay en los almacenes de la Casa Presidencial; la adquisición del nuevo motor de gran capacidad para la Empresa de Luz Eléctrica capitalina; y, por último, la formación de nuevos barrios y la creación de escuelas y de nuevos institutos de educación y de cultura ciudadana.

El anterior resumen de lo mucho que se ha hecho en esta capital es en verdad significativo.

Se ve la visión patriótica y certera y la mano organizadora, firme y constructora del señor Presidente.

Su acción abarca diferentes aspectos, todos benéficos, todos trascendentales para la nación.

La obra del Doctor y General don Tiburcio Carías Andino es obra perdurable.

Discutir su alto mérito es necedad, pues a la vista de todos está la grandeza de su labor.

Patriotismo puro, visión trascendente, energía constructiva y voluntad pacificadora como las del ilustre Mandatario cuya obra estamos reseñando, no las ha poseído jamás ningún otro gobernante o estadista hondureño.

Y es por eso que el generoso Reformador de Honduras ha realizado una labor cumbre, una labor magna.

No necesita el General Carías Andino panegíricos para dar a conocer sus grandes méritos y su acendrado patriotismo.

Hablan por su afán renovador sus obras notables.

Mejor que cuanto la palabra puede expresar, lo dicen con elocuencia que habla a las almas todas esas obras que se alzan como signos propicios, indicadores de la nueva era de cultura y de progreso material.

Vive nuestro país su hora excepcional, la hora sublime de la reivindicación de sus valores en armonía con los impulsos magníficos de su destino.

Vamos hacia un futuro de plena regeneración y de integración o creación de valores capitales.

Nuestra vitalidad se acrecienta bajo el signo de la paz y de la democracia.

Ondea nuestra bandera con gloria y con orgullo sobre los horizontes patrios porque al fin hemos encontrado el camino de la suma dignidad y de la verdadera superación integral.

Mas, a quién debemos esta renovación? Preciso es repetirlo muchas veces. Todo esto lo debemos al hombre superior que gobierna a Honduras, al eximio y bondadoso Doctor y General don Tiburcio Carías Andino, Creador de la Nueva Honduras y Benemérito de la

Patria. Él ha reformado este país y cuenta con la gratitud sin medida, con el cariño y con la lealtad de todos los buenos hondureños. Cada uno quisiera tributarle el mejor home-naje posible, porque en el corazón de cada buen patriota se alza la comprensión y el agradecimiento que indican lo mucho que debe. ·mos a este grande hombre, a este político excepcional que hoy ocupa con prestancia el primer puesto en la nación hondureña.

Nosotros, como un homenaje modestísimo pero inmensamente sincero, hemos hecho en esta obrita el resumen de su labor mate-rial, en verdad enorme y de importancia trascendental.

EL GOBIERNO DE TIBURCIO CARÍAS ANDINO, UN GUERRILLERO Y SOBRIO PATRIARCA

Por WILLIAM KREHM[1]

En la escala del peso físico, Tiburcio Carías Andino es, con ventaja, el presidente más grande de América. En su presencia uno se da inmediatamente cuenta del triunfo de la materia sobre el espíritu: la pesada bola de su cuerpo remata en una cabeza terca y obtusa. Dícese que en su juventud era capaz de romper un rifle sobre la rodilla: ahora cuando da la mano, deja los huesos machacados.

Nació hace unos sesenta y ocho años como miembro de una familia numerosa, con abundante sangre india y negra, y feroces ambiciones de clan. A los diez y seis años sirvió como ayudante de cocina en una banda de las guerrillas liberales, capitaneadas por sus hermanos. En la guerra de 1907, en la que el dictador nicaragüense Zelaya ayudó para que los liberales llegaran al poder, Carías mandó un destacamento liberal. Sus estudios fueron interrumpidos para ir a la guerra, y en cuanto los liberales llegaron al poder lo recompensaron con el grado de Leyes. En América Central los abogados llevan el título de Doctor y, en virtud de su grado espurio, Carías lleva el doble prefijo de "Doctor y General". Sin embargo, su carrera como jurista fue corta: tuvo un asunto y lo perdió.

Dos décadas de actividad revolucionaria, como liberal, no lo llevaron a ninguna parte. Sin resultados efectivos, decidió entonces cambiar de caballo. En 1923 fue candidato nacionalista (conservador) a la presidencia; y aunque no tuvo mayoría, logró la votación más amplia de los tres candidatos. En la guerra civil subsiguiente, Tegucigalpa fue bombardeada por sus aeroplanos, y de allí salió como el auténtico hombre fuerte respaldado por la United Fruit Co. Pero en 1924 y luego en 1928 conoció el amargo gusto de la derrota electoral. El país no se daba prisa alguna en reconocer a su salvador.

---

[1] Ex corresponsal de la revista "Time".

Durante estas décadas de intentos fracasados Carías era un hombre pobre. Estaba sostenido por su mujer; que poseía una pequeña fonda o merendero en Zambrano, en la carretera septentrional. Sus días transcurrían tendido en una hamaca, o bien dedicado a cuidar un pequeño huerto de verduras, a la manera de Cincinato de vuelta de la guerra.

Pero a fin de cuentas la fortuna le sonrió. Cuando fue exaltado al poder por el Trust bananero, diversos factores concurrieron para asegurarle un prolongado dominio. La expansión del totalitarismo le ofreció un modelo y un apoyo propicio; el Buen Vecino le procuró armas y apoyó su régimen, moral y financieramente. Las dictaduras perennes que se asentaron sobre el Istmo, durante la cuarta década (los "treintas") de este siglo, coordinaron su represión y mutuamente se cubrieron los flancos.

Además, había la fuerza aérea. En noviembre de 1932, después del triunfo "electoral" de Carías, un sector de la oposición liberal se alzó en armas y marchó sobre la capital, desde San Lorenzo. Un arriesgado piloto de Nueva Zelandia, Lowell Yerex, que había fundado una pequeña compañía de aviación, los Transportes Aéreos de Centro América (TACA), se alió al Gobierno en la hora de peligro. Los dos aeroplanos de Yerex se armaron en El Salvador, hicieron reconocimientos en las líneas enemigas y ametrallaron a los rebeldes en El Sauce. En la lucha Yerex perdió un ojo, pero sus aeroplanos lograron dispersar a los rebeldes, cuando ya estaban a las puertas de la victoria.

A cambio de su ojo Yerex recibió una jugosa concesión que dio origen a la fenomenal carrera de la TACA. Transportando por el aire armas, licores, mercaderías y la pesada maquinaria de las minas de oro, remediando la falta de caminos mediante los aviones que surcaban el cielo hondureño, la TACA se convirtió en una institución única, primero en Honduras y después en toda Centro América. Pero los hondureños nunca han olvidado la forma como empezó sus actividades esta empresa. Sólo cuando la Transcontinental and Western Airways de los Estados Unidos adquirió intereses para controlar la explotación y eliminó a Yerex de la Gerencia, pudo la TACA hacer las paces con el pueblo hondureño.

Tiburcio Carías Andino fue elegido en 1932 para un mandato de cuatro años, bajo unas normas constitucionales que prohibían la reelección. Mediante una serie de enmiendas a la Carta Magna del país, su Congreso le permitió continuar ocupando el Palacio presidencial hasta 1949. Nunca hasta entonces en la historia de Honduras un Presidente se había aferrado a un segundo período y sobrevivido el fin de él.

Desde 1932 no ha habido elecciones al Congreso. La autonomía de las ciudades más populosas quedó suprimida. En 1933 se puso en vigor el uso de pasaportes internos. Con breves intervalos la ley marcial fue mantenida desde el momento en que Carías subió al poder hasta la primavera de 1946, en que Spruille Braden, Secretario adjunto de Estado en Norteamérica, hizo presión para que se liberalizara el régimen. El turista que visita la Jefatura de Policía de la capital con objeto de recoger uno de los tres sellos indispensables para su pasaporte advierte un cuadro animado, aunque caótico del sistema penal hondureño.

El aire está lleno con el tableteo de las marimbas, el rasgueo de las guitarras y la flatulencia de las trompetas: los prisioneros, en sus celdas del piso bajo, practican sus lecciones de música, y hacen saber al visitante que el progresivo régimen del doctor y general Carías se asegura la colaboración de las musas para redimir a sus ciudadanos descarriados. Pero hay otras prisiones que no se enseñan a los turistas.

En la Penitenciaría de la capital cientos de prisioneros políticos se pudren en húmedos calabozos. Algunos arrastran cadenas a las cuales van sujetas bolas de hierro de sesenta libras; otros se ven obligados a permanecer con el rostro hundido en la tierra humedecida del pavimento, con un peso en la espalda, durante interminables semanas. Hay una silla eléctrica cuyo voltaje es insuficiente para matar, pero lo bastante fuerte para despertar la lengua, y celdas donde no se puede estar ni de pie ni echado. Muchos de los reclusos han perdido la razón, y otros han muerto.

Los azotes se administran con un látigo denominado "verga de toro", hecho con el órgano genital de una res, distendido y seco, con un alambre atravesando su canal.

En 1934, cuando el gobierno empezó a preparar unas elecciones que nunca llegaron a celebrarse, el periódico oficial "La Época" avanzó la teoría de que el "crimen útil" es necesario para la salud del Estado. No era ésta, precisamente, una declaración hueca: Carías eliminaría a sus adversarios inexorablemente, dentro y fuera del país. En 1938 los generales liberales Justo Umaña y M. A. Zapata fueron asesinados en Guatemala por los pistoleros de Jorge Ubico, en inteligencia con su camarada de Tegucigalpa.

Un mísero poblado alrededor del castillo de un barón de polendas. Su lánguido encanto deriva del hecho de que ha cambiado muy poco desde los tiempos coloniales. Las calles, empinadas y tortuosas, están construidas para los asnos: no para los automóviles ni las personas. No hay una sola pavimentada a la moderna; durante la estación lluviosa corren por ellas torrentes de lodo y agua. Durante trece años Carías sólo ha empedrado unas pocas. También ha acondicionado una estrecha plaza con grotescas imitaciones, en concreto, de ruinas "en estilo maya".

Terminó además un puente comenzado antes, para enlazar la capital con la polvorienta Comayagüela, al otro lado del río, y se hizo erigir un busto en la plaza central de dicha población.

La despedazada carretera de Tegucigalpa al Golfo de Fonseca se encuentra en peor estado que hace una década. En los últimos trece años las únicas obras viales dignas de mención se reducen a la Carretera Interamericana que rodea el Golfo de Fonseca (y fue pagada casi en su totalidad por los Estados Unidos), y otra a lo largo del lago Yojoa, a su vez financiada del principio al fin por Washington. Además, el único Instituto educativo que se ofrece a la publicidad es la espléndida Escuela de Agricultura, establecida en Zamorano por la United Fruit Compans. En esta obra los políticos hondureños no han tenido otra participación que la de vanagloriarse de ella. En medio de tal desolación, las pretensiones de Carías como un "hombre providencial" resultan ser un tanto desmesuradas.

El doctor y general Carías es un hombre de gustos simples, cuyos años de poder no han logrado despojarlo de su condición de rústico guerrillero. Hace un decenio un secretario nicaragüense le enseñó a llevar bastón y leontina, e incluso le convenció para que redujera sus fieros mostachos y proporciones adecuadas. El mismo secretario aconsejó también a la señora de Carías respecto a modas y peinados. Pero esta era una capa de barniz delgada y frágil, que pronto se quebraba. Es proverbial en don Tiburcio recibir a los diplomáticos con una barba de dos días.

Su vida semeja la de un patriarca sobrio: nunca fuma ni bebe, e impone este mismo código puritano a las gentes que lo rodean. Cuando puede, despacha los asuntos de Estado mucho antes del mediodía, y pasa el resto de la jornada en su granja Villa Elena, que lleva el hombre de su esposa. Con razón está orgulloso de esa finca, lo mismo que de su rancho La Moderna en Guasculile, y de otras propiedades extendidas a lo largo de la carretera septentrional. A esas fincas ha llevado ganado de importación, de pura raza, e introducido modernos métodos de cría. Esta es, en efecto, su única contribución al fomento económico de Honduras.

En los días en que administraba el merendero de Zambrano, su mujer gozaba de muy alta reputación como persona de buenos sentimientos y como excelente cocinera. Una vez por semana, en los primeros años del gobierno de su marido, solía enviar una nota a las gentes conocidas, informándoles que se venderían tamales en el palacio presidencial en una fecha determinada. Como los tamales de doña Elena son justamente famosos, podía hacerse con ellos un pingüe negocio. Pero la avaricia pronto borró los buenos sentimientos de su corazón. Doña Elena obtuvo el monopolio del suministro de tortillas para el ejército. Comenzó a adquirir granjas, y los camiones del ejército crujían bajo el peso de las verduras, la leche y la leña, que eran transportadas para su venta en la capital. Su verdadera pasión, sin embargo, fue la adquisición de cuadras enteras de edificios en Comayagüela, el suburbio ya mencionado de Tegucigalpa al otro lado del río. La gente empezó a hablar duramente de ella, y le puso de apodo Doña Barrios. Ya no sacaba la cabeza, como en los primeros años, por un balcón del segundo piso del palacio presidencial parar charlar con las amigas que por ahí pasaban, sino que se mantuvo junto a sus sacos de monedas y empezó a temer al pueblo.

El hijo primogénito de Carías, Gonzalo, dentista de profesión, es el Cónsul general en Nueva York. En memoria de los viejos tiempos, cuando los dictadores solían acariciar sueños dinásticos, Gonzalo se iba formando como posible heredero. Se dedicó a recorrer el país regalando radios a las municipalidades e interesándose por conocer a su pueblo. Pero esto pertenece a un pasado distante y dulzón. Ahora es un hombre ineficaz, cerca de los cuarenta, que soñó vagamente con hacer cosas grandes. En septiembre de 1939 obtuvo una vasta concesión del Gobierno para establecer empacadoras de pescado, carne, frutas, etc.; fábricas para la producción de jabón, manteca y todo género de sustancias oleaginosas; construcción de almacenes, carreteras y ferrocarriles; instalación de granjas ganaderas y productoras de granos. La concesión le permitió importar todos los materiales necesarios para realizar esos planes, sin pagar otros derechos arancelarios que un octavo de 1% -la octava parte de un centavo- por kilogramo.

Un nuevo meteoro parecía cruzar por el horizonte económico de Honduras. Pero Gonzalo tenía un apetito tan agudo, que sólo deseaba negociar o traspasar su concesión a intereses extranjeros; en realidad no hizo nada hasta que se asoció con Henry Klapisch, un americano de gran prestigio en el comercio internacional del arenque. Comenzaron a comprar, en condiciones monopolísticas, la pesca levantada por los pescadores del Golfo de Fonseca, y a llevarla en aviones del ejército hasta la capital. Ambos socios explotaron también un amplio negocio de exportación de huevos, aves de corral y carnes a Panamá, contribuyendo notablemente al alto costo de la vida en Honduras.

Otro hijo menor, Tiburcio, vive permanentemente en el extranjero, como Cónsul en Liverpool. Carías tiene especial predilección por su hija Marta, que ha heredado la firmeza del viejo, mucho más que sus hermanos. Es la mujer divorciada de un elegante guatemalteco, a quien se le dio como justa dote el puesto de Ministro hondureño en Francia. Marta tiene un hijo de seis años que es la niña bonita de los ojos del dictador; sus risas son el único rayo de sol que penetra en las tinieblas del palacio.

TIBURCIO CARÍAS ANDINO

Por ANARELLA VÉLEZ[2]

Tiburcio Carías Andino nació en el barrio Los Dolores de Tegucigalpa, el 15 de marzo de 1876, sus padres fueron Calixto Carías Galindo y Sara Francisca Andino Rivera, bautizado en la Catedral de Tegucigalpa por el cura Yanuario Girón. Su educación primaria la obtuvo en la escuela de Mauricio White y, en 1893, se graduó de Bachiller en Filosofía en el Instituto Espíritu del Siglo, rectorado por el presbítero Antonio Ramón Vallejo[3].

Su hermano mayor, Marcos Carías Andino, seguidor del Doctor Policarpo Bonilla Vásquez, lo interesó en la política vernácula. Se inició en el Partido Liberal de Honduras y apoyó al Presidente Bonilla y a Terencio Sierra Romero. Fue opositor del General Manuel Bonilla Chirinos al momento de la escisión que llevó a la formación del Partido Nacional de Honduras.

Obtuvo el grado de Licenciado en Jurisprudencia a los 22 años de edad, el 20 de noviembre de 1898, en la Universidad Central de Honduras. El título de su Tesis de grado fue «El establecimiento de las máquinas ha mejorado la condición de los menesterosos». Un año más tarde, el 30 de enero de 1899, se acreditó como abogado y notario.

Ejerce como Magistrado de la Corte Suprema de apelaciones a partir de 1900, en Tegucigalpa. En 1901 es nombrado Director de la escuela primaria de varones en esta misma ciudad, también ejerció la docencia, enseñó las asignaturas de álgebra, geometría y aritmética en el Instituto El Porvenir, cuyo director fue el historiador Esteban

---

[2] Ministra de Cultura de Honduras y poeta.
[3] Ferrera, Gloria Esperanza. Gobierno del General Tiburcio Carías Andino: marco histórico. Tesis para optar a la Licenciatura en Historia. UNAH, Tegucigalpa, 1985.

Guardiola. En Universidad Central de Honduras fue catedrático de Derecho Penal en la Facultad de Jurisprudencia y Ciencias Políticas.

Sagaz y dotado de una tenaz personalidad, en 1892, cuando apenas contaba con 16 años, acompañó a don Calixto Carías Galindo, su padre, en la campaña militar contra el gobierno de Ponciano Leiva. En 1893, durante las luchas que derrocaron a Domingo Vásquez, formó parte del ejército liderado por el liberal Policarpo Bonilla. Más tarde formaría parte del grupo opositor al Gobierno de Terencio Sierra debido a que, bajo su mandato, el Congreso no reconoció el triunfo electoral de Manuel Bonilla Chirinos.

En 1903, participó de lleno en las luchas que derivaron en la derrota de Terencio Sierra[4], en las batallas del El Aceituno y Coray, Departamento de Valle. Esas victorias le granjearon el grado de coronel. Ese mismo año, a la edad de 29 años contrajo matrimonio con Elena Castillo Barahona, quien a partir de entonces fue su inseparable compañera y con quien procreó cinco hijos, de los que sobrevivieron cuatro: Tiburcio, Gonzalo, Visitación y Marta.

En 1904 Manuel Bonilla asumió el poder y disolvió el Congreso, Carías Andino pasó a formar parte de la oposición. Para entonces se unió a las huestes de Miguel Rafael Dávila, quien lideró la campaña militar en contra de Bonilla. Los liberales derrocaron ese gobierno en marzo de 1907 y Dávila se convirtió en el nuevo Presidente de la República.

Ganó el grado de General de Brigada por su firme participación en este conflicto político, en la Batalla de Lizapa, en donde lucha junto a las fuerzas liberales. Fue nombrado gobernador político y

---

[4] Terencio Sierra nació en Coray, Valle, Honduras. Sus padres fueron el señor Manuel Antonio Sierra y señora Lucrecia Romero. realizo sus estudios graduándose de Bachiller en Filosofía en el Colegio Tridentino de Comayagua. Realizó estudios de Derecho en la Universidad Nacional de Honduras, que no concluyó. Aprendió el oficio de tipografista en la Imprenta de Lupario Romero. Cuando reside en El Salvador trabajando en el oficio de tipógrafo, y se especializa en la práctica como perito agrimensor. Viaja por varios países de América, desempeñando trabajos de contralor de barcos. Luego tiene la oportunidad de viajar a los Estados Unidos de Norte América en donde realiza estudios de ingeniería, y obtuvo Diploma de Ingeniería Civil y Militar en Mar y Tierra.

comandante de armas de Copán. En 1908 su poder se extiende cuando es nombrado comandante de armas de Cortés, con asiento en San Pedro Sula.

En ese año, se funda la Sociedad de Artesanos El Porvenir, quedando él en la presidencia . En 1912 esta sociedad pasa a llamarse Sociedad Copaneca de Obreros.

En 1910 asciende a General de División, después de defender la plaza de San Pedro Sula en contra una nueva invasión de Manuel Bonilla. Cuando Miguel R. Dávila[5] es obligado a renunciar, en 1911, Carías Andino se vio obligado a exiliarse en El Salvador.

Regresa de su exilio en 1914, tras la muerte de Bonilla Chirinos en 1913, le sustituye en el cargo de Presidente de Honduras el nacionalista Francisco Bertrand Barahona. Se asienta en la comunidad de Zambrano, al norte de Tegucigalpa, en donde se dedicó a labores agrícolas en las tierras de su propiedad.

Entre 1914 y 1919 se mantuvo al margen de la política, sin embargo, cuando estalla la guerra civil ese año, siendo ya vocal del Comité Central del Partido Nacional Democrático y ejerciendo el cargo de editor del periódico El Demócrata, vocero de ese partido, cuya membresía provenía sustancialmente del Partido Liberal del Constitucional, fundado por Francisco Bertrand en 1916.

Tras la muerte de Alberto Membreño, en 1922, Carías Andino asume el liderazgo del Partido Nacional. Rodeado de los intelectuales más sobresalientes del Partido, entre ellos Paulino Valladares, se dedicó a organizar la maquinaria del Partido en la Tegucigalpa y otras ciudades del país. La unidades organizativas eran denominadas "Club" y a través de ellas organizaron a miles de ciudadanos por toda Honduras.

---

[5] Miguel Rafael Dávila Cuellar. Nació en la ciudad de Tegucigalpa, república de Honduras, en fecha 29 de septiembre en 1856. Sus padres fueron Juan Dávila y Gervasia Cuellar. Obtuvo la licenciatura en Jurisprudencia en la Universidad Nacional de Honduras en 1880, ejerciéndose de Abogado y notario. Debido a su clara oposición al gobierno del General Ponciano Leiva y Domingo Vásquez, se traslada a radicar en Nicaragua donde se desempeña en labores administrativas y profesionales. Contrajo nupcias con Narcisa Romero Portillo el 3 de noviembre de 1894. Falleció en Tegucigalpa el 12 de octubre de 1927.

El rebautizado Partido Nacional representó las aspiraciones de toda una generación de hondureños que estaba harta de las guerras civiles que destruían la economía de la nación e impedían el buen ejercicio gubernamental, Carías Andino tuvo la suficiente sensibilidad política para interpretar esta utopía y estableció el orden y el progreso con mano dura.

Fue elegido democráticamente en las elecciones de 1898, junto a su vicepresidente, el general José María Reina Bustillo, cofundador del Partido Liberal.

Cuando las tropas del general Ponciano Leiva se situaron en la ciudad de Santa María de Comayagua en el mes de diciembre de 1872; Terencio Sierra, siendo oficial del ejército se destaca por sus conocimientos en ingeniería al máximo, militarmente hablando y previo a la capitulación del 13 de enero de 1873 y ponerle fin a las hostilidades, Sierra fue ascendido al grado de Coronel.

Terencio Sierra en la administración del Doctor Marco Aurelio Soto (1876-1883) fue nombrado para ejecutar importantes proyectos para la nación, como ser: Instalación de líneas telegráficas y el cable submarino de la Isla de Amapala a tierra firme.

Seguidamente Director del periódico «La Voz del Golfo», editado en la Isla de Amapala, publicando noticias a favor del gobierno de Marco Aurelio Soto, seguidamente por problemas con el gobernante Soto, huye a la república de Nicaragua. Mas tarde durante la administración de Luis Bográn se traslada a la república de El Salvador, para luego regresar a su país adoptivo Nicaragua. El 27 de noviembre de 1891; Terencio Sierra, encabeza un movimiento armado contra el gobierno de Ponciano Leiva, con el apoyo de las poblaciones del sur de Honduras su movimiento, obliga que el gobierno del General Leiva, decreta «El Estado de Sitio» en las ciudades de Choluteca y de Tegucigalpa, confrontación que se sofocó sin hechos relevantes.

Terencio Sierra, fue nombrado candidato a la Presidencia por el partido Liberal y es electo en octubre de 1898, junto al General José María Reina, para el período de 1899-1903. Toma posesión el 1 de febrero de 1899 y finalizando el 30 de enero de 1903. Su intento de permanecer en el poder tras las elecciones de 1902, donde ganó el conservador siendo su candidato el General Manuel Bonilla Chirinos supusieron su caída, acto que aprovechara el Doctor Juan Ángel Arias Boquín para hacerse del gobierno, quedando su fugaz presidencia como «El Gobierno usurpador» siendo depuesto por el General Bonilla.

Electo el 1 de marzo de 1908, para su período constitucional, la administración se enfrentó a la invasión de Manuel Bonilla. Por la gravedad del conflicto político-militar, el gobierno de Estados Unidos de América intervino. Las negociaciones entre las fuerzas del gobierno y la oposición militar de Manuel Bonilla, conocidas como Conferencias del Tacoma, con la mediación del gobierno norteamericano, se llevaron a bordo del buque de guerra USS Chicago de este país anclado en la Bahía de Puerto Cortés, con la presencia del representante del departamento de Estado, Thomas C. Dawson. Como resultado de las conversaciones, el Presidente Dávila renuncia y se nombra a Francisco Bertrand Barahona como gobernante provisional. El día 28 de marzo de 1911 formaliza la renuncia ante el Congreso Nacional.

FOTOGRAFÍAS

EL HONDUREÑO HONRADO TRABAJA POR LA PAZ

El Hombre Libre

Organo de los intereses generales del País y del Partido Nacional

El ciudadano libre ama a su Patria

| Primero Hondu-ras; después el Par-tido, y los intere-ses personales por último. Esta es nuestra —consigna— | LIBERTAD, RENOVACION, PAZ, TRABAJO Y FRATERNIDAD ES NUESTRA IDEOLOGIA IMP. MODERNA |

DIRECTOR Y REDACTOR
Octavio S. Lardizábal

ADMINISTRADOR
Rogelio Leiva S.

| Año I | Choluteca, 16 de Abril de 1932 | 1500 ejemp | No. 5 |

La gira Departamental del Ingeniero Williams
ha sido un verdadero y resonante éxito político

Todos los pueblos lo recibieron con demostraciones de adhesión y simpatía

Los Sub.Comités fueron reorganiza-dos con valiosos elementos y con la adhesión de mu-chos e importantes liberales

El Departamento de Cho luteca está de lleno con la fórmula
CARIAS--WILLIAMS

El 28 del mes recien pasa-do, en las primeras horas de la mañana, salió para la ciu-dad de San Marcos de Colón, en gira de compactación y reorganización del naciona-lismo, el prestigiado Candi-dato a la Vice-Presidencia de la República en el próxi-mo periodo constitucional, General e Ingeniero Abra-ham Williams, postulado por el Partido Nacional, acom-pañados de los distinguidos nacionalistas, General Fran-cisco Martínez Fúnez, don Emilio España Valladares,

Dr. y Gral. don Tiburcio Carias A.
Candidato a la Presidencia de la República
para el periodo Presidencial de 1933 a 1937

mentira, que por aquellas pendientes pudiese ascender un auto. Como a dos leguas de la ciudad encontramos dos carros pletóricos con e-lementos de lo más conspi-cuo del nacionalismo San-marqueño, quienes al vernos prorrumpieron en vivas atro nadores, a los Candidatos Carias-Williams y al Parti-do Nacional. En la entrada de San Marcos, una compac-ta muchedumbre nos saludó con vivas entusiastas y des-de allí, en imponente desfile hicimos nuestro ingreso al centro de la ciudad. Acla-mado por la multitud hizo uso de la palabra el Profesor don Napoleón Tercero Peña, quien con frases de elocuen-te sinceridad, saludó al Can-didato General Williams y su comitiva, haciendo pre-sente la satisfacción del na-cionalismo Sanmarqueño por la Candidatura Carias-Wil-liams y el esfuerzo que des-plegará por hacerla triunfar en los comicios de Octubre próximo. Llegados a la pla-za, tomó la palabra el corre-ligionario España Valladares, para expresar nuestro agra-decimiento por la simpática ovación de que éramos obje-to. Siguió en el uso de la palabra el Ingeniero Emilio Pinel, y con frase cálida y elocuente, caldeó el espíritu

General Rubén Núñez Romero, don Liberato Mendoza, del nacionalismo, exaltó los méritos de nuestro Partido Presidente del Comité Departamental; Coronel Carlos Por y sus ilustres Candidatos, y siguió el desfile y a poco se tillo R. y el suscrito, ocupando dos automóviles que con destacó la figura de un nuevo orador; era el Profesor don toda felicidad recorrieron la carretera que representa el Emeterio Cárcamo que atendiendo al reclamo de sus co-esfuerzo Sanmarqueño y que antes de verla nos parecía rreligionarios, alentó los ánimos para que fuesen hasta la

Periódico de clara simpatías nacionalistas durante la campaña electoral del 1932.

victoria. De regreso a la plaza, habló el candidato en gira, haciendo sentir con su expresión rotunda, su acostumbrado optimismo. A las tres de la tarde en el Salón «Colón» se reorganizó el Sub Comité cuya directiva integran valiosos elementos del nacionalismo, con la concurrencia de más de trescientos nacionalistas. Al día seguido se continuó la gira sobre Duyure y se incorporaron a la comitiva, los apreciables correligionarios Ingeniero Emilio Pinel y don Félix Pedro Pinel Peña. Nuestra alegre cabalgata impresionada por los bellísimos paisajes de los bosques de pinos de armonioso susurrar, azotados por la brisa refrescante, fuimos acercándonos a aquel precioso pueblesito; una montada que capitaneaba el venerable patriarca don Miguel Lagos, vino a nuestro encuentro y victoreando a nuestros representativos, ingresamos a la población. Con la concurrencia de setenta correligionarios se reorganizó el Sub Comité que trabajará por el triunfo de la candidatura nacionalista. Al día siguiente marchamos sobre Morolica, consignando, en nuestros apuntes la simpática nota, de habernos venido a encaminar dos jóvenes liberales de lo más importante de aquel lugar, cuyo gesto de cultura, demuestra que las diferencias en ideas políticas, no se riñen con el aprecio que en el Departamento, goza nuestro joven candidato, aun dentro de las filas del liberalismo consciente' A las proximidades de Morolica sesenta nacionalistas de montada, vinieron a nuestro encuentro, vivamente entusiasmados y bajo el calor del sol y de sus vivas atronadoras ingresamos a la población. Por la noche, más de cien amigos acudieron a la sesión para reorganizar el Sub Comité, que seguramente dará allá, el triunfo al General Carías en las urnas de Octubre. Adelantándonos a los rayos ardientes del sol, salimos para Apacilagua a donde hicimos nuestro ingreso como a las diez de la mañana, acompañados de una montada de más de cincuenta correligionarios que como todos los anteriores, vivaban con delirio al líder sureño, al General Carías y al Partido Nacional. Más de doscientos correligionarios se reunieron para ovacionar a nuestro candidato Vicepresidencial. Ese mismo día en la tarde emprendimos la marcha sobre Orocuina; una parte de la montada de Apacilagua siguió con nosotros a unir su entusiasmo con los amigos de Orocuina y cuando nos aproximábamos a este pueblo, más de cien montados formaban nuestro acompañamiento y cuatrocientos de a pié. Aquel desfile era imponente, haciendo oir sus delirantes vivas a cada momento, demostrando así una vez más éstos dos pueblos nacionalistas su lealtad al Partido Nacional, a su jefe el General Carías y su predilección a su joven líder General Williams. El domingo tres de los corrientes, salimos hacia El Corpus, dos autos nos condujeron allá; sin contratiempos nuestros vehículos recorrieron la carretera que dejó en servicio eficiente la "Alcaldía de Hierro." Cerca de un kilómetro de la población en una curva del camino, fuimos gratamente sorprendidos por un grupo como de cuarenta nacionalistas portando el estandarte del Partido y varios cartelones con vistosas e ilustradas inscripciones. Más correligionarios fueron engrosando nuestras filas a medida que nos acercábamos a la población. En corto y conceptuoso discurso el Profesor Juan C. Mondragón, saludó en nombre del Sub Comité Nacionalista á nuestro candidato vicepresidencial haciéndole presente su adhesión y simpatía; una verdadera ovación tributó el nacionalismo corpeño a líder del Sur y a sus acompañantes. El lunes 4 a las cinco de la tarde hacíamos nuestro ingreso al pueblo de Namasigüe, que nacionalista

Ingo. y Gral. Abraham Williams
Candidato a la Vice-Presidencia de la República
para el período de 1933 a 1937

en abrumadora mayoría, supo poner muy alto su prestigio de lealtad y entusiasmo, ovacionando de la manera más hermosa y expontánea a los que llegamos en nombre del Partido Nacional a palpar la animosidad de su espíritu, para laborar por el triunfo de los ideales de nuestra agrupación política y al consignar las impresiones de la simpática acogida que en su seno dispensaron al candidato a la Vicepresidencia, asegurando un éxito completo en las elecciones de Octubre a la fórmula Carías Williams. Más de 200 correligionarios concurrieron a la sesión de reorganización del Sub Comité. Al día seguido continuó nuestro viaje para El Triunfo. El Dr. Raúl Montalván que vino a encontrarnos a Namasigüe, formó parte de nuestra comitiva hasta su hacienda Las Lajas, en donde nos tenía preparada una gran manifestación; al llegar a las puertas de aquella morada campestre una caballería de 50 jinetes elegantemente dispuestos formaron valla y otros tantos a pié para dar paso a la comitiva dando vivas al Partido Nacional y a sus prestigiados candidatos. Dos horas de verdadera alegría pasamos en aquella hospitalaria habitación, siendo objeto de las más finas atenciones del caballero Montalván y su numerosa servidumbre, todos adictos al Partido Nacional; es un núcleo que contribuirá a llenar las urnas de El Triunfo en Octubre próximo a favor de la candidatura nacionalista. Los amigos de El Triunfo estaban alerta, el líder Simeón Marenco con otros distinguidos correligionarios, 25 montados nos encontraron a inmediaciones de la población, que al vernos prorrumpieron en vivas de sincera alegría. Con la concurrencia de 80 ciudadanos se reorganizó el Sub Comité que trabajará por el triunfo del Partido Nacional. Verdaderamente imponente, fue nuestro ingreso a Concepción de María, más de cien montados fueron a nuestro encuentro como a legua y media de la población y como 300 a pié nos esperaban en la entrada. El nido del nacionalismo estaba repleto de polluelos, la llegada de su viejo camarada Gral. Martínez Fúnez fue para ellos motivo de verdadera alegría, lo vivan abrazándole, todos querían estrecharle en sus brazos, fue poquito para dedicarle a cada uno un saludo, una sonrisa o un apretón. En la Sierra se siente la poderosa hermandad del nacionalismo, se comprende el temple valeroso de aquellos hombres, su sinceridad, su amor verdadero al color azul, emblema de nuestro cielo, símbolo de nuestro Credo. Nadie podrá discutir el triunfo del Partido Nacional en Concepción de María, solo Dios lo podría evitar. Levantada el acta del Sub Comité nadie se quería ir sin firmar, todos querían dejar constancia

Fotografía de Tiburcio Carías Andino a la edad de 29.

**Carías Andino, uno de los cuatro líderes de la
Revolución de 1924.**

El dictador encabeza un desfile del 15 de septiembre.

Celebración de las fiestas patrias en el centro de Tegucigalpa.

La Época era el órgano de propaganda del Cariísmo. Acá destaca la construcción del Monumento a la Paz.

Los Leones al visitar al Gral. Carías

Pocos días antes de entregar la Presidencia de la República, el General don Tiburcio Carías Andino recibió la visita de los miembros de la Junta Directiva y Directores de Comités del Club de Leones de Tegucigalpa, en cuyo nombre expresó el agradecimiento del Club, por el apoyo que siempre le prestó el General Carías, el periodista Vicente Machado Valle. Los leones departieron cordialmente durante más de media hora con el General Carías, quien recibió emocionado la atenta visita del leonismo metropolitano. Las fotos fueron tomadas en la terraza de Casa Presidencial.

Una vez fuera del poder, Carías recibía la visita de correligionarios y admiradores.

313

El Moderno Sanatorio para Tuberculosos, inaugurado hoy

La presente foto muestra un aspecto del moderno Sanatorio Nacional para Tuberculosos, construido en cooperación por los Gobiernos de Honduras y de los Estados Unidos de América. El amplio y magnífico edificio fue inaugurado, solemnemente, hoy a las diez de la mañana. Está situado en terrenos inmediatos al Hospital General y a él se va por la asfaltada Avenida de la Paz.

La ceremonia de hoy

(Pasa a la Pág. 4a. Col. 3.)

e que la n vaya a Santa

n vigor el partición

17 — (AP). le las Naciones había sido informado Consejo de Seguridad el establecimiento militar internacional, antes de que las Naciones Unidas marra Santa a portición. El de miembro de la tina, dijo que se que el Consejo turo terreno, sin du respectivo de llegado no quiso sra su nombre moción proventa. No hubo voto de los dele de Seguridad.

General Clay

(AP). — El General Clay, comandante norteamericano en Alemania ya ha comenzado contra los aliados.

Agregó Clay que se aumentajes hasta llegar total de los norteamericanos fracasar el la fusión de las y de ocupación.

n del veto

17. — (AP). gentina para la rio, presentada, septiembre para ha circular nueva prensa y los Secretaría, anti aparición en la

4a. Pág., Col. 8.)

nal

sesión esta mañana P y los parlamentarios leypuis.

icación, el acto

fencia recibida, r el Señor Mi-Láinez, por inse en el Presu so incluya una ostentimiento de paña. Pasó a la

Cámara que, en ables diputados Sanatorio Na-

Haifa es un Campo de Batalla

Arabes y judíos exterminándose sin dar tregua

Jerusalem, 17. — (AP) — La ciudad de Haifa se ha convertido en nuevo campo de batalla entre judíos y árabes. Informes oficiales dijeron que habían ocurrido varias muertes en una fiera batalla que se libra allá. Bombas judías volaron dos casas árabes que se informó eran nidos de francotiradores árabes. Los árabes reportaron nuevos tiroteos en las calles de la ciudad. Informes dijeron que el número de víctimas de las luchas raciales en Palestina asciende a 822, desde que se decretó la partición de Tierra Santa por las Naciones Unidas. Un anuncio oficial reveló que las víctimas de las bombas en Haifa habían llegado por lo menos a 18 incluyendo 7 niños entre las edades de 1 a 12 años y una mujer. Otras 3 personas quedaron enterradas bajo los escombros y se teme que hayan muerto.

Lo que ve un Curioso

Jefe de Tránsito: Sería bueno que le preguntara al piloto del carro placa A. 239, por qué el jueves, 15 del que corre, y a la 1 y 45 p. m. transitó en sentido inverso a lo que ya está establecido en la nueva disposición de tránsito. Esto pasó en la Avenida Cervantes. Sólo le pregunto (verdad?, y Señorita Zelaya nos ha enviado una simpaticuísima carta de felicitación. Por lo que nosotros (los dos Curiosos) agradecemos en todo lo que vale tan gentil proceder. Muchas gracias...

El martes, a las seis y doce minutos de la tarde, el carro P. 126 rojo, y en la Calle Real, 1 cuadras al norte de El Obelisco, gracias a su conductor, no destripó a una niñita que antes de dejar la bola con la que jugaban varios niños, prefirió quedar la tortilla. Para que vean que somos justos, y que nuestro afán no es molestar como algunos dicen.

¿Pero quién es el encargado del barrido de las calles de Comayagüela? (me refiero al Jefe) No querido Jefe, no soy ingrato...

¡Mucha atención!, que en estos momentos había una lindura de 16 abriles...

Frente al Sanatorio Nacional Para Tuberculosos

Solemne fué la ceremonia que esta mañana, a las diez, tuvo verificativo en las cercanías del Hospital General "San Felipe," de esta capital, con motivo de la solemne inauguración del Sanatorio Nacional para Tuberculosos, que ha sido construido por el Gobierno de Honduras en colaboración con el Gobierno de los Estados Unidos, por intermedio del Servicio Cooperativo Interamericano de Salud Pública.

A ese acto asistieron el Excmo. Señor Presidente de la República, Dr. y Gral. don Tiburcio Carías Andino, quien llegó acompañado de su Secretario Privado Licdo. don Marcos Carías Reyes, de varios miembros de mi Gabinete y del poeta y escritor don Carlos Izaguirre; elementos del Excelentísimo Cuerpo Diplomático y Consular, los honorables miembros de la Augusta Cámara Legislativa y numerosas y distinguidas personas de nuestro mundo social y público en general.

El sábado 17 de enero de 1948, Carían Andino inauguró el Sanatorio para Tuberculosis, hoy Hospital del Tórax.

Traspaso de mando presidencial: de Carías Andino a Juan
Manuel Gálvez.

CONTENIDO